中国财政科学研究院研究生教材

新中国财政史

Public Financial History of New China

刘尚希 等 ◎著

人民出版社

策划编辑:郑海燕
责任编辑:郑海燕
封面设计:吴燕妮
责任校对:周晓东

图书在版编目(CIP)数据

新中国财政史/刘尚希 等 著. —北京:人民出版社,2022.5
ISBN 978 - 7 - 01 - 024608 - 6

Ⅰ.①新… Ⅱ.①刘… Ⅲ.①财政史-研究-中国-现代 Ⅳ.①F812.97

中国版本图书馆 CIP 数据核字(2022)第 058540 号

新中国财政史
XINZHONGGUO CAIZHENGSHI

刘尚希 等 著

人 民 出 版 社 出版发行
(100706 北京市东城区隆福寺街 99 号)

中煤(北京)印务有限公司印刷 新华书店经销

2022 年 5 月第 1 版 2022 年 5 月北京第 1 次印刷
开本:710 毫米×1000 毫米 1/16 印张:21
字数:320 千字

ISBN 978 - 7 - 01 - 024608 - 6 定价:100.00 元

邮购地址 100706 北京市东城区隆福寺街 99 号
人民东方图书销售中心 电话 (010)65250042 65289539

目　　录

第三篇　财政改革和重构

第四篇　现代财政和国家治理

总　　论

　　中国是一个历史悠久的东方大国,中华民族以自己的勤劳和智慧创造出辉煌灿烂的古代文明,为人类文明进步作出了不可磨灭的贡献。1840 年鸦片战争以后,由于西方列强入侵和封建统治腐败,中国逐渐成为半殖民地半封建社会,国家蒙辱、人民蒙难、文明蒙尘,中华民族遭受了前所未有的劫难。为了拯救民族危亡,中国人民奋起反抗,仁人志士奔走呐喊,进行了可歌可泣的斗争,但都以失败告终。1921 年 7 月,中国共产党第一次全国代表大会在上海和嘉兴召开,宣告中国共产党正式成立。中国共产党的创建,是开天辟地的大事变。从此,中国革命有了正确的前进方向,中国人民有了强大的凝聚力量,中国命运有了光明的发展前景。在中国共产党的领导下,中华民族实现了从站起来、富起来到强起来的历史征程。在这一过程中,党领导下的财政,历经根据地和解放区的红色财政,到新中国统一和重建国家财政,到改革开放后形成的公共财政,发展到中国特色社会主义新时代的现代财政,始终坚持以人民为中心,把满足人民群众日益增长的各层次需求、满足人民对美好生活的向往、化解人民群众面临的各类公共风险作为出发点①,财政在国家治理中发挥了基础性、支柱性重要作用。中国共产党成立以来的财政发展史,蕴含着深刻的财政规律和宝贵的历史经验,可以为全面建设社会主义现代化国家开创更加美好的未来。

---

　　① 刘尚希:《公共风险论》,人民出版社 2018 年版。

一、财政是"庶政之母"

中国共产党成立伊始,就清醒认识到财政是关系政权稳定的核心要素。在波澜壮阔的革命事业中,财政与党的红色区域政权具有共生性。分布在全国不同区域的红色政权,有一个共同的历史使命,即民族独立和人民解放。红色区域政权必须创建适应根据地实际的财政机构,制定革命需要的财政政策。财政是隐于两大使命背后默默给予支持的重要力量,是党完成两大使命的物质基础,没有财政的支持就没有红色区域政权的存在和革命事业的成功。

中国共产党为什么能从1921年的微小力量,经历革命的洗礼逐渐壮大,并最终成为新中国的长期执政政党?如果理解了财政与党的使命的共生性,就可以透过现象看本质,找到这一问题的正确答案。党领导全国人民历经筚路蓝缕的奋斗史,也是财政从无到有、从弱到强的成长史。财政与党的政权的这种共生性,充分诠释了"财政是党和革命武装生存之道""财权乃政权之基"的朴素道理。

1927年,中国共产党开始领导创建革命根据地,走上农村包围城市的革命道路。根据地财政的主要任务是开展军事上的反"围剿"斗争,集中经济力量供给战争。财粮来源有两个:一是取之于敌;二是取之于民。取之于敌,就是向封建剥削者进行没收或征发,又称"打土豪筹款",这是土地革命时期各个根据地普遍采取的筹款方式,一度在财政收入中占据主要位置,但这种形式是特殊的财政措施,时间持续不长。取之于民主要有两种:一是向农民征收土地税;二是向商人征收商业税(包括关税和营业税)。此外,根据地还采取向群众发行公债的办法,缓解军费之困。发行公债最多的是中华苏维埃共和国中央政府,曾先后发行了两期"中华苏维埃共和国革命战争公债"。

1937年,全民族抗战之后,中国共产党在敌后开辟抗日根据地,建立抗日民主政权,在第二次国共合作的背景下,根据地财政对土地政策、税收政策等做了必要调整。土地政策方面,停止没收地主土地,实行减租减息,同时没收不改悔的汉奸分子的土地财产,对富农实行奖励生产与联合政策。财政的主要原则是"发展经济，保障供给"，抗战经费的主要来源是取之于己，依靠创造性的大生产运动解决战争和边区政府行政经费问题，向农民征税和发行公债则是补充方式。财政筹集粮款的方式大体有七种：一是没收罚款，就是没收日本帝国主义在华财产，没收汉奸财产或对其处以罚款；二是捐募，动员根据地内外各方力量进行捐献、捐助、捐赠；三是南京国民政府发给的军饷，1940年后该项收入全部停发；四是征税，包括救国公粮、田赋、统一累进税、货物税、商业商品税、盐税等；五是战争急需时的借粮；六是发行公债，陕甘宁边区1937年发行过200万元（法币）公债；七是组织公营经济收入，如大生产运动、组建贸易公司等。

1946年，国民党背信弃义发动内战，中国共产党坚决抗击。面对巨大的消耗战，发展生产，保障供给，集中领导，分散经营，军民兼顾，公私兼顾，生产和节约并重等项原则，仍是解决财经问题的适当的方针。党中央决定以土地改革彻底解放人民，使解放区群众"翻过身来"。这一时期党领导下的财政工作的任务是动员一切力量保障战争供给，主要举措有：一是通过土地改革没收地主阶级土地分配给农民，领导农民开展大规模的生产运动；二是机关部队生产自给；三是以公粮、田赋等税收形式取之于民，部分地区采用借粮形式；四是精简节约；五是人民群众无偿支援。伟大的解放战争是一场空前广泛的人民战争，"解放军打到哪里，我们就支援到哪里"的响亮口号给予解放军前方战场极大的人力、物力、财力支援，人民支援的背后则是财政政策以民为本、解救民生的积极作为。

1949年，新中国成立以后，财政性质、特征和作用由革命战争时期的战时区域财政转变为执政全国之后的国家财政。财政的任务也由支持武装斗争、夺取政权，转变为巩固政权、推动国家建设。当新生政权成立之后，建立与之相应的财政机构和制度成为紧迫的任务。尤其是党领导下的政权由地方政权变为全国政权，实现财政重建、统一财政制度，不仅是巩固新生政权，恢复生产的需要，而且也是中国共产党由革命党转变为执政党、全面治理国家的内在要求。新中国实行财政重建，组建财经管理机构，编制第一本国家预算概算，统一全国税政，统一全国编制与待遇，统一全国财政收支管理和物资调拨，国民经济走上正常的运行轨道，从而实现了国民经济的尽快恢复和人民政权的巩固,也为随后的经济发展和社会主义革命、建设、改革等事业奠定了重要的物质基础,作出了不可磨灭的贡献。

二、财政以民生为本

中国共产党取得革命胜利和经济发展奇迹源于诸多因素,而最根本的一条就是始终坚持"以人民为中心"。在极端困难的革命时期,党领导下的根据地必然要取之于民,但共产党人深深知道,革命是为了人民,赢得民心是革命成功的关键,因此党的财经政策根本出发点是尽量减少取之于民,"为着改善人民群众的生活",这充分体现了共产党人理财的"人民性"特征。党领导下的革命事业取得胜利的过程,也是财政支持解救民生困苦的过程,财政正确处理了革命战争与民生解放的关系,巩固了工农联盟,最终胜利完成革命使命。

党在革命时期坚持以民生为本,主要表现在以下几个方面:一是农业税政策体现"培养民力"目标。党的农业税政策时刻注意维护人民利益,尽可能减轻农民负担,做到"取之于民而民不伤"。土地税的征收贯彻了兼顾原则和阶级原则,兼顾原则就是兼顾革命战争和民众生活,阶级原则就是依阶级征税,"重担于剥削者"。为了"培养民力",采取了一系列控制农民负担的措施,如规定负担人口与军政人员比例、控制赋税限度、农民负担固定几年不变等。二是推动实现"耕者有其田"。从土地革命时期的"打土豪、分田地",到抗战时期国共合作下的减租减息,再到解放战争时期的彻底土改,使广大人民群众的土地问题得到根本解决,人民支持革命的积极性空前高涨。三是通过生产自给的大生产运动间接减轻农民负担。为解决保障老百姓的生活与承担征粮上缴任务这样一对矛盾,党采取了生产自给的方式,自力更生实现财粮自我保障,大大减轻了农民税收负担。始终依靠人民、为了人民,才使得共产党人即便在延安遭遇"黑云压城城欲摧"的危机时,也能做到"我自岿然不动"。

新中国成立之后,在发展生产和提高生产率的基础上,不断提高人民的物质和文化生活水平,一直是财政担负的重要任务。在稳定经济方面,财政也发挥了积极作用,不仅表现在新中国成立之初为稳定经济采取的"银元之战"和"米棉之战",也表现在应对计划经济时期的种种经济失衡①上。计划工作的主要任务是搞好综合平衡,实现国民经济基本比例关系的协调。除了搞好积累与消费以及生产各部门比例关系的平衡之外,综合平衡还包括财政、信贷、物资等相互间及其各自的平衡。由于绝大部分的国民收入由财政根据社会发展各方面需要,进行统一分配,从而使财政对国民经济总量起决定性影响。只要财政收支能保持平衡,整个社会的总供需平衡也就有了基础条件。这种平衡关乎每一名人民群众的物质和文化生活水平。

以党的十一届三中全会为标志,开启了我国改革开放和社会主义现代化建设的新时期。财政作为经济体制改革的突破口先行一步,通过多方面的放权让利,打破了计划经济体制的束缚。改革开放的最初动力就是改善人民生活,改革的目的也是为了改善人民生活。1979年,国家大幅提高了主要农副产品收购价格,调减农业税负担,切实增加农民收入。1978年至1984年,国有制职工年平均工资水平提高了60.6%。为了防止农副产品收购价格调整消解城市职工因工资上涨带来的收益,国家拿出大量财政资金进行价格补贴,就是农副产品收购价格上涨了,但它的销售价格不能涨,不让人民群众来消化这个价格上涨的结果,要让人民群众得到实实在在的好处。

在1994年分税制改革完成之后,中央开始构建公共财政基本框架,财政逐步退出一般竞争性领域,转向基本公共服务领域。在公共财政建设过程中,出现了关注民生、重视民生、改善民生、保障民生、民生支出、民生工程等重大变化。财政支出重点转向教育、科技、文化、卫生、社会保障等公共领域,用于社会性、公共性支出的比重不断提高。进入21世纪

---

①　例如,"大跃进"带来国民经济比例失衡,中央提出"调整、巩固、充实、提高"的八字方针,适当调整国民经济各方面的比例关系,其中包括调整财政、信贷和物资的关系,并发布财政"六条",调控经济运行。在计划体制管理中,我国创造地提出了综合平衡理论。所谓综合平衡,就是按比例;按比例就平衡了。后来,陈云在三大平衡理论的基础上,又加入外汇收支平衡(即现在的国际收支平衡),从而形成四大平衡理论的思想体系。在这四大平衡中,陈云认为:"从全局看,在几大平衡中,最基本的,是财政平衡。"

之后,推进基本公共服务均等化和主体功能区建设,废除农业税,不断加大财政支农投入力度,促进区域协调发展,缩小城乡差距,健全公共财政体系,并朝着普惠、一体、均等、规范的方向发展,有力地促进了经济持续稳定快速增长和经济社会协调发展。

财政以民生为本,体现的是人本主义的价值观,核心是要促进人的生产和再生产,进而实现人的全面自由发展,确保人民群众能够通过自身的努力实现幸福生活,共享国家经济发展成果,最终在全社会实现共同富裕。

三、财政是国家治理的基础

从历史上看,中国共产党一直在根据财政实践的具体需要,不断拓展和深化对财政的认识,为其作出科学的定位。在革命、建设和改革等不同时期,财政服务于党的中心工作,始终发挥着基础性、支柱性的重要作用。

土地革命时期,中国共产党提出"财政是国家的命脉"[1],重视财政的基础性作用。抗日战争时期,毛泽东同志指出财政工作不能只在单纯的财政收支问题上打圈子,提出了"发展经济,保障供给"的总方针。新中国成立后,毛泽东同志指出国家预算"反映着整个国家的政策","规定政府活动的范围和方向"。[2] 财政一直贯穿国家治理的主线,联系着国家治理的方方面面。

新中国成立之初,财政的主要任务是巩固国家政权建设。恢复国民经济的任务完成以后,党中央提出过渡时期的总路线。贯彻过渡时期总路线,支持"一化三改",成为各条战线的根本任务,也是财税工作的根本任务和重心。为适应"一五"计划发展的需要,运用财税政策和必要的财力支持,促使国家对农业、手工业和资本主义工商业的社会主义改造,奠定了社会主义公有制的基础。为快速推动工业化建设,财政在支持城市和农村上存有明显的差别,财政支出主要用于城市建设和国营企业发展,

---

[1] 《财政人民委员部训令(财字第6号)——目前各级财政部的中心工作》,《红色中华》第33期,1932年9月13日。

[2] 《毛泽东文集》第六卷,人民出版社1999年版,第24页。

而农村积累与农民福利主要由农村内部解决,财政提供支持的力度非常小,呈现出城乡分治的财政特征。

财政为计划经济体制的形成和运行提供了基础性、支撑性作用。早在 1950 年 3 月,统一全国财经工作完成以后,开始实行统收统支的高度集中的财政管理体制。进入"一五"计划时期之后,对财政体制进行调整,并在加强财政管理方面实行了一系列新措施,由"一级半财政体制"调整为三级财政管理体制。1956 年 4 月,毛泽东同志在中央政治局扩大会议上做了《论十大关系》的讲话,探索符合中国国情的社会主义建设道路,财政体制也随之调整,并采取了诸多财政管理措施。1957 年 10 月,开始改变过分集中的财政体制,下放财政权力,调整国家与企业关系,实行"以收定支、五年不变"的新财政体制。持续三年的"大跃进"运动使我国经济遭到严重破坏,财政变得十分困难,1961 年重新实行比较集中的财政管理体制。自 1966 年之后,财税体制也受到政治的干扰,毛泽东同志在《论十大关系》中对中央和地方关系的论述被简单化、政治化处理,出现了集权和放权的反复探索,财政体制经历了总额分成、"收支两条线"体制、财政大包干、超收分成等频繁调整。1975 年,全面整顿经济、财政工作和财政秩序,颁布实施《关于整顿财政金融的意见》("即"财政十条"),发挥财政对经济社会生活各领域的支撑作用。

1978 年年底,财政成为改革开放的突破口。通过向农民放权让利,解决了吃饭问题,为改革开放奠定了坚实的物质基础;向企业放权让利,理顺了国家与企业的分配关系,让市场在资源配置中发挥更重要的作用;向地方让利,理顺了中央和地方的分配关系,扩大了地方政府资源配置的权限,调动了地方的积极性。1993 年党的十四届三中全会通过的《中共中央关于建立社会主义市场经济体制若干问题的决定》提出了经济体制改革的要求,又是以财政为突破口,从放权改革走向分权改革,通过推行税制改革和建立分税制财政管理体制等一系列的制度创新,基本理顺了中央与地方的分配关系,充分发挥了中央与地方两个积极性,为国家发展提供了充足的动力,促进了国民经济和财政收入的"双速增长",规范了国家与企业之间的收入分配关系,构建了市场经济下政府与市场关系的框架。在宏观调控方面,国家对经济的调控在市场经济的背景下发生了转变,建立了现代意义的宏观调控机制。

1998年,全国财政工作会议提出建立公共财政基本框架,随后推出部门预算、国库集中支付、"收支两条线"和政府采购制度的改革,不仅增强了预算的规范透明度程度、促进了政府职能转变、加强了财政监督、从制度上强化了对政府行为的约束,而且有利于提高财政资金使用效率,促进建立平等有序的竞争环境。通过深化改革,推动调整和优化支出结构,逐步矫正政府的职能"越位""缺位",财政的职能逐步由经济视域走向社会视域,并向国家治理的视域迈进。通过规范政府间财政关系、改革预算管理制度、统一内外资企业的所得税、增值税转型等改革,极大地推进了国家治理能力的现代化。

党的十八届三中全会提出:"财政是国家治理的基础和重要支柱。"[1]这一重要论断超越了传统的经济学范畴,把财政放在治国安邦的高度去认识,并基于这一重大论断和治理能力现代化的目标,提出了建立现代财政制度的要求。2021年3月,《中华人民共和国国民经济和社会发展第十四个五年规划和二〇三五年远景目标纲要》提出:"更好发挥财政在国家治理中的基础和重要支柱作用,增强金融服务实体经济能力,健全符合高质量发展要求的财税金融制度"[2],对新发展阶段的现代财税体制建设目标作出了全面部署。目前,现代财政制度框架基本确立,为建立现代财税体制、全面建设社会主义现代化国家打下了坚实基础。

四、财政为国家发展注入确定性

在任何一个国家,社会结构、利益主体都是极其复杂和多元化的,各种利益交汇于财政,要求财政从社会、政治、文化等更加广泛的领域发挥其功能作用,为防范化解公共风险,构建和注入确定性成为财政的

---

[1] 《〈中共中央关于全面深化改革若干重大问题的决定〉辅导读本》,人民出版社2013年版,第19页。

[2] 《中华人民共和国国民经济和社会发展第十四个五年规划和二〇三五年远景目标纲要》,人民出版社2021年版,第61页。

重大职责和使命。

革命战争年代,红色区域政权的生存和发展经常会遇到各种风险和挑战,它就像一辆需要定时检修保养的汽车,而财政则是检修汽车所需的千斤顶。这个千斤顶不仅是支撑物,更让作为检修人员的共产党人看到矛盾和问题所在,能够对症下药解决问题。否则,党的红色区域政权和两大使命就会成为空中楼阁。土地革命时期,国民党对苏区政权进行多次军事"围剿"和经济封锁,分散的红色政权经济落后,面临被消灭的危险。苏维埃政权领导下的财政依靠没收封建剥削者,同时实行"合理负担"等财税政策,保障了武装斗争和土地革命的进行。全民族抗战时期,在严重的经济困难面前,陕甘宁边区军民自力更生,艰苦奋斗,创造性地开展大生产运动,既保障了抗战经费和边区政府稳定运行,又减轻了农民负担,获得各阶层人民的支持。解放战争时期,面对国民党发动的内战,党中央以土地改革彻底解放人民,同时采取适当的取之于民措施。与此同时,开辟新解放区和接管战争胜利后取得的城市,并逐渐转变为更多地依靠城市税收,这对支撑解放区政权逐步取得全国胜利起到了重要作用。

新中国成立以后,新生政权能否稳固成为主要风险,政治、经济、社会等领域都面临极大的不确定性。为了应对执政考验,争取财政经济状况根本好转,以及集中资源进行国家建设,中国共产党迅速采取措施统一国家财政经济工作,组建财经管理机构,编制国家预算概算,初步建立了统收统支的财政管理体制。在"一穷二白"的条件下,集中国家力量进行工业化建设成为必然选择。同时,为了逐步实现社会主义工业化,通过"三大改造"建立起以生产资料公有制为基础的社会主义经济制度,奠定了所有制财政的基础。财政在支持城市和农村上,存有明显的差别,呈现城乡分治的财政特征。这一时期的财政制度和政策安排,给社会注入了确定性,不仅稳固了新生政权,而且促进了社会主义事业的发展。

改革开放以来,我国经济得到了极大发展,很快解决了温饱问题,成功化解了最基本的生存风险。但随着改革的持续推进,计划经济的超稳定结构被打破后,地方、社会、市场的不确定因素也增大了。在推进财政改革的过程中,面临着各种不确定性,新问题不断涌现:个体需要得到基本满足后,对公共需要更多了;个人与企业成为市场主体后,能力与禀赋差距开始影响个体的生存与发展;收入与财富差距问题、能力不足的保障问题、发展机会的多寡问题涌现;发展过程中出现生态破坏、环境污染等问题,这些均成为新时期面临的主要风险。在新的发展阶段,如何更好地发挥财政职能,为改革注入确定性,为经济社会发展保驾护航,成为财政的新任务,一方面要为经济发展打造公平的竞争环境,另一方面要为社会打造社会保障体系,在建立健全公共财政体系的基础上最终走向现代财政的更高发展阶段。

第一篇　红色财政为新中国奠基

　　中国当代的财政是由历史上的财政发展而来的,新中国财政不是凭空出现的,而是新民主主义革命时期红色财政的继承与创新。从党的历史发展进程看,革命时期的中国共产党不是执政党,但在革命根据地创建了红色区域政权,既是红色区域政权的领导者,也是根据地财政的决策者与执行者。党领导下的红色财政,经历了从无到有、由小到大的过程,成为根据地区域政权发展壮大的基础,既为党完成革命任务提供了坚强支撑,也为新中国成立后党领导财经工作提供了宝贵经验,具有奠基之功。

第一章 红色财政：

红色区域政权的物质基础

1927年大革命失败后，中国共产党创建革命根据地，走上农村包围城市、武装夺取政权的道路。红色区域政权的存在和发展，依赖于根据地财政艰苦卓绝的工作，没有根据地财政就没有红色区域政权。

第一节 红色财政从无到有

红色财政与红色区域政权具有共生性，自从诞生了红色区域政权，就有了红色财政。1921年中国共产党诞生，在最初的几年，党没有可资依赖的稳定经费来源，党的经费主要依靠外部援助。1924—1927年，中国共产党推动形成第一次国共合作，同国民党一起在中国大地上掀起了声势浩大的革命运动，迎来大革命的洪流。大革命失败后，面对国民党的"围剿"封锁和随后的日本侵略，中国共产党探索了中国特色的革命道路，在广大农村创建革命根据地，红色财政事业的发展由此开始。

一、建党初期的财政主张

党的财政主张早于红色财政的诞生。1840年鸦片战争后，中国进入半殖民地半封建社会，西方资本主义迅猛发展并对外扩张，古老的"中华帝国"遭遇空前深重的危机，救亡图存成为中华民族伟大复兴的根本前提。辛亥革命失败后，中国处于北洋军阀统治之下，此起彼伏的革命风暴最终促发了五四运动和马克思主义的传播。中国向何处去？新民主主义革命大幕拉开后，应运而生的中国共产党肩负起救亡图存的时代使命。

中国共产党成立初期,集中力量领导工人运动,积极推动第一次国共合作,在共产国际的指导下热情迎接大革命洪流。随着北伐战争的胜利和国内外反动势力的镇压,1924—1927 年的大革命遭遇失败,中国共产党举起革命旗帜,领导中国人民进入反帝反封建的土地革命时期。

从 1921 年建党到 1927 年大革命失败,中国共产党没有资金之忧,党的经费主要依靠共产国际,这是当时中国特殊国情所决定的。外国的一些政党可以从社会募捐、兴办经济实体或大量征收党费获得资金支持,但中国共产党从成立之日起就处于被当局追捕的秘密状态,不仅不能从社会上征募到钱财,党的脱产活动分子还需要组织上发给生活费用。中国共产党建党初期党员仅有 50 多名,到大革命高潮的 1927 年,党员已达5.7 万多名[1],其中干部多是脱产的职业革命者,工农党员因生活贫困交不起多少党费,建党初期用于革命活动的费用主要靠共产国际供应。这一时期党的财政机构设在中共中央局内的会计处[2]。1927—1933 年,留在上海的中共中央机关长期主要靠苏联的援助,1933 年临时中央在上海无法立足,被迫迁往苏区中心瑞金,由此断绝了与共产国际的经济联系。

这一时期,中国共产党没有自己的政权,也没有构建真正意义上的财政,但非常关注国家财政问题,党的初心一开始就注入财政主张之中,把追求民族独立和人民解放的奋斗目标体现在财政主张上。这些主张主要体现在三个方面:第一,坚决反对帝国主义通过干涉中国税制特别是关税对中国进行经济侵略,坚决反对军阀、土豪劣绅通过苛捐杂税剥削人民;第二,合理解决农村的土地和农民的税收负担问题;第三,明确提出改革税制的初步主张,主要是废除厘金和其他额外征税,征收累进的所得税。1922 年 6 月,中国共产党发表《中共中央第一次对于时局的主张》,明确提出反帝反封建的财政主张,如改正协定关税制,取消列强在华各种治外法权,清偿铁路借款,完全收回管理权,肃清军阀,没收军阀官僚的财产,

---

① 中共中央党史研究室:《中国共产党的九十年》,中共党史出版社、党建读物出版社2016 年版,第 43、36、91 页。

② 劳开准:《中国共产党早期组织研究》,《学理论》2014 年第 11 期。

将他们的田地分给贫苦农民，"定限制租课率的法律"。同年 7 月，党的二大通过《中国共产党第二次全国代表大会宣言》，在"中国共产党的任务及其目前的奋斗"中提出了"B. 废除丁漕等重税，规定全国——城市及乡村——土地税则；C. 废除厘金及一切额外税则，规定累进率所得税；D. 规定限制田租率的法律"①等内容，这是中国共产党提出的最早的财政纲领。

第一次国共合作期间，中国共产党适应国内革命战争需要，领导农民进行反对贪官污吏、土豪劣绅和反抗苛捐杂税、高租高利的斗争。在这个过程中，党逐渐形成了建立工农联盟的政治理念，在发动领导农民运动中，不断深化对农民问题重要性的认识，党的二大、三大、四大都就农民问题专门作出论述或决议。1925 年，党的四大通过《对于农民运动之议决案》，提出"农民同盟军"概念，阐述了农民是无产阶级同盟军的原理。1926 年，在大革命洪流即将达到高潮时，毛泽东同志发表《国民革命与农民运动》，明确指出农民力量是中国革命的主要力量，要依靠农民建立以农民为主体的人民军队开展武装斗争，走农村包围城市、武装夺取全国政权的道路。1927 年，毛泽东同志在《湖南农民运动考察报告》中再次强调了农民问题的严重性，认为"农民成就了多年未曾成就的革命事业，农民做了国民革命的重要工作"，并明确提出"组织起来"的口号："站在他们的前头领导他们呢？ 还是站在他们的后头指手画脚地批评他们呢？ 还是站在他们的对面反对他们呢？ 每个中国人对于这三项都有选择的自由，不过时局将强迫你迅速地选择罢了。"②

二、红色财政的诞生

1927 年大革命宣告失败后，年轻的中国共产党在摸索中找到一条可行之路：创建和发展农村革命根据地，走农村包围城市、武装夺取政权的道路。在中国革命过程中，武装斗争是革命的主要斗争形式，以农民为主

---

① 中共中央文献研究室、中央档案馆编：《建党以来重要文献选编（一九二一——一九四九）》第一册，中央文献出版社 2011 年版，第 133—134 页。

② 《毛泽东选集》第一卷，人民出版社 1991 年版，第 13 页。

体的军队,是革命的主要组织形式,广大农村是革命发展的主要阵地。武装斗争以农村根据地为依托,同时又是同解决农民问题紧密联系的。所以毛泽东同志指出:"中国的革命实质上是农民革命。"①

党领导下的革命根据地,要完成民族独立和人民解放的历史使命,就必须解决革命战争的物质供给和军队政府人员的给养问题,这是政权存在的根本。依靠农民力量来支持革命,是新民主主义革命的突出特征。土地革命战争是在"围剿和""反围剿"的长期而反复的攻防战争中进行的,红色区域政权处于敌人包围、分割、封锁的农村,交通不便,经济落后,自给自足的农业经济占统治地位,工商业比重很小,而且基本上没有任何接受外援的机会。在这样的背景下,中国共产党既要保障革命战争,又要解救处于水深火热之中的广大民众,面临前所未有的经济困难,除了依靠农民支持外,还必须长期着眼解决财政供养问题,红色财政的建立提上日程。

巨大的不断增长的革命战争需要同有限的农民负担能力之间存在严重的矛盾,为了合理解决这个矛盾,保障战争持久的需要,各根据地政府根据中共中央的指示精神,在开展武装斗争、土地革命的同时,在"打土豪、分田地"和想方设法生产自给外,开始着手抓财政建设,并逐步形成了一套解决财经问题的方针,即毛泽东同志提出的:"发展生产,保障供给,集中领导,分散经营,军民兼顾,公私兼顾,生产和节约并重等项原则,仍是解决财经问题的适当的方针。"②在这套方针指导下的军民兼顾的原则、合理负担的原则以及支持生产的原则,就成为处理革命战争需要同农民负担能力有限这个矛盾的有效原则。根据地政权正是依据这些原则,把农民的个人利益和革命的整体利益、农民的长远利益和眼前利益有机地结合在一起。

与此同时,各根据地政府还按照各个时期的形势、任务、方针,从本地区的实际情况出发,先后废除了封建主义、新老军阀政府的一切苛捐杂税

---

① 《毛泽东选集》第二卷,人民出版社 1991 年版,第 692 页。
② 《毛泽东选集》第四卷,人民出版社 1991 年版,第 1176 页。

制度,并在利用、改造某些旧税制的基础上,逐步建立了适应新民主主义革命和经济发展需要的新型税收制度;彻底铲除半殖民地半封建的劳役制度,确立了为革命战争服务的战勤制度。这套财税制度的构建,适应了党的革命需要,也为后来新中国成立后制定财政制度与政策奠定了基础。

习近平总书记在党的十九大报告中指出,实现中华民族伟大复兴是近代以来中华民族最伟大的梦想。在不同历史时期,这个中国梦的具体任务有所不同,财政担负的责任也不同。革命时期,在艰难的经济困境中,共产党人没有忘记初心,肩负起民族独立和人民解放的历史使命,相应地,党的财政事业的主要任务也是围绕两大使命开展。无论是土地革命时期,还是全民族抗战和解放战争时期,中国共产党始终依靠根据地,依靠农民的力量支持革命,这是革命时期财政的主要特征。在极端困难的情况下,红色区域政权积极筹措革命战争经费,通过土地革命和财税政策减轻农民负担,从而取得了革命的节节胜利,赢得了民心,最终创建了新中国。

从财政的角度讲,中国共产党成为执政党,不仅是历史的选择、人民的选择,也与财政的基础性作用不可分割。财政与中国共产党的革命任务共生于革命战争年代的特殊背景之下,财政与党的民族独立、人民解放历史任务共生于一体,财政是支撑中国共产党实现革命任务的物质保障和坚强基石,党在完成革命任务的过程中又推动了财政制度与政策的建立和完善,为新中国财政奠定了基础。我们应当正确认知这个逻辑关系。

第二节 红色财政是党的区域政权存在和发展的物质基础

在波澜壮阔的革命事业中,财政与党的红色区域政权具有共生性。对于区域政权来说,分布在全国不同区域的红色政权,有一个共同的历史使命,即民族独立和人民解放,区域政权必须创建适应根据地实际的财政机构,制定革命需要的财政政策。从财政层面来说,财政是隐于两大使命背后默默给予支持的无形力量,是党完成两大使命的隐形密码,没有财政的支持就没有区域政权的存在和革命事业的实现。中国共产党为什么能从1921年的微小力量,经历革命的洗礼逐渐壮大,并最终成为新中国的执政党? 如果理解了财政与党的使命的共生性,就可以透过现象看本质,找到这一问题的正确答案。

一、财政为红色区域政权提供基础性支撑

在极端困难的革命时期,红色区域政权面临反帝反封建的伟大使命。革命不是喊口号,区域政权的运行与发展需要财政支撑,革命战争需要钱粮供给保障,人民解放需要民众负担的减轻,这一切都意味着财政真金白银的投入。红色区域政权的生存和发展存在各种各样的制约因素,发展壮大会遇到各种风险和挑战,如果没有财税政策的不断调整、完善,党的红色区域政权和历史使命就会成为空中楼阁,这是颠扑不破的客观真理。

土地革命时期,苏区政权面临国民党的多次"围剿",处于生死存亡的风险关头。为应对这种局势,中央苏区苏维埃政权在财政收入方面主要是通过打土豪筹款(1933年7月设立了没收征发委员会),同时开征商业税、农业税、工业税,收取矿产开采权租金,发行公债,发行货币,号召群众捐献。在支出方面主要是保证战争供给。红军废除了军饷制,实行供给制,供给标准做了严格规定,主要包括伙食费、津贴费、零用费。1935年10月,红军长征到达陕北后,开始严禁自行打土豪,并根据形势需要,对财政工作进行了加强和改进,从而维持了苏区政权的勉力生存。

全民族抗战时期,敌后抗日民主政权经历了两个阶段的变化,财政也相应地采取了不同措施。1937—1940年,党中央迁至延安,以延安为中心的红色政权在第二次国共合作大背景下,尚能接受外援,包括国民政府发放的军饷、国内外进步人士的财力、物力支援等。1937—1939年,外援收入占边区财政收入的比例分别为77.2%、51.7%、85.8%。[1] 1941年以

---

[1] 中华人民共和国财政部《中国农民负担史》编辑委员会编著:《中国农民负担史》第三卷,中国财政经济出版社1990年版,第234页。

后,随着国民党反共政策的发展,国民政府停发了八路军军饷,并阻挠外部对中共的援助,边区财政陷入困境,抗日民主政府的财政供给变得异常艰难。为筹集财粮,这一时期的税收有所增加,还开征了抗日救国公粮、救国公债(见专栏1-1)、救灾公债和经济建设公债等,人民负担较抗战初期有所加重。救国公粮实质上就是农业税,自1937年开始征收,是全民族抗战后保证抗日军政粮食的主要来源。但是,救国公粮也存在一些缺点。一是公粮带有"摊派"的性质,每年公粮数目由上而下从边区逐级分配到各县、区、乡,这种办法不容易做到全边区真正的户与户间的公平合理,因此征粮过后,时常发生两县接壤区乡农民的负担有很大差别的现象。二是以农业收入为征粮范围,条例上照顾不到财产的多寡,在未经分配土地的绥德分区及鄜县、庆阳等县,公粮负担就不能很周密地照顾各阶层的实际情况和利益。鉴于救国公粮存在的上述缺点,边区政府自1943年开始研究和制定农业统一累进税则,以代替救国公粮,其基本原则为:第一,由公粮的临时分配税,提高为正规的定率税,克服上述分配税的毛病;第二,由公粮按临时收获作征收标准,改为以土地的常年产量作征收标准,克服上述以实物收获征收不能有力刺激农民生产情绪的毛病;第三,由公粮的纯粹征收收益税,改为除征收收益税外,并征土地财产税;同时,对农民的农业生产收入,扣除一定的生产消耗,克服不同性质收入统一课税的毛病;第四,降低下层税率与采取跳跃式的累进税,以提高上层税率,达到各阶层负担更臻于合理。农业统一累进税经过几年的试行,曾获得人民的拥护,但因干部文化水平关系,以及农业统一累进税则本身尚欠简便,因此未能普遍实行,以致1943年后主要仍以公粮形式征收,这在客观上加重了农民的负担。为改变这一被动局面,抗日民主政权坚决贯彻"发展经济,保障供给"方针,厉行节约、精兵简政,开展生产自给和大生产运动,极大地改善了财政困难状况,也减轻了人民负担,有力保障了抗战军需,为抗战最终胜利夯实了物质基础。

专栏1-1 边区建设救国公债发行细则

第一章 募收原则与经收机关

第一条 发行公债之目的是为了保卫边区经济以粉碎日寇及反共分子的经济封锁。

第二条 用政治动员与政府法令相配合征收建设救国公债,须人民自动认购禁止强迫摊派。

第三条 各部队机关学校团体工作人员,不论团体或个人自动献购者,应尽先购买、以作倡导,并帮助动员宣传。

第四条 本公债发行时,委托边区银行、光华商店及各分区县合作社金库为经收机关。

第五条 各分区县合作社经收人选,由各分区县长负责、物色可靠干部担任,遴选后报由财厅核准备案。

第六条 领导公债发行经收的工作及其他有关事宜者为财政厅。

第二章 经收财物标准与办法

第七条 持有下列财物者均可换购公债。

①法币。

②硬币(即现洋)。

③边钞。

④生金银或制成品。

⑤粮食干草及边区土产品(盐、皮毛、药材、蜂糖等)。

第八条 各经收机关收到第六条各项财物时,如法币或边钞或可立时以法币计算数额者,应即如数填给正式收据。其须变价或估价者先给该财物一临时收据(填明数量品名等)俟变价或估定后,再换给正式收据(其物品价格另定之)。

第九条 上项正式收据或临时收据由边府统一印发。

第十条 临时收据与正式收据须有财厅及经收机关盖印始能有效。

第十一条 经收机关所收现款应分户填发收据第一联,交给公债认购人收执,第二联单填就按月报告分区及财厅公债保管处核换公债票。

　　第十二条　凡持有正式收据者,得向原经收机关按收据所载金额,换取建设救国公债票。

　　第十三条　购公债人之财物价不足五元者,换取五元公债票时,得由认购人凑足之才能发给,不满十元、五十元者,也同此办理。

　　第十四条　公债认购人得以下列各物品按照下列标准计算价格,抵交债款。

　　甲、硬币(现洋)——按其面价计算。

　　乙、生金银及其制成品——按其所含金银成色重量折合法币计算。

　　丙、各项货物之有市价而易于变卖者,以其实价计算。

　　第十五条　各经收机关收到有价证券,存款摺据等,应先换具物品临时收据交公债认购人收执。

　　第十六条　各经收机关照本细则第十四条、十五条办理后,其第三联报告单填就逐星期分别汇报分区及财厅备查。

第三章　募购公债奖励办法

　　第十七条　团体承购本公债1万元以上者或劝募本公债20万元以上至30万元者,奖励办法如下:

　　(一)明令褒奖并颁给荣誉旗一面。

　　(二)颁给匾额。

　　第十八条　个人承购本公债5000元以上至1万元或劝募公债5万元以上至20万元者,奖励办法如下:

　　(一)明令褒奖并给奖章。

　　第十九条　个人承购本公债1000元至5000元或劝募1万元以上至5万元者,奖励办法如下:

　　(一)颁给奖状。

　　(二)登报表扬。

　　第二十条　凡经收机关遇有第十七、十八、十九条情形给奖励者,应开列清单拟定应给何项奖励、呈请财厅转呈边府核准办理。

　　附则:

　　第二十一条　献购日期由本年月日暂定两个月,必要时得延长之。

第二十二条 本公债施行细则如有未尽事宜得提交边府随时修正之。

第二十三条 本细则自公布之日施行之。

（1941年2月公布）

资料来源：中国财政科学研究院主编：《抗日战争时期陕甘宁边区财政经济史料摘编》（第六编财政），长江文艺出版社2016年版，第314—316页。

解放战争时期，解放区政权的财政政策在新解放区和老解放区有所差别。在新开辟的东北解放区，涉及接管城市及其税收，财政收入主要有六个来源，即没收敌伪收入、税收、公债、公粮、发行钞票、开展贸易。1946年，没收敌伪收入占当年财政收入的36.7%。在接收敌伪资产的基础上，城市工商税收比重逐年增加，到1949年新中国成立前夕，已逐步占据主导地位。关内的老解放区，则将过去按累进税率征收的救国公粮，改为按常年产量的比例税率征收的农业税，各个解放区的农业税逐渐走向统一。由于解放战争消耗巨大，财政紧张局势在1947年和1948年颇为严重，于是发公债、发货币也成为这一时期的主要聚财办法。1947—1949年，华北解放区财政总收入中，向银行透支（即发行货币）的比例分别为21.03%、28%、32.35%。随着解放战争的逐步完成，红色政权日益稳固，财政工作也随之走向统一和规范，呈现税收从农村转向城市、货币由杂乱走向统一、税制由繁杂走向规范等特点。

二、财政为红色区域政权注入确定性

财政不仅仅是经济范畴，更是政治范畴，关系到一个政权的兴衰存亡。中国共产党在革命时期不是执政党，其革命任务是夺取不代表人民利益的反动政府的政权，在这一过程中，党先后创建了不同形式的红色区域政权，如土地革命时期的苏维埃政权、全民族抗战时期的敌后抗日民主政权、解放战争时期初具新中国雏形的华北人民政府。在如火如荼的革命实践中，红色区域政权的生存和发展是革命事业的首要前提，而财政在区域政权出现危机时发挥了关键作用，及时化解了各种风险，为党的革命事业注入确定性。

土地革命时期，国民党对苏区政权进行多次军事"围剿"和经济封锁，分散的红色政权经济落后，面临被消灭的危险。在经历三次反"围剿"战争后，中央革命根据地逐渐壮大，并成立了全国性的红色政权，革命根据地人口达到1000万，红军恢复到10万人。但第五次反"围剿"失败后，中央革命根据地红军被迫开始长征，闽浙赣根据地也于1935年全部丧失，除陕甘苏区仍保留土地革命成果外，其余根据地基本丧失，根据地人口骤减至100万人，红军也由30万人减少到3万人。在始终面临生死存亡的危机时，苏维埃政权领导下的财政主要依靠取之于敌，向封建剥削者没收或征发，同时又要取之于民，实行"合理负担""重担归于剥削者"等财税政策，依靠土地税和公债筹集粮款，从而保障了武装斗争和土地革命的进行，避免了红色政权被一网打尽的悲剧。

全民族抗战时期，在国民政府停发抗日军饷的形势下，抗日民主政权陷入最为艰难的境地。从外部环境看，1940年秋开始，日军调集侵华的大部分兵力对敌后抗日根据地进行"扫荡""蚕食""清乡"，企图彻底摧毁抗日根据地军民的生存条件，消灭中国共产党领导的抗日武装，各根据地经济遭受严重摧残。与此同时，国民党政府的反共活动更加频繁，除实施军事包围之外，还对陕甘宁边区等红色区域实行前所未有的经济封锁，停发八路军的抗日军饷，禁止外界捐款汇往敌后根据地，彻底断绝其一切外援，使抗日民主政权物资异常匮乏，财政压力凸显。从红色区域政权自身情况看，"鱼大水小"矛盾，即财政供养人员骤增和财政收入锐减的冲突，导致财政收支矛盾加大。此时根据地面积和人口不断缩小，财政收入随之减少，但脱产人员却在激增。如陕甘宁边区1937年成立时，党政军脱产人员仅为3.2万人，1938年为3.4万人，到1940年骤增至6.1万人，1941年又猛增到7.3万人。[1] 也就是说，即便供给标准不变，1941年粮款供应的数量也需要增加1倍以上，"鱼大水小"的矛盾非常突出。

---

[1] 中华人民共和国财政部《中国农民负担史》编辑委员会编著：《中国农民负担史》第三卷，中国财政经济出版社1990年版，第235页。

按照中央规定,党政军脱产人员一般不能超过边区人口总数的3%,但当时实际已经达到了5.4%,这样势必会增加人民负担。以人民的公粮负担为例,从1939年的5万石剧增至1941年的20万石。即便如此,机关部队仍然出现了物资匮乏、衣食不周的情况。毛泽东同志曾这样描述当时的困难情况:"我们曾经弄到几乎没有衣穿,没有油吃,没有纸,没有菜,战士没有鞋袜,工作人员在冬天没有被盖。国民党用停发经费和经济封锁来对待我们,企图把我们困死,我们的困难真是大极了。"①

在严重的经济困难面前,陕甘宁边区军民没有被吓倒,他们坚定地执行了中共中央制定的各项财经政策,自力更生,艰苦奋斗,为克服财经困难进行了卓绝的斗争。陕甘宁边区及时调整财经政策,停止没收地主土地改为减租减息,同时在"发展经济,保障供给"思想指导下,创造性地开展大生产运动,从而既保障了抗战经费和边区政府稳定运行,又减轻了农民负担,获得各阶层人民的支持,是一个伟大创举,其历史功绩和影响是深远的。当时的《解放日报》社论对此高度评价:在抗战期间,我们认真实行减租减息和发展生产的民主政策,因而激发了广大农民的生产热情,增强各阶层人民的团结,提高农村的生产力,使根据地在极端困难的环境下,胜利地坚持了敌后的抗战。这也正像毛泽东同志总结的那样:这是中国历史上从来未有过的奇迹,这是我们不可征服的物质基础。② 晋绥边区自给经费占比情况见表1-1。

表1-1　晋绥边区自给经费占比变化情况　　　　　（单位:%）

项　目		1943 年	1944 年	1945 年
军队	统筹占全部经费的比例	86	49	57.2
	自给占全部经费的比例	14	51	42.8
行署	统筹占全部经费的比例	64	29	3
	自给占全部经费的比例	36	71	97

资料来源:中华人民共和国财政部《中国农民负担史》编辑委员会编著:《中国农民负担史》第三卷,中国财政经济出版社1990年版,第427页。

---

① 《毛泽东选集》第三卷,人民出版社1991年版,第892页。
② 《解放日报》1945年11月16日。

解放战争时期，面对国民党发动的内战，刚刚从抗日战争中缓口气的解放区军民，不得不面对财粮供给上的突出矛盾。能否保住革命和抗战胜利的果实，推动抗日民主政权逐渐夺取全国政权并成立新中国，解放战争的成败起决定性作用。解放战争是一场大规模的近代化战争，是一场巨大的消耗战，如何动员和组织解放区的人力、物力、财力，保障战争供给，始终是个复杂而艰难的问题。在国民党四面包围、咄咄逼人的情形下，为击败国民党发动的进攻，必须有广大人民的支持，为此，党中央决定以土地改革彻底解放人民，同时采取适当的取之于民措施。这一时期，党领导下的财政工作的任务是动员一切力量保障战争供给，主要举措为：一是通过土地改革没收地主阶级土地，分配给农民，领导农民开展大规模的生产运动，增加解放区财富；二是机关部队生产自给；三是以公粮、田赋等税收形式取之于民，部分地区采用借粮形式；四是精简节约；五是发动人民群众无偿支援。与此同时，开辟新解放区和接管战争胜利后取得的城市，并逐渐转变为更多地依靠城市税收，这对支撑解放区政权逐步取得全国胜利起到重要作用。

第三节　"发展经济，保障供给"是财政总方针

财政是生财、聚财、用财的辩证统一，"三财"之道，生财是根本，聚财要有度，用财讲效益。这一点无论是革命时期还是新中国成立以来都存在规律性。财政支持党的革命事业，从根本上讲需要发展经济，否则财政就成为无源之水、无根之木。红色区域政权领导下的财政，中心任务是保障革命战争的财粮供给，支持革命取得胜利。区域政权所在的根据地经济落后，人民生活艰难，出现不断增长的革命战争需要同有限的农民负担能力之间的矛盾。财政怎么办？办法不外乎三个：一是取之于民，依靠农民出粮出钱；二是"发展经济，保障供给"，即富有创新的取之于己；三是取之于敌。取之于民，本质是聚财，必然涉及人民负担的增加，想要赢得民心，获得人民对红色政权的支持，只能从"生财"方面下功夫，把发展红色区域经济作为根本出路，从而既保障了革命战争供给，又减轻了农民负担。

一、保障供给是艰巨任务

红色区域政权处于敌人包围封锁的农村,经济落后,工商业比重很小,在这样的条件下,解决革命战争的给养问题非常困难。毛泽东同志在井冈山时期指出:工农革命军面临三大任务:一是打仗消灭敌人;二是打土豪、筹款子;三是宣传群众、组织群众、武装群众、帮助群众建立革命政权。这三大任务中,筹款是核心和前提,也是最难的。党领导人民进行反帝反封建的革命斗争,符合农民的根本利益,这也是农民积极支援革命战争的基础。但是,农民的负担能力毕竟有限,如果税收过重,就会严重破坏民生,进而失去人民的支持。这是革命时期红色政权始终无法回避的矛盾,也是保障战争军需最为棘手的难题。

土地革命时期,苏维埃政权主要任务是开展军事上的反"围剿"斗争,维护新生的红色政权,所以必须"集中经济力量供给战争"①。苏区政权筹集财粮主要依靠的是取之于敌,即向封建剥削者进行没收或征发,又称"打土豪筹款",这是普遍采取的筹款方式,一度在财政收入中占据主要位置。但这种形式是战争时期的特殊财政措施,是一次性的,时间不长。除此之外,苏区政府也有一定的取之于民措施,比如向农民直接征收土地税、向商人征收商业税(包括关税和营业税),不过这不是主流办法。在特别困难时期,苏区政府还采取向群众发行公债的办法,缓解军费之困。发行公债最多的是中华苏维埃共和国中央政府,曾先后发行了两期"中华苏维埃共和国革命战争公债"。②

1937年进入全民族抗战后,中国共产党在敌后创建抗日民主政权,对土地政策、税收政策等做了必要调整。土地政策方面,对地主停止没收土地,实行减租减息,同时没收不改悔的汉奸分子的土地财产,对富农实行奖励生产与联合政策。这一时期,财政的主要原则是"发展经济,保障供给",抗战经费的主要来源依靠创造性的生产自给和大生产运动,向农

---

① 《毛泽东选集》第一卷,人民出版社1991年版,第130页。
② 中华人民共和国财政部《中国农民负担史》编辑委员会编著:《中国农民负担史》第三卷,中国财政经济出版社1990年版,第85—86页。

民征税则是补充方式。

进入解放战争阶段，面对巨大的消耗战，党中央决定以土地改革彻底解放人民，以大规模群众性的减租减息运动促使解放区群众"翻过身来"，同时酌量减轻人民负担。这一时期党领导下的财政工作的任务是动员一切力量保障解放战争供给。伟大的解放战争是一场空前广泛的人民战争，"解放军打到哪里，我们就支援到哪里"的响亮口号给予解放军前方战场极大的人力、物力、财力支援。陈毅曾说过，"淮海战役的胜利是人民群众用小推车推出来的"。这句话揭示了人民支援对解放战争的重要性，而人民支援的背后是财政以民为本、解放民生的积极作为。

二、注重生财是红色财政的重要特征

尽管红色区域政权采取了不少措施，但革命军需供给问题一直是个"老大难"问题。因为依靠取之于民的"聚财"会导致百姓负担加重，丧失人民对革命的支持；取之于敌只能作为临时性手段，不是持久之计。所以，依靠发展经济来"生财"，即通过发展国民经济来增加财政收入，才是根本解决战争军需困难的唯一选择。这是革命时期红色财政的鲜明特征。

在红军第三次反"围剿"胜利后，革命出现了有利形势，但"左"倾思想的影响导致革命陷入被动，经济陷入困难。如何克服和战胜这些困难呢？当时"左"倾机会主义者认为应单纯地向农民增加税收，发行公债，加紧向富农征发，发行钞票。毛泽东同志对此提出不同看法，认为在服从战争这个中心任务的前提下，应开展必要和可能的经济建设，经济工作不搞好，革命战争就不能维持，就成为大问题，必须依靠经济的发展来解决财政的困难。1933 年 8 月，毛泽东同志在江西省南部十七县经济建设工作会议上做了《必须注意经济工作》的演讲，阐明了革命根据地经济建设的方针、政策和工作方法。他指出："革命战争的激烈发展，要求我们动员群众，立即开展经济战线上的运动，进行各项必要和可能的经济建设事业。为什么？现在我们的一切工作，都应当为着革命战争的胜利，首先是粉碎敌人第五次'围剿'的战争的彻底胜利；为着争取物质上的条件去保障红军的给养和供给；为着改善人民群众的生活，由此更加激发人民群众参加革命战争的积极性；为着在经济战线上把广大人民群众组织起来，并且教育他们，使战争获得新的群众力量；为着从经济建设去巩固工人和农民的联盟，去巩固工农民主专政，去加强无产阶级的领导。为着这一切，就需要进行经济方面的建设工作。这是每个革命工作人员必须认识清楚的。"①

毛泽东同志还阐明了经济建设和革命战争的关系。他提出："在现在的阶段上，经济建设必须是环绕着革命战争这个中心任务的。革命战争是当前的中心任务，经济建设事业是为着它的，是环绕着它的，是服从于它的。那种以为经济建设已经是当前一切任务的中心，而忽视革命战争，离开革命战争去进行经济建设，同样是错误的观点。只有在国内战争完结之后，才说得上也才应该说以经济建设为一切任务的中心。"②为了保证财政经济工作总方针的实现，党中央从抗日根据地所处的具体环境出发，制订了经济建设的具体方针：在各项生产事业中，实行以农业为主的农业、畜牧业、工业、手工业、运输业和商业全面发展的方针；在公私关系和军民关系上，实行"公私兼顾"和"军民兼顾"的方针；在上下关系上，实行统一领导、分散经营的方针；在生产和消费的关系上，实行努力生产、厉行节约的方针；在党群关系上，实行组织起来的方针。

值得一提的是，抗战时期除了生产自给的大生产运动外，抗日民主政权的公营经济发展得很好，为缓解财政困境提供了重要支撑。当时的公营经济事业包括三个部分：一是政府经营的盐业、工业及商业；二是军队经营的农工商业；三是党政机关经营的农工商业。这些都是直接保障党政军人员的生活资料及其事业经费的供给的。公营经济的供给量，在1942年和1943年都超过了人民以租税形式交纳政府的供给量（包括公粮在内）。正因如此，毛泽东同志称公营经济事业为保障财政供给两大来源的一个主要基础。1939年、1940年、1942年，陕甘宁边区公营企业

① 《毛泽东选集》第一卷，人民出版社1991年版，第119页。
② 《毛泽东选集》第一卷，人民出版社1991年版，第119—123页。

收入占边区财政收入的比例分别为 0.91%、0.28% 和 1.60%,到了 1944 年,这一比例猛增至 36.2%。[①]

三、帮助农民发展生产

1942 年,毛泽东同志提出的"发展经济,保障供给"的财政总方针,着眼于经济与财政的关系,以及尽量减轻农民负担,这是根据地红色财政的突出特征。发展经济,包括发展公营经济和民营经济,公营经济就是政府、军队和机关学校经营的农工商业,民营经济主要是动员和帮助农民发展农工商业,在培养民力的基础上保障供给。

为了发展农民经营的农业,各根据地按照中央的指示,普遍抓了两件大事:一是减租;二是把群众组织起来。

减租是调动农民生产积极性、提高农业生产的基本条件,普遍地、彻底地实行减租减息,是使农民在缴纳赋税的同时又有所得的适当办法。1942 年之前,许多根据地内还没有普遍地、认真地、彻底地实行减租减息政策,农民得到的利益不多。1943 年中央指示下达后,农民才普遍得到了实际的物质利益。减租之前,各抗日根据地的租率一般在 50% 以上,实施减租后租率一般降到 25% 左右。据估计,由于租率降低,各根据地农民增加的收入总计至少在 20 亿斤细粮以上。同时,由于减租政策、税收政策对封建剥削的限制,地主的大部分土地逐步分散到了农民手里。这就为农业经济的发展创造了有利条件。

在减租减息基础上把农民力量组织起来,开展大生产运动,这是根据地财政保障供给的重要措施。毛泽东同志指出,我们要发展公营经济,但不要忘记人民给我们帮助的重要性,对人民的农业、畜牧业等要采取帮助其发展的适当步骤和办法。[②]

红色区域政权的国民经济,占支配地位的是农业经济,因此发展经济的重点是农业生产。土地革命时期,苏维埃政府发布了许多指导农业生

---

① 西北财经办事处:《抗战以来的陕甘宁边区财政概况》,1948 年 2 月。
② 《毛泽东选集》第三卷,人民出版社 1991 年版,第 893 页。

产的文件,对个体农民在残酷战争环境下面临的生产困难进行支援。为发展经济,毛泽东同志明确指出,在全体政府工作人员和广大群众中,要造成一种热烈的经济建设的氛围,重视经济建设工作,努力推销经济建设公债,发展合作社运动,大大改良群众生活,大大增加财政收入,把革命战争和经济建设的物质基础确实建立起来。① 这些发展经济的措施,受到广大群众的拥护,对克服反"围剿"的财政困难起到很大作用。

全民族抗战时期,从 1943 年开始,各抗日根据地贯彻中共中央的指示,纷纷把农村劳动力组织起来,普遍开展了大生产运动。在生产运动中,党政干部发动群众,组织了许多劳动互助的农民合作社,和群众一起开荒、修渠打井、植树造林,并发放了农业贷款,帮助农民解决生产中的困难。这一切,使农民大大增加了生产热忱,提高了农业劳动生产率。到1944 年,抗日根据地的农村经济普遍发生显著的变化:粮食产量增加,农民收入提高,生活得以改善。与此同时,政府的财粮供给也由被动转为主动,大生产运动搞得最好的陕甘宁边区已经走向了军民丰衣足食的大道。

---

① 《毛泽东选集》第一卷,人民出版社 1991 年版,第 121—123 页。

第二章 财政的人民性：
党赢得民心的根基

革命时期，党的红色区域政权在实现历史使命过程中面临复杂纠结的难题，筹粮筹款、保障革命战争是财政的首要任务，这就必然会给人民带来一定负担，但革命要赢得民心又需要尽可能地照顾人民利益，减少取之于民，这个矛盾贯穿整个革命时期。中国共产党从诞生之日起就把财政视作政治生命的一部分，始终坚持红色财政的人民性，贯彻"军民兼顾"原则，通过一系列政策措施化解了战争军需与人民负担的矛盾，从而赢得了民心，推动党的使命顺利完成。

第一节 财政的人民性就是为了人民、
依靠人民

财政的人民性与党在革命时期的主要任务具有内洽性。新民主主义革命时期，党面临的主要任务是，反对帝国主义、封建主义、官僚资本主义，争取民族独立、人民解放，为实现中华民族伟大复兴创造根本社会条件。在革命斗争中，中国共产党人领导人民浴血奋战、百折不挠，彻底结束了旧中国半殖民地半封建社会的历史，实现了中国从几千年封建专制政治向人民民主的伟大飞跃。在这一过程中，保障革命战争是党的红色区域政权的第一要务，但如果为了筹集军需而忽视人民利益，甚至损害人民利益，革命战争也不可能取得最后胜利。作为筹集军需和照顾人民利益的枢纽，财政采取了"军民兼顾"方针，财政的人民性推动党赢得民心，促使革命最终取得胜利。

一、"军民兼顾"是为了人民

土地革命时期,尽一切力量筹集经费维持革命战争是党最迫切的任务,革命战争的残酷性使得区域政权必须通过土地税、发行公债等财税手段取之于民。特别是在 1930 年到红军长征前夕,在敌人"围剿"封锁、财粮来源骤减的情况下,各根据地都对农民征收了土地税、山林税,还向农民募集革命战争公债,普遍开展借谷运动(带有农业税预征性质),导致农民负担加重,百姓表示不满。毛泽东同志对此进行了批评,强调不关心群众的实际生活问题,就不能达到战胜敌人的目的。他强调指出,革命战争的激烈发展要求我们进行必要和可能的经济建设事业,"只有开展经济战线方面的工作,发展红色区域的经济,才能使革命战争得到相当的物质基础,才能顺利地开展我们军事上的进攻,……也才能使我们的广大群众都得到生活上的相当的满足,而更加高兴地去当红军,去做各项革命工作"[①]。在这个阶段,共产党人已经产生了军民兼顾的思想雏形。1934年,毛泽东同志在瑞金就说过:"我们的经济政策的原则,是进行一切可能的和必须的经济方面的建设,集中经济力量供给战争,同时极力改良民众的生活。"[②]

全民族抗战初期,国内外爱国人士的捐款及国民政府拨付的抗日军饷在一定程度上缓解了区域政权的财政困难,边区财政靠"外援"度日,于是党中央提出"合理负担""休养民力"的主张,财政基本上处于无税或轻税状态。1938 年,毛泽东同志在《论持久战》中提出"兵民是胜利之本"的重要思想。抗战进入相持阶段后,外援基本断绝,加之日军的疯狂扫荡和国民党的大肆进攻,边区政府在 1940—1941 年陷入严重财经困难。在此情况下,党中央按照"发展经济,保障供给"的财政总方针,创新财政收入筹措方式,通过大生产等取之于己的方式减轻人民负担。1942年,在陕甘宁边区高级干部会议上,毛泽东同志正式提出"军民兼顾"的

---

① 《毛泽东选集》第一卷,人民出版社 1991 年版,第 120 页。
② 《毛泽东选集》第一卷,人民出版社 1991 年版,第 130 页。

原则。他说,我们一方面取之于民,一方面就要使人民经济有所增长,在公私关系上,就是"公私兼顾",或叫"军民兼顾"①。在这一方针指导下,各抗日根据地开展了军民大生产运动,这是取得抗日战争胜利的重要原因。

解放战争时期,毛泽东同志继续强调"军民兼顾"原则:"各地必须作长期打算,努力生产,厉行节约,并在生产和节约的基础上,正确地解决财政问题。这里第一个原则是发展生产,保障供给。因此,必须反对片面地着重财政和商业、忽视农业生产和工业生产的错误观点。第二个原则是军民兼顾,公私兼顾。第三个原则是统一领导,分散经营。"②为赢得民心进而争取人民群众的支援,解放区普遍实行了土地改革,真正实现了"耕者有其田",人民群众踊跃支前,有力地推动了解放战争的胜利进行。

总体来看,新民主主义革命时期,财政的人民性同党的主要任务有机联系在一起,财政在取之于民的同时,坚持军民兼顾原则,通过大生产运动、厉行节约、精兵简政、土地改革,切实减轻了人民负担,赢得了人民对革命事业的支持,这表面看是财政的胜利,本质上是政治的胜利。

二、"取之于民而民不伤"

红色区域政权的生存发展和革命战争的军需供给,都需要财政的支撑,不可避免地要采用向人民征税的手段,这是当时背景下的必然选择。通过"打土豪、分田地"和土地改革,广大农民获得了土地,不再受地主剥削压迫,为红色区域政权征收农业税创造了条件。共产党人时刻注意维护人民利益,尽可能减轻农民负担,做到"取之于民而民不伤"。这是财政人民性的直接表现。

红色区域政权的农业税政策体现了"培养民力"的内涵,强调"重担归于剥削者"原则下的"合理负担",因此得到人民的认可和支持。在取

---

① 《毛泽东选集》第三卷,人民出版社 1991 年版,第 894—895 页。
② 《毛泽东选集》第四卷,人民出版社 1991 年版,第 1216 页。

之于民的税收政策框架中,共产党人一直强调通过阶级性原则合理安排不同阶层的财政负担。为了贯彻以民为本的理财思想,根据地财政有一个突出的特点,即财税政策的阶级性。"苏维埃的财政政策,建筑于阶级的与革命的原则之上","苏维埃把主要财政负担放在剥削者身上","税收的基本原则同样是重担归于剥削者"①。

土地革命时期,各苏区政权向农民直接征收土地税,在一些根据地又称田税、农业税、农业累进税、单一农业经济累进税、公粮等,名称虽有不同,但实质都是对分得土地的农民征税。土地税的征收贯彻了兼顾的原则和阶级的原则,兼顾原则就是兼顾革命战争和民众生活,阶级原则就是依阶级征税,保护贫农,打击富农。1930年5月,全国苏维埃区域代表大会通过的《土地暂行法》最早提出按阶级征收累进税。1934年,毛泽东同志总结土地斗争的经验,完整地提出了税收的阶级原则:"农业税依靠于农民的革命热忱,使之自愿的纳税,同样是累进原则的征收法。家中人口少分田少的税轻,家中人口多分田多的税重。贫农、中农税轻,富农税重。雇农及红军家属免税,被灾区域按灾情轻重减税或免税。"②这个原则一直是税收问题上处理人民内部各阶级关系的一条基本准则。

全民族抗战时期,党在敌后抗日根据地始终实行军民兼顾政策,既考虑军队和战争需要,又照顾到人民的生产能力和生活水平,培养民力。毛泽东同志指出,不顾战争的需要,单纯地强调"仁政",就不能取得战争的胜利;相反,如果不顾人民困难,只顾政府和军队的需要,竭泽而渔,诛求无已,"这是国民党的思想,我们决不能承袭"③。为了"培养民力",党中央和边区政府采取了一系列控制农民负担的措施。(1)规定负担人口与军政人员比例。1940年,中央提出要控制养兵数量,根据地全部脱离生

---

① 中共中央文献研究室、中央档案馆编:《建党以来重要文献选编(一九二一——一九四九)》第十一册,中央文献出版社2011年版,第118页。

② 中共中央文献研究室、中央档案馆编:《建党以来重要文献选编(一九二一——一九四九)》第十一册,中央文献出版社2011年版,第119页。

③ 《毛泽东选集》第三卷,人民出版社1991年版,第894页。

产人员不能超过当地居民的3%。1941年精兵简政后,中央军委又重申了这一规定。(2)控制赋税限度。1939年,中央提出农业税收入以保障军粮供给为原则,公粮征收总额以不超过农业产量的10%为限。1941年,由于财政经济困难,各根据地增加了粮赋征收额,中央电示各地要将公粮征收总额控制在农业总收入的20%以内。(3)农民负担固定几年不变。1942年,毛泽东同志在西北高干会议上提议,自1943年起,陕甘宁边区每年征收公粮18万担,以后若干年内固定这个数目,这个数目之外的一切增产概归农民,使农民好放手发展自给的生产,改善自给的生活,丰衣足食,穿暖吃饱。①

三、"贪污和浪费是极大的犯罪"

红色区域政权的财政工作,是在极端困难的条件下进行的,为了保证革命战争和经济建设需要,必须贯彻厉行节约的方针。土地革命战争时期,为节约经费开支,苏区开展了节省运动,在红军和党政人员中实行维持最低生活标准的供给制度。1934年1月,毛泽东同志在第二次全国工农兵代表大会上,阐明了节省方针:"财政的支出,应该根据节省的方针。应该使一切政府工作人员明白,贪污和浪费是极大的犯罪。反对贪污和浪费的斗争,过去有了些成绩,以后还应用力。节省每一个铜板为着战争和革命事业,为着我们的经济建设,是我们的会计制度的原则。"②3月,人民委员会提出在9个月内节省80万元的号召,节省运动在许多地方开展起来。结果,节省的资金交到金库的达到609万元。进入全民族抗战时期,除了继续实行生活费供给制和开展节约运动外,主要实行了精兵简政。1942年12月,毛泽东同志在陕甘宁边区高干会议上提出,为克服物质困难,必须实行精兵简政政策。他说,这一次的精兵简政,必须是严格的、彻底的、普遍的,而不是敷衍的、不痛不痒的、局部的,必须达到精简、统一、效能、节约和反对官僚主义五项目的,这对于我们的精简工作和财

---

① 中华人民共和国财政部《中国农民负担史》编辑委员会编著:《中国农民负担史》第三卷,中国财政经济出版社1990年版,第202—205页。

② 《毛泽东选集》第一卷,人民出版社1991年版,第134页。

政工作关系极大;"精简之后,减少了消费性的支出,增加了生产的收入,不但直接给予财政以好影响,而且可以减少人民的负担,影响人民的经济"①。陕甘宁边区高干会议后,各根据地根据"少而精"原则,紧缩编制,因职设人,取消空头机关,编余人员主要是加强基层、转入生产战线,或自愿解甲归田。到了解放战争时期,则是重点贯彻厉行节约方针。1946年7月,党中央在《以自卫战争粉碎蒋介石的进攻》指示中强调指出,必须作持久打算,十分节省地使用人才资源和物质资源,力戒浪费。1947年1月1日,指示再次指出,必须一面发展生产,一面用大力量整理财政,缩减一切可缩减的人员,节省一切非必要的开支,降低干部生活水平,表扬艰苦奋斗的作风,严禁铺张浪费、贪污腐化。1948年10月,中央针对解放区比较困难的财经状况又指出,在克服困难的斗争中,前线和后方都必须反对浪费,厉行节约。② 事实证明,红色区域政权采取的厉行节约、精兵简政措施,起到了积极作用,有助于根据地克服财经困难,并取得革命战争的最终胜利。

厉行节约,一方面是节省不必要开支,另一方面则是反对奢靡浪费。土地革命阶段,毛泽东同志反复强调"贪污和浪费是极大的犯罪"③。他曾发布中华苏维埃共和国中央执行委员会训令说:政府中一切可以节省的开支都必须尽量减少,"对苏维埃中贪污腐化的分子,各级政府一经查出,必须给以严厉的纪律上的制裁。谁要隐瞒、庇护和放松对这种分子的检查与揭发,谁也要同样受到革命的斥责"④。全民族抗战时期,根据地的机关学校个别干部贪图物质享受,出现贪污、浪费、赌博现象,毛泽东同志对此指示:"必须严申纪律,轻者批评,重者处罚,决不可对他们纵容,反而美其名曰'宽大政策'。这就是经济工作中的整顿三风,我们必须毫不犹豫地执行。"⑤实行精兵简政政策后,毛泽东同志一直强调这是改造

---

① 《毛泽东选集》第三卷,人民出版社1991年版,第895页。

② 左春台、宋新中主编:《中国社会主义财政简史》,中国财政经济出版社1988年版,第22—29页。

③ 《毛泽东选集》第一卷,人民出版社1991年版,第134页。

④ 中共中央文献研究室编:《毛泽东著作专题摘编》(下),中央文献出版社2003年版,第2139页。

⑤ 《毛泽东军事文集》第二卷,军事科学出版社、中央文献出版社1993年版,第691页。

机关主义、官僚主义、形式主义的对症药。他指出，节约是一切工作机关都要注意的，经济和财政工作机关尤其要注意，从事经济和财政业务的工作人员，必须克服很严重的官僚主义，例如贪污现象、摆空架子、无益的"正规化"、文牍主义等，这样可以节省一大批不必要的和浪费性的支出。① 陕甘宁边区政府颁布的《陕甘宁边区简政实施纲要》，也明确提出"坚持廉洁节约作风，严厉反对贪污腐化现象"②。由此可见，厉行节约也是严肃财经纪律、整顿工作作风的主要手段。

第二节　红色财政与国统区财政有什么不同

1937 年日本发动全面侵华战争后，很快占领北平、天津、上海、苏州、常州和南京，后来又占领广州、武汉等地，中国工农业生产的富庶地区沦陷，南京国民政府被迫迁都重庆。国统区财政收入出现断崖式下滑，为弥补收支缺口，国民政府除了依赖关税、盐税和统税外，还加征部分直接税，在农村地区实行竭泽而渔式的增捐加税政策。与此相对照，在广大的农村抗日根据地，中国共产党领导的敌后抗日民主政权也采取了征收农业税的方式，但始终坚持"军民兼顾"的财税方针，并通过"土地改革"等土地政策，解决了人民群众的切实利益问题。为什么红色区域政权赢得了人民的拥护，而国统区的国民政府引发了人民的激烈反抗，并最终覆灭？这是值得深思的问题。从财税政策的角度进行观察对比，我们可以更好地理解二者结局差异背后的原因。

一、人民性是红色财政的政治属性

在硝烟弥漫的战争年代，中国共产党和国民党都面临外敌入侵和财政困难的局面，但两者采取了迥然不同的农业税政策，共产党正是坚持了财政的"人民性"，维护了人民利益，才赢得了民心，取得了革命的胜利。

① 《毛泽东选集》第三卷，人民出版社 1991 年版，第 896 页。

② 中共中央文献研究室、中央档案馆编：《建党以来重要文献选编（一九二一—一九四九）》第十九册，第 613 页。

反观国民党统治下的财税政策,则是彻底反人民的,也直接导致其失去民心,失去统治权。从这个角度讲,财政具有明显的政治属性,财政是否具有人民性对政权兴衰有直接作用力。

中国共产党是马克思主义政党,人民立场是党的根本政治立场,人民至上是党执政施政的核心理念,这一理念是我们党在革命时期就早已确定了的。

在全民族抗战之前,共产党人就特别注重红色区域政权以民为本的执政理念,财政工作亦是如此。1933 年,毛泽东同志在中央革命根据地南部十七县经济建设大会上明确指出,我们的一切工作,都应当"为着改善人民群众的生活"①。1936 年,为总结第二次国内革命战争的经验,毛泽东同志写了《中国革命战争的战略问题》,他在文中指出:中国共产党"每一天都是为了保护人民的利益,为了人民的自由解放,站在革命战争的最前线"②。全民族抗战后,党中央和毛泽东同志在红色区域政权日益困难的情况下,仍然坚持"聚财"时的人民性,强调不能过度加重人民负担。1945 年,毛泽东同志在党的七大上指出:"我们共产党人区别于其他任何政党的又一个显著的标志,就是和最广大的人民群众取得最密切的联系。全心全意地为人民服务,一刻也不脱离群众;一切从人民的利益出发,而不是从个人或小集团的利益出发;向人民负责和向党的领导机关负责的一致性;这些就是我们的出发点。"③党的人民至上的坚定信仰,在财税政策上得到了充分的体现。

无论是土地政策、财税政策,还是大生产运动,都充分体现了共产党人理财的"人民性"特征。从某种意义上讲,大生产运动也是以民为本、减轻人民负担的另一种体现。陕甘宁边区实施大生产运动后,客观上直接减轻了边区人民的负担,也增加了他们的实际收入。以征收公粮为例,1941 年为 20 万石,占农民收获量的 13.5%,到 1942 年减少到 16 万石,占11.4%,1943 年虽然上升为 18 万石,但只占农民收获总量的 9.1%,1944

① 《毛泽东选集》第一卷,人民出版社 1991 年版,第 119 页。
② 《毛泽东选集》第一卷,人民出版社 1991 年版,第 184 页。
③ 《毛泽东选集》第三卷,人民出版社 1991 年版,第 1094—1095 页。

年又减到 16 万石,占收获总量的 8.5%,1945 年更减少为 12 万石,所占比例就更小了。农民收入增加了,负担减轻了,生活也改善了。如安塞县农民高凤成,过去是个长工,缺吃少穿。到 1943 年,他家六口人养七头牛、一匹马、三头猪、五十只羊,还有很多鸡。过去是"没穿、没戴、没铺、没盖",此时每月吃五次肉、六次馍馍,面条捞面经常吃,过年杀猪,过节吃好的改善生活,全家过上了丰衣足食的好生活。[①] 移民马丕恩、马杏儿父女二人,开荒两年收粮 27 石、蔬菜 6000 斤,吃穿有余。[②]

民心是最大的政治,得民心者得天下。红色区域政权为了人民、依靠人民,取之于民、用之于民,这就决定了红色财政也是以人民利益为出发点,通过减轻农民负担来培养民力,这是区域政权不断壮大并最终夺取政权建立新中国的根本原因。

二、国统区财政不得民心

南京国民政府初期的十年,明确划分了中央与地方税收收入,其中关税、盐税、货物税等为国家税,而田赋、契税等为地方税。田赋在一般省份占有重要地位,几乎占地方收入的一半以上。中央政府对田赋附加有所约束,如 1928 年财政部颁布《限制征收田赋附加办法》,规定田赋正税附加的总额不得超过当时地价的 1%。但是,地方政府为了解决自身财政紧张局面,往往运用各种办法增加附加,或者收取苛捐杂税。不过,这一阶段国民政府财政收入来源主要是工商税和内外债,农民负担总体还不算太重。

全民族抗战开始后,随着沿海和华中富庶地区相继沦陷,国统区的常规收入来源锐减,国民政府失去了主要税源地,加之物价上涨等原因,财政收入受到严重影响,于是开始加强对农村地区的税收掠夺,国统区农民从此陷入水深火热之中。此间国民政府不得民心的农业税政策集中体现为田赋的"三征"上。

一是田赋征实。1937 年全民族抗战爆发后,日益增加的军费支出使

---

① 《解放日报》1943 年 9 月 27 日。
② 《解放日报》1943 年 9 月 20 日。

国民政府的财政状况不断恶化,通货膨胀日趋严重。为了适应抗战的需要,满足军队和公职人员的基本生活需要,国民政府实行战时财政政策,对土地税收进行了重大调整,实行田赋征实政策。1939 年 9 月,国民政府军事委员会同行政院共同颁发《战区土地租税减免及耕地荒废救济暂行办法》,规定战区土地税得以农产品市价折算缴纳实物。1941 年 5 月,国民党五届八中全会上作出中央接管田赋和实行田赋征实的决议,同年 6 月召开国民政府第三届全国财政会议,制定田赋改征实物的四项原则:(1)从1941 年度下半年起,各省田赋,战时一律征收实物;(2)折征标准以 1941 年度正附税总额每元折征稻谷二市斗(产麦区得征等价小麦)为标准;(3)各省制定实施细则由财政部批准后实行;(4)各省征收实物,采用经征和经收分立制度。当年 8 月开始,国民政府在全国范围内实行田赋征实。

二是定价征购。随着抗战的进行,前方军队和后方城市居民的粮食需求量越来越大,田赋征实已逐渐不能满足需要。1942 年,国民政府在田赋征实之外又采取了定价征购粮食的办法,将征购办法统一为随赋带征,小额粮户可以免征购,大额粮户采用累进办法,以均平负担,以其总额达到征购限额为限。征购粮食的价格,由各省县根据产粮区的粮价核定。征购粮食的价款支付办法有三种:(1)搭发粮食库券,此法行于川、陕、两广、湖南、安徽和西康。(2)搭发法币储蓄券,此法行于黔、闽、赣、豫、鄂、甘、绥七省和安徽产麦区,搭配比例各地不一。(3)搭付关金储蓄券,此法行于云南省和山西省,云南省按每石稻谷搭 100 元关金储蓄券,山西省则为三成法币、七成关金储蓄券。三种搭配办法的特点是农民交售粮食后并不能全部得到法币,其中大部是不能流通的粮食库券和储蓄券。粮食征购不但增加了人民负担,而且在征购中弊端百出,扰民甚深。该政策名为征购,实为摊派,其结果是国计民生深受其困。

三是征借。鉴于粮食征购的弊病,四川省、贵州省有的地方团体和民众代表提出了"废购增征"的建议。1943 年,四川省首先停止搭发现金,全部付给粮食库券改征购为征借。陕、粤、桂、闽、甘、康等省相继仿行。1944 年起,国民政府规定改征购为征借,并废除粮食库券,只在交粮收据

（粮票）上另加注明，作为征借的凭证。安徽省更进了一步，改征借为捐献，既没有给价的必要，更没有发券的手续。从本质上看，征借只是征实的另一种形式，它是借贷关系掩盖下的征收，名义上征借分五年偿还，实际上是有借无还。国民政府通过"三征"筹集粮食情况见表2-1。

表2-1　1941—1948 年国民政府的"三征"情况

（单位：万石）

年度	征实	征购	征借	总额
1941—1942	2560	3060	—	5620
1942—1943	3470	3090	—	6560
1943—1944	3600	1300	1630	6530
1944—1945	2940	—	2840	5780
1945—1946	1550	—	1460	3010
1946—1947	2700	—	1500	4200
1947—1948	600	1430	—	2030

由表2-1可知，1941—1948 年田赋征实、征购、征借数额达到 33730万石。值得注意的是，抗战胜利后，国民政府继续实行"三征"，用于发动内战，激起人民的强烈不满，"三征"往往完不成预算数。1945—1946 年度，预算为 3520 万石，实收 3010 万石，只完成预算数的 85.5%，1946—1947 年度预算数为 5500 万石，完成数为 4200 万石，为预算数的 76.4%。1947—1948 年更糟，实收数仅为 2030 万石，是上一年度的半数左右。为了完成"三征"预算，1947 年国民政府粮政会议上决定加紧催收。地方政府组织"督征团"催收，强抢豪夺，带给人民深重的灾难，也加速了国民党统治的覆灭。

第三节　解决土地问题是红色财政的焦点

土地是农民的命根子，是农民最主要的生产资料，土地所有制问题是解决国家与农民分配关系的关键。土地制度是近代经济社会的根本制度，改革和消灭传统的、地主所有制为主的土地制度，以适应革命形势需要,既是红色区域政权的重要任务,也是保证革命事业取得胜利的必然要求。新民主主义时期,中国共产党抓住农民土地问题这个焦点,采取有力财政措施推动实现了农民"耕者有其田"的梦想,彻底结束了极少数剥削者统治广大劳动人民的历史,赢得了民心,取得了革命的胜利。

一、"农为党本"

1911 年,辛亥革命推翻了帝制,中国进入民国时期,但土地制度仍是封建地主的土地私有制,军阀、官僚以及帝国主义纷纷兼并土地,没有土地或失去土地的农民则依靠租地生活,日益走向赤贫。"头顶人家天,脚踏人家地,没吃没喝难出气,还要'五五'加上利。"这首河北民谣真实反映了 20 世纪三四十年代广大农民的生活状况。他们在高额租息和赋税徭役的盘剥下,虽然整日拼命劳作,但是依然贫困不堪,朝不保夕。

中国共产党自成立起就认识到农民问题的重要性,认为农民问题是中国革命的中心问题,要实现工农联盟,土地问题是关键,解除农民困苦的根本途径是实行"耕地农有"的办法。建党伊始,共产党人就把农民问题作为中国革命的根本问题,党的一大通过的纲领,明确提出消灭资本家所有制,没收机器、土地、厂房和半成品等生产资料归社会公有。在思想日渐开化、革命氛围浓厚的广东,农会组织日渐扩大,广大农民联合起来,纷纷要求田主减租,争取自己的合法权益。1922 年,农民运动先驱彭湃在广东海陆丰领导了范围广、影响大的农民运动。1926 年 11 月,毛泽东同志担任中共中央农民运动委员会书记,负责领导全国的农民运动。彭湃在开展农民运动实践中发现"领袖人才太少",急需培养和造就大批农民运动的干部,遂提出"设立农民运动讲习所"的建议,得到孙中山、廖仲恺的支持。1924 年 7 月 3 日,在国共合作的背景下,以国民党名义开办,由共产党人主持,以"养成农民运动之指导人才"为宗旨的农讲所正式开学。在广州农讲所内,一面红旗鲜明夺目,上书"农为党本",恰好四字正读反读都是一个意思,"农为党本""本党为农"。农讲所虽已成为历史,但"本党为农"的初心至今未变,这是中国共产党大写在旗帜上的初心。

如何把"一盘散沙"的众多农民组织起来? 毛泽东同志认为,中国革命的实质问题就是农民问题,农民占人口的最大多数,但土地基本掌握在地主手中,因此通过土地革命发动农民是新民主主义革命的重要方面。靠什么争取农民? 靠的就是满足农民的土地诉求,这是他们的根本利益。1925年10月,党中央召开执行委员会扩大会议,指出"如果农民不得着他们最主要的要求——耕地农有,他们还是不能成为革命的拥护者",首次在党内提出要解决农民的土地问题。同年10月的《中共中央执行委员会扩大会议告农民书》指出:"解除农民的困苦,根本是要实行'耕地农有'的办法,就是谁耕种的田地归谁自己所有,不向地东缴纳租课。"[1]1927年,党的五大通过《土地问题议决案》,提出"将耕地无条件地转给耕田的农民"。此后几年,党在革命根据地相继制定了《井冈山土地法》(1928年)、兴国县《土地法》(1929年)、《中华苏维埃共和国土地法》(1931年)等,形成了一套符合中国农村实际的土地改革方案。

二、"打土豪、分田地"

中国共产党建立红色政权后,第一件大事就是解决农民的土地问题。为革命战争服务,是党领导下的苏区政权的主要任务,这就决定了红色财政的中心任务是保障革命战争的物质供给。正如毛泽东同志所说:"财政和粮食问题,不待说对于反对'围剿'是有重大意义的。"[2]

土地革命战争时期,土地斗争是根据地的中心任务,人民财政的最直接体现就是土地政策,即通过发动农民"打土豪、分田地",没收地主土地平均分配给农民,这是财政在土地问题上的根本道路,也是苏区政权赢得民心的根本途径。为实施这一政策,党组织领导农民建立起农民协会,"一切权力归农会"[3],开展抗租、减租斗争。

---

① 中共中央文献研究室、中央档案馆编:《建党以来重要文献选编(一九二一——一九四九)》第二册,第504页。

② 《毛泽东选集》第一卷,人民出版社1991年版,第202页。

③ 《毛泽东选集》第一卷,人民出版社1991年版,第14页。

1928 年春,毛泽东同志在宁冈发动群众开展的分田斗争,揭开了中国土地制度改革的序幕。同年夏,邓子恢、张鼎丞也在永定县金砂乡搞了分田试点,并取得了经验。1928—1935 年的八年间,各个革命根据地都在不同范围、不同程度上实行了土地制度的改革,实现了"耕地农有"的主张。其中,赣西南分配土地的有 30 余个县(1930 年统计),闽西有 5 个县,陕甘地区开展土改的有 23 个县。就是斗争环境极端恶劣的琼崖根据地,也在乐会、万宁、陵水等县进行了土改,将土地从封建剥削者手里转移到农民手里,使农民从封建的土地关系中获得了解放。

"打土豪、分田地"是新民主主义革命过程中进行的第一次土地制度改革,是苏区政权筹集财粮的阶段性措施,为支持反"围剿"战争、争取广大农民奠定了基础。

三、"减租减息"

进入全民族抗战时期,中国共产党按照抗日民族统一战线的共同纲领要求,在抗日根据地对土地政策作出调整,停止没收地主土地,转而实行减租减息政策。1938 年,毛泽东同志在《论持久战》中提出把群众组织起来的重要战略思想,认为"战争的伟力之最深厚的根源,存在于民众之中",只有动员民众,才能从根本上解决财政问题:"抗日的财源十分困难,动员了民众,则财政也不成问题,岂有如此广土众民的国家而患财穷之理?"[1]

减租减息政策要求地主降低租率和利率,减轻对农民的地租剥削和高利贷剥削。减租一般实行二五减租方式,依照抗战前的租额减低 25%,租率一般降到收获量的 37.5% 以内,利率则降低到 1 分左右。减租减息政策减轻了封建剥削和农民的地租负担,而且地主为减轻自身负担也被迫通过各种途径将土地转移到贫农、雇农和中农手里,陕甘宁边区绥德分区减租彻底的地方,地主土地一半以上都转到了农民手中。

---

[1] 《毛泽东选集》第二卷,人民出版社 1991 年版,第 512 页。

随着减租减息政策普遍深入的贯彻执行，广大农民虽然感到不如彻底平分土地解渴，但也得到了部分的物质利益。首先，减轻了封建剥削负担，增加了收入。减租前与减租后的租率比较，晋察冀边区一般减少1/3以上。晋东、晋中、冀西、黎城、漳北等地区，战前租率最高达收获量的72%，最低的也达40%，平均为56%；减租后最高的为37.5%，最低的为30%，平均也只有33.75%，即比战前减少了27%强。农民所受的高利贷剥削也有所减轻。据1940年6月北岳区15个县统计，利息减少额为320600余元。1941年统计，晋西北12个县共减息8842元（银元）。① 晋、冀、鲁三省战前利率多在3分左右，减息之后一般只有1分左右，降低了2/3。其次，由于减租减息和累进税限制了封建剥削，地主经济普遍下降，地主原来占有的土地，通过各种途径（主要是卖出），部分转移到了贫农、雇农和中农手里。据北岳区、冀中区、太行区典型调查，贫雇农和中农得到的土地（主要是买进和赎回）约占战前地主占有土地数的一半以上；陕甘宁边区绥德分区减租彻底的地区，地主土地50%—80%转到了农民手中。这一切都说明，减租减息政策不改变地主对土地的所有权，实际上是对封建土地制度的初步改革。

四、"耕者有其田"

解放战争时期，党的财经工作的重点是动员一切力量保障战争供给，党中央以土地改革彻底解放人民，解决了人民群众的根本利益问题，大大减轻了人民负担，从而赢得了广大人民对战争的支持。1946年5月，中共中央发出《关于土地问题的指示》（"五四指示"），由减租减息改为没收地主阶级土地分配给农民。1947年9月，中央召开全国土地会议，制定了《中国土地法大纲》（见专栏2-1），全面施行土地改革。至1948年冬，全国约有一亿人口的地区彻底解决了土地问题，广大农民的革命和生产积极性空前高涨，为前方战场提供了人力、物力、财力上的极大支援。

---

① 《解放日报》1942年2月11日。

专栏 2-1　中国土地法大纲

（一九四九年九月十三日中国共产党全国土地会议通过）

第一条　废除封建性及半封建性剥削的土地制度,实行耕者有其田的土地制度。

第二条　废除一切地主的土地所有权。

第三条　废除一切祠堂、庙宇、寺院、学校、机关及团体的土地所有权。

第四条　废除一切乡村中在土地制度改革以前的债务。（中共中央注:本条所称应予废除之债务,系指土地改革前劳动人民所欠地主富农高利贷者的高利贷债务。）

第五条　乡村农民大会及其选出的委员会,乡村无地少地的农民所组织的贫农团大会及其选出的委员会,区、县、省等级农民代表大会及其选出的委员会为改革土地制度的合法执行机关。

第六条　除本法第九条乙项所规定者外,乡村中一切地主的土地及公地,由乡村农会接收,连同乡村中其他一切土地,按乡村全部人口,不分男女老幼,统一平均分配,在土地数量上抽多补少,质量上抽肥补瘦,使全乡村人民均获得同等的土地,并归各人所有,（中共中央注:在平分土地时应注意中农的意见,如果中农不同意则应向中农让步,并容许中农保有比较一般贫农所得土地的平均水平为高的土地量。在老区半老区平分土地时,应按照一九四八年二月二十二日中共中央关于在老区半老区进行土地改革工作与整党工作的指示进行。）

第七条　土地分配,以乡或等于乡的行政村为单位,但区或县农会得在各乡或等于乡的各行政村之间,作某些必要的调剂。在地广人稀地区,为便于耕种起见,得以乡以下的较小单位分配土地。

第八条　乡村农会接收地主的牲畜、农具、房屋、粮食及其他财产,并征收富农的上述财产的多余部分分给缺乏这些财产的农民及其他贫民,并分给地主同样的一份。分给各人的财产归本人所有,使全乡村人民均获得适当的生产资料及生活资料。

第九条　若干特殊的土地及财产之处理办法,规定如下:

(甲)山林、水利、芦苇地、果园、池塘、荒地及其他可分土地,按普通土地的标准分配之。

(乙)大森林、大水利工程、大矿山、大牧场、大荒地及湖沼等,归政府管理。

(丙)名胜古迹,应妥为保护。被接收的有历史价值或学术价值的特殊的图书、古物、美术品等,应开具清单,呈交各地高级政府处理。

(丁)军火武器及满足农民需要后余下的大宗货币、资财、粮食等物,应开具清单,呈交各地高级政府处理。

第十条　土地分配中的若干特殊问题之处理办法,规定如下:

(甲)只有一口或两口人的贫苦农民,得由乡村农民大会酌量分给等于两口或三口人的土地。

(乙)一般的乡村工人、自由职业者及其家庭,分给与农民同样的土地,但其职业足以经常维持生活费用之全部或大部者,不分土地,或分给部分土地,由乡村农民大会及其委员会酌量处理。

(丙)家居乡村的一切人民解放军、民主政府及人民团体的人员,其本人及其家庭,分给与农民同样的土地及财产。

(丁)地主及其家庭,分给与农民同样的土地及财产。

(戊)家居乡村的国民党军队官兵、国民党政府官员、国民党党员及敌方其他人员,其家庭分给与农民同样的土地及财产。

(己)汉奸、卖国贼及内战罪犯,其本人不得分给土地及财产。其家庭在乡村、未参与犯罪行为,并愿自己耕种者,分给与农民同样的土地及财产。

第十一条　分配给人民的土地,由政府发给土地所有证,并承认其自由经营、买卖及在特定条件下出租的权利。土地制度改革以前的土地契约及债约,一律缴销。

第十二条　保护工商业者的财产及其合法的营业,不受侵犯。

第十三条　为贯彻土地改革的实施,对于一切违抗或破坏本法的罪犯,应组织人民法庭予以审判及处分,人民法庭由农民大会或农民代表会所选举及由政府所委派的人员组成之。

第十四条　在土地制度改革期间,为保持土地改革的秩序及保护人民的财富,应由乡村农民大会或其委员会指定人员,经过一定手续,采取必要措施,负责接收、登记,清理及保管一切转移的土地及财产,防止破坏、损失、浪费及舞弊。农会应禁止任何人为着妨碍公平分配之目的而任意宰杀牲畜,砍伐树木,破坏农具、水利、建筑物、农作物或其他物品,及进行偷窃、强占、私下赠送、隐瞒、埋藏、分散、贩卖这些物品的行为。违者应受人民法庭的审判及处分。

第十五条　为保证土地改革中一切措施符合于绝大多数人民的利益及意志,政府负责切实保障人民的民主权利,保障农民及其代表有全权得在各种会议上自由批评及弹劾各方各级的一切干部,有全权得在各种相当会议上自由撤换及选举政府及农民团体中的一切干部。侵犯上述人民民主权利者,应受人民法庭的审判及处分。

第十六条　在本法公布以前土地业已平均分配的地区,如农民不要求重分时,可不重分。

资料来源:中共中央文献研究室、中央档案馆编:《建党以来重要文献选编(一九二一──一九四九)》
　　　　第二十四册,中央文献出版社 2011 年版,第 417—420 页。

　　解放战争时期,消耗巨大的战争对刚刚取得抗战胜利的人民军队来说压力前所未有,但中国共产党通过土地改革获得了广大人民的支持,老百姓自愿组织的支前民工队伍,以"最后一把米,用来做军粮,最后一尺布,用来做军装,最后的老棉被,盖在担架上,最后的亲骨肉,含泪送战场"的胸怀,舍生忘死无偿支援前线。据统计,淮海战役期间,华东、中原、冀鲁豫、华中四个解放区前后共出动民工 543 万人,动用担架 20.6 万副、车辆 88 万辆、挑子 30.5 万副、牲畜 76.7 万头,共向前线运送 1460 多万吨弹药、9.6 亿斤粮食等军需物资。在淮海战役中,表面上是解放军以 60 万人对国民党军队 80 万人,实质上是 500 多万军民齐心协力打 80 万孤立涣散之敌,人民解放军参战兵力与支前民工的比例高达 1:9。淮海战役的胜利,充分证明了战争的伟力存在于民众之中,依靠人民群众,得到人民群众的拥护和支援,是战争胜利的保证和源泉。陈毅同志在总结淮海战役的成功经验时,留下了一句精辟的话语:"淮海战役的胜利,是靠人民群众用小车推出来的。"小车上推的表面上是普通粮草,本质上是隐藏着土地问题,这种难以用数字计量的隐形财政,比货币化的财政供给要多得多。

第三章 财政制度:
红色区域政权的保障

中国共产党领导下的红色区域政权及其财经工作,从一开始就极其重视制度建设,各根据地都制定了具有宪法色彩的施政纲领,为保障各项财政制度落地而不断强化财政监督,这些都为区域政权的施政提供了重要保障。正如毛泽东同志所说:"人是生活在制度之中,同样是那些人,实行这种制度,人们就不积极,实行另外一种制度,人们就积极起来了。解决生产关系问题,要解决生产的诸种关系,也就是各种制度问题,不单是要解决一个所有制问题。农业生产合作社实行包工包酬制度,据说二流子也积极起来了,也没有思想问题了。人是服制度不服人的。"①

第一节 红色财政机构的建立

党的制度建设,首先是政权建设,包括财政组织体系的建设。自中国共产党在中央苏区建设苏维埃政权,历经十年土地革命和之后的全民族抗战,再到解放全中国,红色区域政权始终重视财政组织系统的建设,充分发挥了财政系统聚财、生财、用财的职能,为党的两大使命的完成作出巨大贡献。

一、苏区的财政机构

1931年11月,中华苏维埃第一次代表大会在瑞金召开,中华苏维埃

---

① 中央文献研究室编:《毛泽东年谱(1949—1976)》第二卷,中央文献出版社2013年版,第529页。

临时中央政府正式成立。中央执行委员会第一次会议决定,在人民委员会下设财政人民委员部,即中央财政部,作为中央革命根据地财政的最高领导机关,首任财政人民委员(即部长)为邓子恢。不久,林伯渠改任财政部部长,邓子恢为副部长。12 月 27 日,中央政府人民委员会第三次会议召开,讨论通过了《中华苏维埃共和国暂行财政条例》和统一财政的训令,规定了财政部门的组织系统、隶属关系和各级财政部门的职责等。①12 月 29 日,财政人民委员部颁布了第一号训令,具体建立了各级财政机关,规定了编制、组织系统、领导关系和各级财政职能。由此,地方政府及红军中的各级财政机构,在中央财政部的垂直领导之下,构成了一个完整的财政组织系统(见图 3-1)。1932 年 7 月,又成立了中华苏维埃共和国国家银行,毛泽民任行长,后又增设粮食人民委员部和国民经济部。

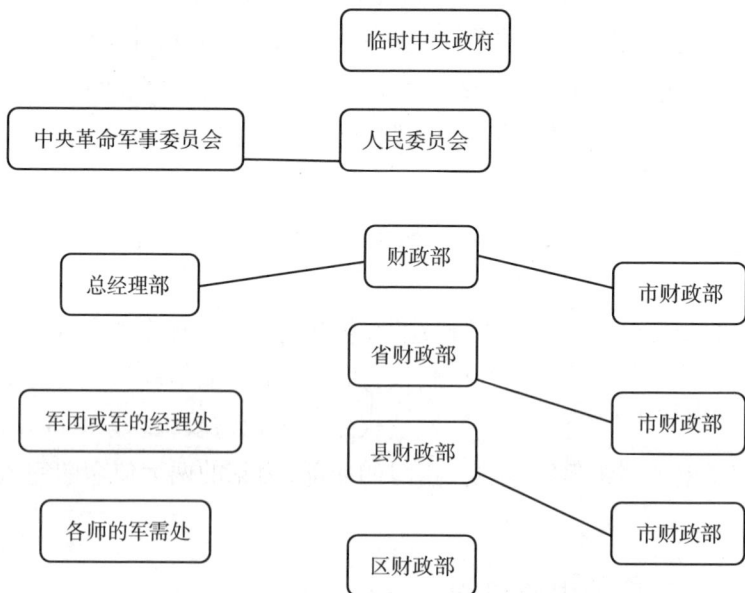

图 3-1　中央革命根据地的财政组织系统

---

①　财政科学研究所编:《革命根据地的财政经济》,中国财政经济出版社 1985 年版,第67 页。

财政人民委员部最初的工作组织很不健全,只有工作人员 3—5 人,且无内设机构。1932 年邓子恢到职后,开始逐渐充实财政人民委员部的机构编制和工作人员。8 月,临时中央政府人民委员会第 22 次常会通过了《财政部暂行组织纲要》,确定了财政人民委员部的机构设置(见表3-1)。①

表 3-1　财政人民委员部的机构设置(1932 年 8 月)

会计处	编制总预决算、登记金钱物品、确立会计制度
审计处	审核总预决算、检查簿记,审核国家预备支出国库现金及存款
总务处	掌管财政部各种财产、文件及一切杂务
税务局	计划、整理和征收税务,建立和监督各级税务机关,在国家局成立之前兼管工商业登记
公债管理局	公债的计划、发行推销、还本付息、买卖抵押、登记注册及各种证券的管理和取缔
钱币管理局	币制统一、国币制造和发行、银行和造币厂的管理和监督、金融调剂
国产管理局	国有山林、矿山、店铺、房屋、工厂、企业的经营、出租及租金征收
合作社指导委员会	指导和计划合作社的建立和发展

1933 年 3 月,中央人民委员会召开第 38 次常委会,修改了《财政部暂行组织纲要》。财政人民委员部内部设立没收征发局、税务局、债务局、国有财产管理局、秘书局、国库局、会计局、预算局 8 个机构,同时还兴办印刷厂,并在国家银行内设立总金库。随着苏区的不断扩大,工作任务、职能不断拓展,临时中央政府于 1933 年 4 月迁到沙洲坝,财政人民委员部也随之迁址。此时的财政人民委员部职能已初步健全,管理也日趋完善。财政人民委员部是当时中央各部中最大的一个,其工作人员于 1934 年发展到 40 余人。

根据财政人民委员部的训令,各省苏维埃政府和红军部队着手建立本系统的财政机构。各省苏维埃政府纷纷在省政府之内设立财政部,省、

---

① 赣州市财政局、瑞金市财政局编:《中华苏维埃共和国财政史料选编》(内部),第24—25 页。

县两级的财政机构与中央财政部的机构设置基本相同,只是规模较小、人员编制较少而已。[①]

1934 年 10 月,中共中央和红军开始长征,于 1935 年 10 月到达陕北。到达陕北后,党政军领导机构延续了中央苏区的设置,中共中央、中华苏维埃共和国中央政府对外分别使用中共西北中央局、中华苏维埃共和国中央政府西北办事处的名义。1935 年 11 月 3 日,中华苏维埃共和国中央执行委员会决定成立苏维埃中央政府西北办事处。11 月 10 日,西北办事处在瓦窑堡成立,办事处下设财政部等七部一局,原人民委员会财政部部长林伯渠为西北办事处的财政部部长。

二、全民族抗战时期的财政机构

1937 年全民族抗战后,党在敌后建立了 19 个抗日根据地,各根据地也有相应的财政机构,只是囿于抗战环境,未能形成统一的党的财政领导机构。陕甘宁边区政府成立后不久,便开始了财政组织建设的努力。1937 年 10 月,中央财政部改组为边区政府财政厅,随后便开展了统收统支、会计、审计、公产管理等业务。各县财政部改为财政科。1939 年 1 月,根据中央书记处决定,成立中央财政经济委员会,林伯渠任主席,李富春、曹菊如任副主席,林伯渠、李富春、叶季壮、曹菊如、高自立、邱会作、李六如、刘景范、周文龙任委员。1941 年 6 月,中央政治局会议决定改组财政经济委员会,林伯渠任主席,林伯渠、朱德、任弼时、李富春、高岗、南汉宸任委员。[②] 这是抗战期间初建的中央层面的党的财政机构。1942 年 10 月,西北财经办事处成立,其任务是统一陕甘宁边区和晋绥边区财经工作的领导。办事处的主要职责是:为边区党政拟订国民经济建设计划,审查人民负担情况,向党政领导提出报告;编制财政预算,由财政厅执行;搜集与研究金融贸易情况,审定相应的计划方案;掌握农民银行钞票发行情况,掌握脱离生产人员及其编制与供给情况;管理财经干部,领导各分

---

① 舒龙、凌步机:《中华苏维埃共和国史》,江苏人民出版社 1999 年版,第 334 页。
② 参见中国中共党史学会编:《中国共产党历史系列辞典》,中共党史出版社、党建读物出版社 2019 年版。

区财经事务。①

三、解放战争时期的财政机构

解放战争时期,随着中国共产党领导全国人民逐渐取得胜利,党开始着手建立统一的财政机构。1947 年 4 月,华北财经办事处正式成立,驻地在河北平山县夹峪村,董必武任主任,薄一波和黄敬为副主任。办事处先后从晋察冀边区银行抽调了十几名干部,为组建中国人民银行、发行统一货币做筹备工作。1948 年 6 月,中央财政经济部正式成立,董必武任部长,薛暮桥任秘书长。1948 年 9 月,华北人民政府成立后,随即设立华北财经委员会,负责制定金融、贸易、商业税收等政策。1949 年 7 月,中央财政经济委员会(中财委)成立,陈云任主任,由中共中央财政经济部与华北财经委员会合并组成。

第二节　红色财政的法律制度

在新民主主义革命时期,各革命根据地和解放区人民民主政权所颁布的各种法规,是中国共产党领导广大人民,在艰苦的战争环境中,经过长期奋斗所取得的成果,在中国法制史上占有重要地位,其所创造的革命传统和丰富经验,为新中国成立后的社会主义法制所继承与发扬。

一、红色区域施政纲领的宪法性

中国共产党自诞生之日起就非常注重法治建设。1921 年党成立后,为了推动工人运动的发展,向北洋政府进行斗争,确保工人阶级的基本权利,于 1922 年 8 月通过中国劳动组合书记部在全国开展劳动立法运动,提出了《劳动法大纲》,分别就"保障政治上的自由""改良经济生活"等提出具体的立法要求。《劳动法大纲》是以后革命根据地劳动立法的渊源和萌芽。

---

① 张杨:《西北财经办事处》,《西北大学学报》(哲学社会科学版)1980 年第 4 期。

土地革命时期,中国共产党在创建红色政权时确立了带有宪法色彩的施政纲领。1931 年 11 月 7 日,党在江西瑞金召开第一次全国工农兵代表大会,大会通过《中华苏维埃共和国宪法大纲》等法案。《中华苏维埃共和国宪法大纲》规定红色政权的性质是工农民主专政,政权的组织形式是民主集中制的工农兵代表大会制度,此外还规定了工农民主专政的基本任务,以及工农群众的基本权利,政权对内对外的方针政策。

全民族抗战时期,陕甘宁边区和在敌后开辟的 18 个抗日民主根据地,都成立了边区、县、乡(村)各级抗日民主政权,这些区域政权都根据中共中央制定的抗日民族统一战线的总方针,颁布了许多法规。陕甘宁边区制定的《陕甘宁边区施政纲领》(见专栏 3-1),确定了边区政府的基本任务、施政设施和方针政策,是边区政权的立法基础和活动准则。

专栏 3-1　陕甘宁边区施政纲领
(一九四一年五月一日)

为着进一步巩固边区,发展抗日的政治、经济、文化建设,以达坚持长期抗战增进人民福利之目的起见,中共陕甘宁边区中央局特于边区第二届参议会举行选举之际,根据孙中山先生的三民主义、总理遗嘱及中共中央的抗日民族统一战线原则,向我边区二百万人民提出如下之施政纲领,如共产党员当选为行政人员时,即将照此纲领坚决实施之。

(一)团结边区内部各社会阶级,各抗日党派,发挥一切人力、物力、财力、智力,为保卫边区、保卫西北、保卫中国、驱逐日本帝国主义而战。

(二)坚持与边区境外友党、友军及全体人民的团结,反对投降、分裂、倒退的行为。

(三)提高边区武装部队的战斗力,保障其物质供给,改善兵役制度及其他后方勤务的动员制度,增进军队与人民的亲密团结。同时加强抗日自卫军、少先队的组织与训练,健全其领导系统。

(四)加强优待抗日军人家属的工作,彻底实施优抗条例,务使八路军及一切友军在边区的家属得到物质上的保障与精神上的安慰。

（五）本党愿与各党各派及一切群众团体进行选举联盟，并在候选名单中确定共产党员只占三分之一，以便各党各派及无党无派人士均能参加边区民意机关之活动与边区行政之管理。在共产党员被选为某一行政机关之主管人员时，应保证该机关之职员有三分之二为党外人士充任，共产党员应与这些党外人士实行民主合作，不得一意孤行，把持包办。

（六）保证一切抗日人民（地主、资本家、农民、工人等）的人权，政权，财权及言论、出版、集会、结社、信仰、居住、迁徙之自由权。除司法系统及公安机关依法执行其职务外，任何机关、部队、团体不得对任何人加以逮捕、审问或处罚，而人民则有用无论何种方式控告任何公务人员非法行为之权利。

（七）改进司法制度，坚决废止肉刑，重证据不重口供。对于汉奸分子，除绝对坚决不愿改悔者外，不问其过去行为如何，一律施行宽大政策，争取感化转变，给以政治上与生活上之出路，不得加以杀害、侮辱、强迫自首或强迫其写悔过书。对于一切阴谋破坏边区的分子，例如叛徒分子、反共分子等，其处置办法仿此。

（八）厉行廉洁政治，严惩公务人员之贪污行为，禁止任何公务人员假公济私之行为，共产党员有犯法者从重治罪。同时实行俸以养廉原则，保障一切公务人员及其家属必需的物质生活及充分的文化娱乐生活。

（九）发展农业生产，实行春耕秋收的群众动员，解决贫苦农民耕牛、农具、肥料、种子的困难，今年开荒六十万亩，增加粮食产量四十万担，奖励外来移民。

（十）在土地已经分配区域，保证一切取得土地的农民之私有土地制。在土地未经分配区域（例如绥德、富县、庆阳），保证地主的土地所有权及债主的债权，唯须减低佃农租额及债务利息，佃农则向地主缴纳一定的租额，债务人须向债主缴纳一定的利息，政府对东佃关系与债务关系加以合理的调整。

（十一）发展工业生产与商业流通，奖励私人企业，保护私有财产，欢迎外地投资，实行自由贸易，反对垄断统制，同时发展人民的合作事业，扶助手工业的发展。

（十二）调节劳资关系,实行十小时工作制,增强劳动生产率,提高劳动纪律,适当地改善工人生活。

（十三）实行合理的税收制度,居民中除极贫者应予免税外,均须按照财产等第或所得多寡,实施程度不同的累进税制,使大多数人民均能负担抗日经费。同时健全财政机构,调整金融关系,维护法币,巩固边币,以利经济之发展与财政之充裕。

（十四）继续推行消灭文盲政策,推广新文字教育,健全正规学制,普及国民教育,改善小学教员生活,实施成年补习教育,加强干部教育,推广通俗书报,奖励自由研究,尊重知识分子,提倡科学知识与文艺运动,欢迎科学艺术人才,保护流亡学生与失学青年,允许在学学生以民主自治权利,实施公务人员的两小时学习制。

（十五）推广卫生行政,增进医药设备,欢迎医务人才,以达减轻人民疾病之目的,同时实行救济外来的灾民、难民。

（十六）依据男女平等原则,从政治经济文化上提高妇女在社会上的地位,发挥妇女在经济上的积极性,保护女工、产妇、儿童,坚持自愿的一夫一妻婚姻制。

（十七）依据民族平等原则,实行蒙、回民族与汉族在政治经济文化上的平等权利,建立蒙、回民族的自治区,尊重蒙、回民族的宗教信仰与风俗习惯。

（十八）欢迎海外华侨来边区求学,参加抗日工作,或兴办实业。

（十九）给社会游民分子以耕种土地、取得职业与参加教育的机会,纠正公务人员及各业人民中对游民分子加以歧视的不良习惯,对会门组织实行争取、团结与教育的政策。

（二十）对于在战斗中被俘之敌军及伪军官兵,不问其情况如何,一律实行宽大政策,其愿参加抗战者,收容并优待之,不愿者释放之,一律不得加以杀害、侮辱、强迫自首或强迫其写悔过书。其有在释放之后又连续被俘者,不问被俘之次数多少,一律照此办理。国内如有对八路军、新四军及任何抗日部队举行攻击者,其处置办法仿此。

（二十一）在尊重中国主权与遵守政府法令的原则下,允许任何外国人到边区游历,参加抗日工作,或在边区进行实业、文化与宗教的活动。其有因革命行动被外国政府压迫而来边区者,不问其是宗主国人民或殖民地人民,边区政府当一律予以恳切的保护。

根据一九四一年五月一日《新中华报》刊印

资料来源:《毛泽东文集》第二卷,人民出版社 1993 年版,第 334—337 页。

解放战争时期,各解放区基本上沿用抗战时期的各种政策法令。1946 年 4 月,陕甘宁边区第三届参议会通过了《陕甘宁边区宪法原则》,准备按此原则草拟宪法。随着解放战争的胜利发展和大行政区的出现,各解放区制定了一批新的施政纲领和组织条例。1946 年 8 月,东北各省市代表联席会议通过《东北各省市民主政府共同施政纲领》,随后根据《东北各省市(特别市)行政联合办事处组织大纲》成立了东北行政委员会。1948 年 8 月,晋察冀边区与晋冀鲁豫边区合并,召开华北临时代表大会,通过《华北人民政府施政方针》和《华北人民政府组织大纲》,选出华北人民政府委员会(见图 3-2)。1949 年 2 月,晋绥边区合并于陕甘宁边区,4 月制定了《陕甘宁边区政府暂行组织规程》。1949 年 3 月,在新解放的华中地区,召开了中原临时人民代表会议,通过了《中原临时人民政府组织大纲》,成立中原临时人民政府。

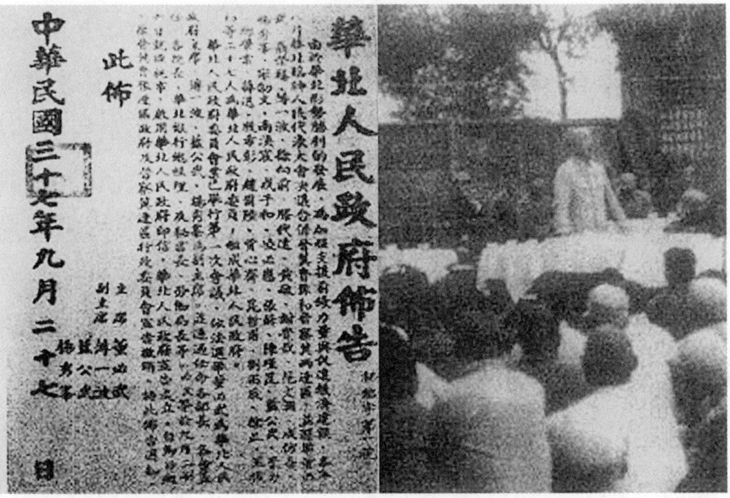

图 3-2　华北人民政府成立公告

二、红色财政的法治化

新民主主义革命时期,中国共产党人在很短的时间内就搭建起了财政法律体系,种下了法治财政的红色基因。在新中国成立前后,通过一系列财经法规,实现了近代以来第一次全国财经的统一,为新中国财政奠定了坚实的基础。

1928年12月,中国共产党根据当地土地斗争的实践,领导制定和颁布了井冈山《井冈山土地法》,开启了通过法律规范税收制度的新纪元。1929年4月,在总结赣南土地革命经验的基础上,毛泽东同志主持制定了《兴国县土地法》,将《井冈山土地法》中规定的"没收一切土地"改为"没收一切公共土地及地主阶级的土地"。与此同时,赣东北、湘鄂西、鄂豫皖、湘鄂赣、左右江等革命根据地也相继开展土地革命,颁布了关于土地革命的法令。1931年11月7日,党的第一次全国工农兵代表大会通过了《中华苏维埃共和国宪法大纲》《中华苏维埃共和国土地法》,将中国共产党在土地革命中不断在实践中改进的土地制度用法律形式固定下来,为土地分配和土地税建立了法律规范,为红色政权的巩固和发展奠定了坚实的基础。

这一时期,财政本身的相关法律制度也逐渐建立起来。1931年12月,中华苏维埃共和国临时中央政府颁布《中华苏维埃共和国暂行财政条例》,这是临时中央政府颁布的第一个财政法规,是实现财政统一、加强财政管理的准则。1932年8月,中华苏维埃共和国中央执行委员会人民委员会讨论通过《财政部暂行组织纲要》,规定财政人民委员部设会计处、审计处、总务处、税务局、公债管理局、钱币管理局、国产管理局、合作社指导委员会等部门。1933年1月,临时中央政府公布施行《中华苏维埃共和国国库暂行条例》,规定国库掌管国家一切款项之收入、保管与支出事宜,由国家银行代理国库业务。

全民族抗战开始后,为建立和巩固抗日民族统一战线,1937年8月25日中国共产党中央委员会政治局洛川会议通过《抗日救国十大纲领》,提出了废苛捐杂税、减租减息等新的税收政策,决定以减租减息作为解决农民土地问题的基本政策。此后，又制定了《陕甘宁边区税收条例》《征收救国公粮条例》《陕甘宁边区营业税收条例》《陕甘宁边区货物税暂行条例》等财税法规。1942 年 1 月 28 日，中国共产党中央政治局通过了《关于抗日根据地土地政策的决定》，制定了抗日时期土地政策的三项基本原则，除了重申减租减息、交租交息两项基本原则之外，进一步提出了"奖励富农发展生产和联合富农"的原则。

这一时期，预算制度法治化也有了进步。1937 年 12 月 21 日，陕甘宁边区政府发出《统一财政问题》的通令，要求"各机关、部队、团体，一切开支必须先造预算，呈由各该上级批准通知财政厅之后，然后由财政厅发给支付命令或电报，向当地金库支取，严禁任意挪用！"1941 年，颁布了《陕甘宁边区暂行预算章程》《陕甘宁边区暂行决算章程》《陕甘宁边区各级政府、部队、机关编制预算分配表章程》和《陕甘宁边区各级政府、部队、机关、学校编制支付预算章程》四个草案。1943 年，边区政府又颁布了《陕甘宁边区暂行预算条例》和《陕甘宁边区暂行决算条例》。比较详细地规定了财政预算的编制、执行及决算。

解放战争时期，为解决农民的土地要求，支援解放战争，中共中央于 1946 年 5 月 4 日发布《关于土地问题的指示》（即"五四指示"），决定将减租减息的政策改为没收地主土地分配给农民，揭开了解放区土地立法的序幕，为实现耕者有其田的土地革命指明了方向。1947 年 10 月，中共中央公布了《中国土地法大纲》，这是一个在全国彻底消灭封建剥削制度的纲领性文件，大大激发了农民的革命热情，促进了社会生产力的发展，对解放战争的胜利起到决定性作用。

这一阶段，各解放区还制定颁布了很多工商税方面的法规，如《华北区印花税暂行条例（草案）》《华北区临时营业税暂行办法》《华北区工商业所得税暂行条例（草案）》《华北区交易税暂行办法》《华北区牲畜屠宰税暂行办法（草案）》《东北解放区货物产销税暂行条例》《东北解放区工商所得税暂行条例》《东北解放区出入口税暂行条例（草案）》等。

第三节　红色财政的监督与审计

有了制度,关键在落实,而财政监督是落实各项制度的外部保障。红色区域政权的财政监督机构经历了从无到有、不断发展完善的过程。

一、土地革命时期的财政监督

土地革命时期,为了巩固新生的红色政权,有效克服根据地内存在的收支混乱现象,整肃贪污浪费等问题,保障革命斗争的物质供给,中央苏区开始着手建立审计机构。

1928 年 6 月 18 日,党的六大通过的党章规定,"为监督各级党部之财政、会计及各机关之工作起见,党的全国大会、省县市代表大会,选举中央或省县市审查委员会"。中华苏维埃共和国临时中央政府成立后,为了切实贯彻暂行财政条例,落实临时中央政府关于统一财政的训令,人民委员会于 1932 年 2 月发布第五号命令,责成各级政府认真检查落实财政统一的工作,"切实执行工作检查",强调要检查"财政统一各地切实执行了没有? 其程度如何? 有些什么障碍? 在统一财政中发现有隐藏、贪污等情形否?"规定 3 月 1 日至 31 日为检查期限,并要求"各级政府要绝对执行这一工作,不得稍有玩忽和怠工"①。同时,临时中央政府特派财政委员会委员毛泽民巡查了江西省的财政工作。3 月 1 日,人民委员会举行第八次会议,听取了毛泽民的巡查报告,并根据他的汇报作出四项决定:第一,积极培养财政人才;第二,严办政府工作人员中的贪污分子;第三,发布通告,号召群众监督各级政府经济;第四,把各级政府办的合作社转交给工农群众接办。此外还通过了政府工作人员的经费问题的决议。② 16 日,人民委员会召开第十次会议,再次听取了毛泽民核查会昌和安远县苏维埃财政的报告。③ 遵照人民委员会第五号命令的指示精神,各苏区立即进行了

① 《红色中华》第 12 期,1932 年 3 月 2 日。
② 《红色中华》第 12 期,1932 年 3 月 2 日。
③ 《红色中华》第 14 期,1932 年 3 月 16 日。

财政检查和整顿。1932 年 5 月，湘鄂赣省委指派邓希之等三人负责检查省委财政工作。经过检查，发现以前账目存在严重的手续不清、缺少单据、重报多领、流水账对不上总数等问题。针对此情况，省委作出了《统一全省党的财政决议案》，规定了各级党委机关的人员编制和经费标准。①

除了上述检查、整顿各级财政工作外，财政监督更多的表现方式是审计监督。中央苏区审计制度的建立大致经历了三个阶段。第一阶段是 1931 年 11 月至 1932 年 8 月，苏维埃临时中央政府成立后，颁行了《苏维埃地方政府的暂行组织条例》，设置审查委员会以监督财务。但由于政权尚未稳固，财政也没有统一，该时期的审计工作开展得十分有限。第二阶段是 1932 年 8 月至 1933 年 8 月，这一阶段实行的是财审合一体制，即审计机构隶属于财政部门而开展工作，不承担对财政系统内部的监督。中央人民委员会和中央财政部相继颁布了一系列财务规章制度和财经纪律，加强财政监督，中央和地方政府以及红军中逐步设置审计机构，配合稽核人员，开展审计工作。② 中央财政部审计处经常派人到各县区检查财政与提款，预决算制度部分建立起来，过去贪污浪费打埋伏等弊病减少了许多。③ 第三阶段是 1933 年 8 月至 1934 年 2 月，财审分离体制下的独立审计逐步建立起来。1933 年 8 月 25 日，中央政府撤销了原设的审计处，决定成立审计委员会。1934 年 2 月 17 日，《中华苏维埃共和国中央苏维埃组织法》公布，对中央审计委员会的隶属关系、机构设置、人员编制等作出了明确规定，中央审计委员会独立于财政部门的地位由此确立下来。2 月 20 日，中央执行委员会颁布《中华苏维埃共和国中央政府执行委员会审计条例》，规定了中央审计委员会审查的范围，赋予了审计委员会很大权力，并保证了审计工作的独立性。④

---

① 《中共湘鄂赣省委对旧省委财政检查和今后统一全省党的财政决议案》，1932 年 5 月 14 日。

② 项怀诚主编：《中国财政通史》（革命根据地卷），中国财政经济出版社 2006 年版，第 56 页。

③ 中国审计学会、审计署审计科研所编：《中国革命根据地审计史料汇编》，北京工业大学出版社 1990 年版，第 205 页。

④ 《中央政府执行委员会审计条例——中华苏维埃共和国执行委员会命令（中字第 2 号）》，1934 年 2 月 20 日，中国共产党新闻网。

中央审计委员会成立后,先后开展了对中央政府各厅、部及瑞金直属市、粤赣省苏维埃政府财政预决算的审计,并开展了对中央印刷厂、中央邮政总局、苏维埃国家银行等中央单位及群众团体财务收支状况等多项审计活动,起到很大的财政监督作用。例如,对中央印刷厂进行审计时,查明中央印刷厂会计科科长杨其兹与军委印刷厂会计科科长路克勤相互勾结,采取购进材料加价,多报原料和工人工资等手段贪污公款的行为,在对中央邮政局和中央造币厂审计时也发现了侵吞公款的现象。对互济总会进行审计时,发现其存在挪用救济费用于机关经费、会费收支混乱、各种捐款缺少检查三个方面的问题。针对反贪污浪费安排了专项审计,从财务部门入手,从检查会计账簿入手,查处了一批贪污腐败分子。[①] 中央审计委员会在对苏维埃共和国行政、企业单位的经济活动进行审计后,把其结果刊登于《红色中华》报上,对于加强财政监督、严格财经纪律、节约财政开支、保证军队供给和革命斗争的开展都起到了重要作用。中央苏区军民交口称赞苏维埃政府是"空前廉洁的政府",审计委员会主任阮啸仙和全体审计人员则被誉为"苏区经济卫士"[②]。

二、全民族抗战期间的审计监督

抗战爆发后,随着抗日根据地的不断发展,陕甘宁边区政府机构增多,各项费用也日益膨胀,政府的财政收支出现紊乱,有些地方甚至出现了自收自用、任意募捐、滥用职权贪污公款、伪造单据等现象,严重影响了根据地的政权建设。为解决这些问题,边区政府采取了一系列措施加强财政审计和监督。

1937 年 9 月至 1939 年年底,边区审计机构独立于财政部门,审计工作具有相对独立的地位。1939 年 1 月,陕甘宁边区参议会经过完备的立法程序,通过了《陕甘宁边区政府组织条例》,规定边区政府下设审计处。由于当时政府机构刚刚建立,无法进行审计人员的配备,审计工作的开展

---

① 《苏区的审计工作(二)》,《审计与理财》2006 年第 10 期。
② 《苏区审计的先躯》,《审计与理财》2006 年第 12 期。

范围十分有限,审计处只能对边区行政机关的预算、决算进行审查。1939年12月至1940年9月,审计机构隶属于政府财政部门。1939年12月,中央决定在中央财政经济部建立会计处和审计处,对边区党政军的经费开支进行集中管理和审计,边区政府审计处也随之撤销。1940年10月至1941年8月,按系统分别审计。1940年10月,中央财政经济部被撤销,并将党中央机关、军队系统、边区党政机关按系统分别设立了三个财经处,统管所属单位的财政经济工作。财经处下设审计科,对所属各单位的经费预决算进行审计。1941年9月至1942年6月,审计部门获得独立地位。1941年9月后,边区财经处撤销,将原管会计工作和经济建设工作分别移交给有关部门。审计处由此获得独立地位,负责审核边区及地方一级经费决算,预算则归财政厅审核。在审计处的领导下,边区审计工作向正规化方向发展。1942年7月至抗战结束,边区政府审计处于1942年7月被撤销,审计工作划归边区政府财政厅负责,先后由财政厅二科和三科主管,审计机构再次划归财政部门管理。当时边区正大力鼓励发展生产自给,以解决经费不足问题,财政和审计部门很少过问生产自给的收支,各机关出现自筹自支、各自为政、分配不均、贪污浪费等现象。

三、解放战争时期的审计工作

抗战胜利后,由于国民党军队的进攻,再加上一些解放区军政机构不断扩大,财政开支大为膨胀,各解放区一度面临严峻的财政经济困难。同时,财政预决算制度和审计制度受到了一定程度的削弱。在这种情况下,各解放区根据自己所在区域的政治、军事、经济工作方面的特殊情况,分别建立了较为独立、完善的审计体系与制度。

中央所在地的陕甘宁边区,其审计机构在解放战争初期就得以重新组建,并加强了领导。1946年10月公布的《中华民国陕甘宁边区自治宪法草案》规定,行政委员会下设审计处。《陕甘宁边区暂行审计规程》(草案)制定后,边区审计处于同年12月正式重新建立,由边区政府副主席刘景范兼任审计处处长。与此同时,边区第二次政府委员会通过了成立各分区财政分处的决议,财政分处下设审计员一人。12月28日,边区政府颁布《建立县财政自治大纲》,规定:县最高审计机关应为政府委员会,日常审计事宜应由县财政科办理。至此,边区、分区、县三级审计系统建立起来。①

1947 年年初,在国民党军队全面进攻陕甘宁边区的局势下,边区财经会议决定取消审计委员会,其原先负责工作归并到财经办事处,审计工作有所放松,故在财政上发生了许多紊乱现象,如在筹款时不顾政策、不择手段,开支时无限制自用、铺张浪费、苦乐不均等。审计工作正是在此情况下又提上了日程。1948 年 10 月,以陕甘宁边区政府、陕甘宁晋绥联防军区司令部和中国共产党西北中央局"联合命令"的形式,颁布了《陕甘宁晋绥边区暂行审计条例》,规定:西北财政经济委员会下设审计处,为其日常办事机关;陕甘宁边区政府秘书处、联防军后勤部、西北局秘书处各设立审计科;陕甘宁边区晋绥行署所属各分区设立审计室,受分区财政经济委员会领导;各分区所属各县设审计员,由县委统一领导。1949 年 6 月颁布的《陕甘宁边区暂行审计条例》则对西北财政经济委员会下的审计机构作出了调整,基本上把审计纳入了行政或财政系统的领导之下。②

其他解放区的审计工作也逐步发展起来。1946 年 2 月,山东省政府颁布了《山东省暂时审计规程》。1947 年,东北财政部颁布了《审计暂行条例》。1948 年 2 月,晋冀鲁豫边区政府颁布了《边区级党政民学审计制度》。1949 年 7 月,华北人民政府公布实施《华北区审计规程》。③

---

① 方宝璋:《陕甘宁边区审计机构与立法》,《当代审计》1997 年第 1 期。
② 方宝璋:《陕甘宁边区审计机构与立法》,《当代审计》1997 年第 1 期。
③ 李淑琴等:《艰苦的岁月,光辉的足迹——中国革命根据地审计史概述》,《陕西审计》2003 年第 3 期。

第二篇　财政统一和集中

　　新中国成立之后至改革开放之前,基于当时的经济社会历史条件,我国逐渐建立了计划体制。这一阶段的财政带有明显的计划体制特色,并服务于国家的各项建设。新中国成立以后,党领导下的财政形态和性质发生了变化,即由革命战争时期的"红色区域财政""战时财政",转变为执政全国之后的"国家财政"。财政的任务也由支持武装斗争、夺取政权,转变为巩固政权、推动国家建设。新生政权能否稳定,成为新中国成立后的主要风险。为争取财政经济状况根本好转,以及集中资源进行国家建设,新中国实行财政重建,组建财经管理机构。恢复国民经济的任务完成以后,我国逐步建立起高度集中的计划体制,开始探索符合中国国情的社会主义建设道路,尤其是1956年毛泽东同志做了《论十大关系》报告之后,财政制度在探索中不断调整、变迁。税收制度也随着经济社会形势的发展不断调整变化,从"公私一律平等纳税"逐渐演变为"非税论"下的税制极端简化。"大跃进""文化大革命"给我国经济运行带来了巨大冲击,在财政调整的实践中创造性地提出了"综合平衡"理论,为稳定经济社会发展作出了重要贡献。

第四章 财政统一：
巩固新生政权

当新生政权成立之后，建立与之相应的财政机构和制度成为紧迫的任务。尤其是党领导下的政权由地方政权变为全国政权，实现财政重建、统一财政制度，不仅是巩固新生政权，恢复生产的需要，而且也是中国共产党由革命党转变为执政党、全面治理国家的内在要求。新中国实行财政重建，组建财经管理机构，编制第一本国家预算概算，统一全国税政，国民经济走上正常的运行轨道，从而实现了国民经济的尽快恢复和人民政权的巩固，也为随后的经济发展和社会主义改造提供了条件。

第一节 执政面临巨大考验

1949 年 10 月 1 日，中华人民共和国成立，中国历史进入了新纪元。虽然中国人民在政治、军事战线上取得了巨大的胜利，但是在财政经济战线上却面临着严重的困难和严峻的形势，国家饱受战争创伤，财政经济极为困难，新生的人民政权受到严重威胁，执政面临巨大考验。

一、国民经济：一穷二白、百废待兴

新中国成立之初，国民党政权留下了一个民不聊生、百业凋敝、千疮百孔的经济烂摊子，工农业生产、交通运输、贸易和投资都遭受严重破坏，通货膨胀严峻，人民生活困苦。毛泽东同志曾形象地将这种情况描述为"一穷二白"——"我曾经说过，我们一为'穷'，二为'白'。'穷'就是没有多少

工业,农业也不发达。'白'就是一张白纸,文化水平、科学水平都不高。"①

首先,工农业生产遭受严重破坏。新中国成立前,中国还是一个贫穷落后的农业大国,经济水平不仅远远落后于欧美国家,就是与许多亚洲国家相比也还有一定的差距。1949年,人均国民收入不到30美元,相当于亚洲国家平均值的2/3。工业基础非常薄弱,基本上没有像样的制造业,工业商品大都是"舶来品"。连年的战争,基本摧毁了本来就比较薄弱的工业,许多工厂成为一堆废墟,无法进行正常生产,大批工人失业,工业产值严重萎缩,通货膨胀,物价飞涨,人民生活遇到极大的困难。1949年发电量仅为1941年(59.5亿度)的70%,生铁为1943年产量(180万吨)的14%,钢为1943年产量(92万吨)的17%,原煤为1942年产量(6187.5万吨)的50%,棉纱、棉布分别为1936年产量(244.7万件、4500.8万匹)的74%和47%。②

农业生产破坏也非常严重,农田水利设施年久失修,大量河堤被毁,农业生产力相当落后。与抗战前的1936年相比,1949年全国牲畜比战前减少了26%,主要农具减少了30%。粮食作物总产量由1936年的15000万吨下降至1949年的11218万吨,棉花产量由1936年的84.9万吨下降至1949年的44.4万吨,油料产量由1933年和1934年的507.8万吨下降至1949年的256.4万吨。③ 1949年,全国被淹耕地达1.22亿亩,灾民4000万人,减产粮食100亿斤以上,人们生活困苦不堪。

其次,基础设施破坏严重,交通运输能力大幅下降。战争给交通运输、通信等基础设施造成了严重的破坏,交通运输能力非常弱。上万公里的铁路线路、3200多座桥梁和200多条隧道(总长40多公里)遭到严重破坏。津浦、京汉、粤汉、陇海、浙赣等主要干线没有一条能全线通车,机车则有1/3因破损而无法行驶;尽管已经抢修了26284公里的公路,但是到1949年年底能通车的仍不足原有线路的80%。在海运和空运方面,无论是机器和运输设备,还是相关的技术人才,都非常匮乏,运输能力微乎

---

① 《毛泽东文集》第七卷,人民出版社1999年版,第43—44页。

② 陈光焱:《中国财政通史(第十卷)·中华人民共和国财政史》上,湖南人民出版社2013年版,第23页。

③ 谢旭人:《中国财政60年》上卷,经济科学出版社2009年版,第46页。

其微。例如，华北海轮全被国民党劫走，上海留下可行驶的轮船的吨位只有 14.5 万吨。[1]

此外，内外贸易受阻，无法满足人们的生产生活需要。由于国内交通运输基本处于瘫痪状态，交通运输能力大幅下降，1949 年全国机械化运输的货物周转量只有 229.6 亿吨/公里，仅及战前最高水平 1936 年的42.7%，从而导致物资运输、周转不畅通，加重了物资短缺、通货膨胀，严重影响了人们的生活水平。例如，1949 年人民政府接管上海时，上海的粮食、煤炭等基本生活品的供应已难以为继，私营纱厂的存棉只能满足一个月的生产量。

二、新生人民政权受到严重威胁

虽然革命战争已经取得决定性胜利，中华人民共和国宣告成立，但新生人民政权受到严重威胁。新生政权能否稳固，成为新中国成立后的首要风险。

从军事上来看，人民解放战争还没有完全结束。100 多万残余的国民党军队还盘踞在西南、华南数省和台湾、海南岛等岛屿，负隅顽抗，妄图伺机反扑。在新解放地区，国民党溃逃时有计划地留下了数以百万计的土匪、特务，与人民政权对抗，他们的破坏活动十分猖獗，严重危及社会秩序和新政权的稳定。在海上，残余的国民党军队在海上设兵舰和据点，封锁各海口，扼制海上交通线，阻挠航行、掠夺物资、炸沉船舶，并对上海等大城市进行了持续轰炸，破坏新中国的经济恢复和建设。例如，1950 年 2月 6 日对上海发电厂的轰炸，使整个上海电力供应陷入瘫痪，原本就举步维艰的上海工业更是雪上加霜，许多工厂停产甚至倒闭。国民党的这些海上封锁和空中轰炸，对新中国的经济恢复工作造成了严重破坏。

从经济上看，在工农业生产遭受战争严重破坏的情况下，由于内外贸易受阻、资质匮乏，引发了通货膨胀，一些不良商人哄抬物价、囤积居奇，造成了市场的混乱，也给新生人民政权的稳定带来严重影响。例如，1949

---

[1]　谢旭人：《中国财政 60 年》上卷，经济科学出版社 2009 年版，第 47 页。

年7月,上海解放后,投机资本利用国民党残兵对新中国政权封锁、破坏和一些地区发生的自然灾害,操纵市场,以米价带头,纱布跟进,带动物价全面上涨。从6月27日起到7月30日止,上海物价共波动33天,批发物价指数7月比6月上升了153.6%,而粮价更是上涨了4倍多。① 再如,从1949年10月中旬开始,北京奸商先以粮价带头,接着上海投机资本以纱布、五金带头,带动全国物价上涨。资本投机、通货膨胀,破坏了国民经济的正常运转,威胁着广大人民的生活,使整个经济形势趋于恶化。

此外,新解放区的土地改革还没有完成,封建半封建的土地所有制严重束缚着农业生产力的发展。总之,新生人民政权能不能稳固,能否把生产恢复起来、把经济形势稳定下来,使我们的党和政府真正在政治上、经济上站住脚,成为一个严峻的考验。

三、国际环境封闭下的外交方针

新中国的诞生,打破了帝国主义在东方划定的势力范围,以美国、英国为首的西方资本主义国家企图通过实行强硬的对华政策,即政治上孤立、经济上封锁、军事上威胁的政策,从根本上搞垮新中国,从而使新生人民政权面临严峻的国际环境。

在政治上,美国拒绝承认并竭力阻挠其他国家承认新中国,阻挠恢复中华人民共和国在联合国的合法席位,对新中国实行政治孤立。在经济上,以美国为首的西方资本主义国家对中国实行封锁和禁运,大量的物资和资金被冻结、扣留,尤其是朝鲜战争爆发之后,美国对中国的封锁禁运逐步升级。在军事上,美国等西方国家除支持国民党残余军队进行破坏和封锁之外,1950年6月还公然出兵朝鲜,并在包围封锁中国的形势下进一步威胁中国东北地区。

能不能冲破以美国为首的帝国主义国家的政治孤立和经济封锁,创造有利于建设国家的外部环境,又是一个严峻的考验。为彻底摧毁帝国主义对中国的控制,打破政治孤立和经济封锁,1949年春夏,毛泽东同志

---

① 赵德馨主编:《中华人民共和国经济史》,河南人民出版社1989年版,第75页。

综合判断复杂的国际关系和世界发展大势,在新中国成立前夕先后提出"另起炉灶""打扫干净屋子再请客"和"一边倒"的三大外交方针。"另起炉灶",就是同旧中国的屈辱外交彻底决裂,在新的基础上同世界各国建立新的外交关系,不承认旧中国同其他国家建立的外交关系。"打扫干净屋子再请客",就是要在彻底清除旧中国遗留下来的帝国主义在华特权和残余势力之后,再请客人进来,以免敌对者"钻进来"捣乱。"一边倒",即倒向社会主义一边。三大外交方针,为确定新中国的外交原则提供了战略指导,不仅使我国赢得了国家独立,彻底摆脱了半殖民地的屈辱地位,扩大了国际影响,而且巩固了新生政权,保障了国家安全,打破了帝国主义的政治孤立和经济封锁。

四、财政极为困难

由于久经战争,新中国成立后国库羸弱,面临着军费、行政费开支庞大,财政收入增加缓慢,财政收支脱节、财力分散等一系列财政经济困难。

一是军费、行政费开支庞大。由于当时解放战争并没有结束,各地土匪猖獗,为了解放全中国,巩固新生政权,人民政府必须支付巨大的军费。1949 年军费开支占财政收入的 50% 以上,1950 年仍占 41.1%。随着解放区的扩大,国家行政管理机构随之增加。尤其是为了稳定社会秩序,促进企业生产和机关业务的迅速恢复与正常进行,人民政府对愿意为人民工作的旧军政人员采取"包下来"的政策,即毛泽东同志所讲的"三个人的饭五个人吃"。到 1950 年 3 月,连同老解放区在内,全国脱产的军政公教人员数量高达 900 万。这在财政上无疑是个沉重的负担,为此大约每年要多付出相当于 600 万吨小米的开支,相当于 1949 年国家财政收入的 39.6%。[①]

二是财政收入增长缓慢,收支矛盾尖锐,财政赤字过大。新中国成立之后,财政收支矛盾非常尖锐。一方面,军费、行政费开支庞大,以及经济恢复需要巨额资金,使财政支出急剧增加。为修复基础设施,恢复工业、

---

① 谢旭人:《中国财政 60 年》(上卷),经济科学出版社 2009 年版,第 50 页。

农业与交通运输事业,需要巨额投资。据不完全统计,1949年各解放区在工业上的投资约合细粮350万吨,交通事业的投资约合细粮150万吨。在1950年的预算中,用于经济建设的支出已达到概算支出的23.9%。此外,救灾、失业救济也需要庞大的财政资金予以支持和保障。另一方面,财政收入受多种因素影响,增长缓慢,远远满足不了支出的需要。其因素主要表现在:由于受战争的创伤,国民经济遭到严重破坏,工农业生产还未完全恢复正常生产,因而财源受到极大影响和破坏;解放战争虽然进展迅速,但税收制度还来不及建立,致使征粮征税征得少、征得慢,并且存在经验上的不足,也影响了税收的征收。此外,由于交通尚未完全恢复,土匪也未肃清,城乡物资交流不畅难以一时改变,导致城市税源不旺,影响了财政收入的增长。由于财政收支矛盾尖锐,出现了较大的财政赤字。例如,1949年财政收入只有303亿斤小米,赤字却达264亿斤小米①。当时弥补财政赤字没有别的办法,只有靠发行通货,加上投机资本从中兴风作浪,导致通货膨胀,物价集聚上涨。

三是收支脱节、财力分散。随着解放事业的不断推进,军队向新解放区挺进,原有的由各自根据地支援部队的做法已经无法实行,保证军队供给必须由中央来统一调度。但是,各地财政和经济工作存在征收制度和管理上的不统一,收支脱节较为严重,使中央不可能灵活地调动现金和物资,尤其是税制的不统一,不仅与经济发展的形势不相适应,制约着财政收入规模的扩大,而且不利于平衡财政收支,不利于中央集中财力,统一调度。

总之,新中国成立之初,财政经济极为困难,执政面临巨大考验。正是在这种情况下,我们党和政府毅然肩负起恢复国民经济、争取财经状况根本好转的重任,实现财政重建,建立新的财政制度,集中财力搞好国家建设。

第二节 统一全国财政

面对当时的财经困难和严峻挑战,党和政府发动了著名的"银元之

---

① 陈如龙主编:《当代中国财政》上,中国社会科学出版社1988年版,第35页。

战"和"粮棉之战"两大战役,采取了一系列的行政和经济措施,沉重打击了投机资本,掌握了市场领导权,稳定了金融和物价。与此同时,为了巩固新生政权,恢复生产,新中国实行财政重建,组建财经管理机构,编制第一本国家预算概算,统一全国税政,国民经济走上了正常运行的轨道,从而实现了国民经济的尽快恢复和人民政权的巩固,也为随后的经济发展和社会主义改造提供了条件。

一、组建财经管理机构

早在革命战争时期,我们党就重视培养财经干部和机构建设。解放战争期间,我们党开始着手统一、组建解放区的财经管理机构,并积累管理经验。1947 年,华北、华东、西北三大解放区逐渐连成一片,统一协调管理成为现实需要。为了改变各解放区各自为政、相互分割的局面,1947 年 3 月,成立了华北财经办事处,由董必武领导,负责统一协调华北、华东、西北各解放区的财经工作。1948 年 7 月,中央决定撤销华北财经办事处,成立中央财政经济部,董必武任部长,在更大范围、更高层次上统一领导各大解放区的财政经济工作。1948 年 9 月 26 日,华北人民政府正式成立,同时撤销晋察冀边区行政委员会和晋冀鲁豫边区行政委员会。华北人民政府设立秘书厅、民政部、财政部、教育部等正规化的政府机构。新中国的中央人民政府就是在这个基础上组建起来的。为了推进全国财经工作的统一,1949 年 7 月由中共中央财政经济部与华北财政经济委员会合并组成中央财政经济委员会。

专栏 4-1　中央财政经济委员会的成立

1949 年 3 月,为了进一步推进全国财经工作的统一,中共中央召开七届二中全会,决定建立全国财经工作的统一指挥机构——中央财政经济委员会。同年 5 月 31 日,中共中央发出由刘少奇起草、毛泽东同志审定的《关于建立中央财政经济机构大纲(草案)》,提出成立中央财政经济委员会及下属机构。这一大纲虽然强调集中统一,

---

但在设计财经机构时,考虑"需要"与"可能",由于当时仍是军事时期,中国地方又太大,交通不便,需要地方机构与中央配合,仍把地方经济放在必要的地位,建立大区、省、大中城市财经委员会。7月12日,由中共中央财政经济部与华北财政经济委员会合并组成中央财政经济委员会,陈云任主任,薄一波、马寅初任副主任,薛暮桥任秘书长。

1949年10月21日,根据中央人民政府组织法,该委员会正式称为中央人民政府政务院财政经济委员会,仍简称"中财委",作为政务院所属行政机构,统一领导全国财政经济工作。"中财委"机构包括两个部分:一是财政经济委员会,由53人组成,包括党的高级经济管理干部、中央政府经济部门高级干部、工商企业家和著名经济学家,通过讨论决定重大经济问题。二是日常办事机构,在中财委主任、副主任的领导下,处理日常事务。日常办事机构包括:财经计划局、技术管理局、财经统计局、私营企业管理局、外资企业管理局、合作事业管理局、财贸人事局、编译室等。在中财委之下,设立了财政部、贸易部、重工业部、燃料工业部、纺织工业部、食品工业部、轻工业部、铁道部、邮电部、交通部、农业部、林垦部、水利部、劳动部、中国人民银行、海关总署。

(根据有关资料整理)

中央人民政府财政部在华北人民政府财政部的基础上正式成立。当时设立的主要机构有:秘书室、人事室、机要室、总务科、研究室、第一处、第二处、第三处、第四处、第五处、北京市供应局、华北税务总局、酒业专卖公司、长芦盐务管理局、北京物资清理处、天津物资清理处和中央税务学校。1950年元旦,在原华北税务总局的基础上成立中华人民共和国财政部税务总局。税务机关的组织结构是:大行政区设税务管理局;省、直辖市设税务局;专区及省辖市设税务局;县、旗、市、镇分别设税务局和税务所等六级税务机构,均受中央财政部领导,总局以及各级局、所,除受其直属上级税务机关的领导外,大行政区税务管理局受同级财政部门的领导。

当年 1 月底,又成立了财政部盐务总局。

1950 年 11 月 15 日,财政部发布《中央人民政府设置财政检查机构的办法》,设置各级财政检查机构。中央财政部设财政检查司,各大行政区财政部设财政检查处,各省市财政厅、局设财政检查处或科,各专署及省属市财政局、科设财政检查科或股,各县设财政检查员。财政检查司主持全国财政检查事宜。至此,中央财经管理机构有了一个相对完整的组织框架,为之后我国的财经管理工作奠定了组织基础。

二、编制新中国第一部概算

预算是国家基本的财政收支计划。在新中国成立之前,各解放区和根据地曾根据各自所辖地区的情况自行编制过财政收支计划,由于全国还没有解放,因此也不可能编制全国统一的财政预算。在全国革命胜利即将到来之时,编制统一的国家财政预算,已经成为保障新中国经济社会发展的必然需要。1949 年 8 月,受党中央委托,负责财经工作的陈云依据天津市的税收情况,按解放区 4.45 亿人口的规模,曾提出了 1950 年全国财政收支计划的初步设想,为编制新中国第一部概算积累了经验。

新中国成立之后,依据《共同纲领》第四十条中"建立国家预决算制度,划分中央和地方的财政范围,逐步平衡财政收支,积累国家生产资金"的规定,即着手编制 1950 年全国的财政收支概算。1949 年 12 月 2 日,在中央人民政府委员会第四次会议上,时任财政部部长薄一波做了《关于一九五零年度全国财政收支概算草案编成的报告》,中央人民政府批准了这个概算草案。虽然这一概算草案是根据不完全的材料加上经验推算估计所编成的,它只能画出一个轮廓、一个基本方向出来,但它是新中国的第一部概算,对于保障革命胜利、巩固新生政权、促进经济社会发展发挥了重要作用。值得一提的是,在这次会议上,毛泽东同志在谈到预算问题时提出:"国家的预算是一个重大的问题,里面反映着整个国家的政策,因为它规定政府活动的范围和方向。"①

---

① 《毛泽东文集》第六卷,人民出版社 1999 年版,第 24 页。

　　这部概算的基本精神是:保证战争胜利,逐步恢复生产。编制的基本原则是:量出为入与量入为出兼顾,取之合理,用之得当。在这部概算中,收入项主要有:公粮收入41.4%,各项税收38.9%,企业收入17.1%,清理仓库收入2.4%,其他收入0.2%。在支出项中,军费占支出概算的38.8%,是草案中所占百分比最大的一项,所以这个概算草案基本上仍然是以保证战争胜利为主要任务;行政费占21.4%,其中主要的项目是公教人员的生活费和公杂费,1950年度全国估计需养活军政公教脱离生产人员九百万人,约占全国人口的百分之二;经济建设的投资占支出概算的23.9%,百分比不算很大,但在战争时期能有这样的百分比,也算不错了;文教卫生费用占支出概算的4.1%。这部概算,收入总额仅合支出总额的81.3%,其余的18.7%则是赤字,即亏欠。解决赤字的办法有两个:一个是依靠银行透支,即发行货币,解决赤字的61.6%;另一个是依靠发行公债,解决赤字的38.4%①。

　　这部概算,体现了人民政府的大政方针,总的方向是开源节流。开源主要依靠人民,坚持"取之合理"。首先继续要求农民负担。在概算中,公粮收入仍占第一位,全国农民平均负担占其农业总收入的19%左右,而老解放区则占其农业总收入的21%。为了胜利与恢复经济,农民负担一时无法减轻。同时,要求工商业者负担。各项税收是收入的第二位。按抗战前各种材料统计,税收的比例数还应该增大,但由于各大城市解放不久,经济尚未完全恢复,加上征收工作人员数量少、经验差,一时还做不到。税收中有一部分如盐税、关税、货物税、交易税、屠宰税等,基本上是由消费者负担的,其中主要还是农民。在节流方面,主要依靠支出的节约。不仅要求所有公营企业经营人员,精打细算,实行成本会计,经济核算制,把企业办好,减少浪费,而且要求军政公教人员认识胜利中的困难,节约支出,保证不突破支出概算。

　　在做好税收征收工作的同时,我国还采取了发行公债的办法,弥补财政收支概算中的一部分赤字。同样是在中央人民政府委员会第四次会议

---

① 陈如龙主编:《当代中国财政》上,中国社会科学出版社1988年版,第39页。

上，陈云提出了发行人民胜利折实公债的议案，会议正式通过了《关于发行人民胜利折实公债的决定》，决定在 1950 年内发行两期公债，每期发行一亿分，以实物计算，年息五厘，分五年还清。当前 12 月 26 日，正式颁布《1950 年第一期人民胜利折实公债条例》，第一期公债发行额为 1 亿分，并按大行政区城市的多少、大小，人口的多少及政治经济情况，分配推销任务。这次公债发行的一个突出特点就是购买与偿还都是以"分"为单位，均折实物计算。每分以上海、天津、汉口、广州、重庆和西安六大城市的大米（天津为小米）6 市斤、面粉 1.5 市斤、白细布 4 市尺和煤炭 16 市斤的平均批发价的总和计算。① 之所以采取折实发行的办法，一方面，在物价波动较大的情况下，人民政府为了保证购买者的利益；另一方面，也便于推销。这次发行公债，符合人民群众的利益，因而得到广泛支持，保证了第一期公债发行额的超额完成，达到了原定两期发行总额的 70.4%。后因国家财政状况已基本好转，第二期公债未再发行。这次公债发行数量虽然不大，但对弥补财政赤字，回笼货币，调节现金，稳定金融物价等，都起了很好的作用。

由于这部概算是根据不完全的材料加上经验推算编制的，因而概算内容并不完全准确，只是一个大致的基本方向。为了便于概算的执行，我国分别在 1950 年 6 月、8 月和年底对其做了三次调整。此后，在总结经验的基础上，政务院对预决算的编制时间和程序、编报预算的具体方法做了规定和要求。1950 年 12 月 1 日，政务院颁布了《关于预决算制度、预算审核、投资的施工计划和货币管理的决定》，决定实行预算审核制度和决算制度。1951 年 7 月 20 日，政务院又发布了《预算决算暂行条例》，这是新中国成立以来第一个预算方面的正式法规。至此，新中国的预算制度初步建立起来。

三、统一全国税政

新中国成立之初，全国的税收制度不统一。新解放区大多暂时沿用

---

① 陈如龙主编：《当代中国财政》上，中国社会科学出版社 1988 年版，第 42 页。

国民党政府时期"多如牛毛"的旧税制,老解放区实行的是以比例税制为特征的农业税法,并且征收方法也有区别。税制的不统一,不仅与经济发展的形势不相适应,制约着经济活动和财政收入规模的扩大,不利于加强税收管理,而且不利于集中力量进行新中国建设。随着组建财经管理机构、编制财政收支概算等工作有序地推进,统一税收法规显得迫切而重要。

《中国人民政治协商会议共同纲领》明确提出:"国家的税收政策,应以保障革命战争的供给、照顾生产的恢复和发展及国家建设的需要为原则,简化税制,实行合理负担。"这成为新中国税制建设的指导思想,是国家税收政策的基本方针。实际上,在1949年8月陈云主持召开的上海财经会议上,就具体讨论了统一货物税的问题。1949年11月20日至12月9日,首届全国税务会议召开。时任中华人民共和国副主席朱德、政务院副总理兼中财委主任陈云、政务院中财委副主任兼财政部部长薄一波在会上做了报告。薄一波就统一全国的税法、税率、制度等诸多方面提出了原则和对策,指出税收工作要注意国家财政的需要,在确定税率的时候要注意奖励和限制政策,但又不是单纯地从增加收入出发,"要注意打击哪些、限制哪些、照顾哪些、发展与保护哪些,'公私兼顾、劳资两利、城乡互助、内外交流'的原则必须掌握住"。同时,要简化税制,实行合理负担,特别是在城市中应当保证一定的收入。首届全国税务会议的召开,对加快推进新中国税制建设、统一全国税收、建立税务系统的组织机构、全面加强和提升税收工作,作出了历史性的贡献。

1950年1月30日,政务院第三号通令颁布《关于统一全国税政的决定》,并附发了《全国税政实施要则》《全国各级税务机关暂行组织规程》《工商业税暂行条例》和《货物税暂行条例》四个文件。《全国税政实施要则》提出了统一全国税政、平衡城乡负担的必要性,指出对全国各地所实行的税政、税种、税目和税率极不一致的状况,应迅速加以整理,在短期内逐步实施,达到全国税政的统一。《全国税政实施要则》对于建设新税制,提出了统一规划,规定全国暂定统一征收14种中央及地方的税种,即货物税、工商业税(包括座商、行商、摊贩之营业课税及所得课税)、盐税、关税、薪给报酬所得税、存款利息所得税、印花税、遗产税、交易税、屠宰税、房产税、地产税、特种消费行为税（筵席、娱乐、冷食、旅店）、使用牌照税。

《全国税政实施要则》规定了各级税收立法权限。其主要内容包括：凡有关全国性的税收条例法令，均由中央人民政府政务院统一制定颁布实施，各地区应切实遵照执行，如有意见可建议中央考虑，在中央未修改前，不得自行修改或变更；凡有关全国性之各种税收条例之施行细则，由中央税务机关统一制定，经财政部批准施行；各区税务管理局得根据中央颁布之税法章则精神制定稽征办法，经大行政区财政部批准施行；凡有关地方性税收之立法属于县范围者，得由县人民政府拟议报请省人民政府核转大行政区人民政府或军政委员会批准，并报中央备案，其属于省（市）范围者，得由省（市）人民政府拟议报请大行政区人民政府或军政委员会转中央批准。此外，还对纳税义务、有关税务机关的职权和任务以及税务机构的组织领导、工作制度等做了明确规定。

《全国各级税务机关暂行组织规程》对税务机关的设置作出了规定，即中央财政部设税务总局；大行政区设税务管理局；省、直辖市设税务局；专区及省辖市设税务局；县、旗、市、镇分别设税务局和税务所等六级税务机构，均受中央财政部领导，总局以次各级局、所，除受其直属上级税务机关的领导外，大行政区税务管理局受同级财政部门的领导。此后，各地撤销了大区税务总局，组建大区管理局，大区管理局之下的各级税务机构也陆续整顿、改组和建立。截至1950年年底，在全国税务机构中，大区管理局6个，省（市）局55个，专区（市、盟）局和分局339个，县（市、镇、旗）局1973个，税务所（卡、站）及驻厂办事处11791个，总计14164个单位。

此后，新中国在税制建设方面不断推进，逐步完善工商税制以及相关的征收管理办法。例如，1950年四五月间，财政部先后发布了印花税、利息所得税、特种消费行为税、使用牌照税、屠宰税、房产税、地产税7种条例；1950年12月，政务院相继颁发了《印花税暂行条例》《屠宰税暂行条例》和《利息所得税暂行条例》；1951年，政务院又公布了《特种消费行为税暂行条例》《城市房地产税暂行条例》和《车船使用牌照税暂行条例》；财政部先后公布了《棉纱统销税征收办法》《临时商业税稽征办法》《摊贩业税稽征办法》和《合作社交纳工商业税暂行办法》。与此同时，新中国还建立了关税制度。1951年5月，政务院颁布了《中华人民共和国海关进出口税则》《中华人民共和国海关进出口税则暂行实施条例》和《中华人民共和国暂行海关法》，建立了真正独立自主的新中国关税征收制度。在统一税法和税收组织机构的同时，新中国还相应地建立了计划、会计、统计、检查监督等各项管理制度，保障了税务工作基本制度的建立与贯彻，为加强税收征管、增加税收收入提供了重要保证。

总之，《全国税收实施要则》和《全国各级税务机关暂行组织规程》的颁布，以及后续各种税收法规的出台，适应新形势下经济社会发展需要的税收制度日益健全和完善，结束了中国税政长期不统一的局面，为新中国的发展奠定了税制基础。

四、统一全国编制与待遇

新中国成立之前，由于各个解放区处于被分割的状态，战时的财经工作都是分散的，各有货币，各管收支，存在管理上的不统一、收支机关脱节等严重混乱的现象。随着解放战争的胜利推进，解放区不断扩大，财经工作统一的范围和程度也随之增加。先是货币的统一，然后根据各解放区和根据地财经机关的要求，又陆续地统一了税则、税目、税率等，国营工厂的生产经营、物质调拨、原料采购、产品销售等都在一定程度上实现了统筹。但就财经工作的全局而言，基本上仍是分散经营的。随着形势的发展，统一财经工作显得重要而迫切。陈云、薄一波在1949年12月28日给华东财委的电报中指出："目前许多地区是新解放区，实行财政、税收、公粮、贸易及各主要经济部门管理的基本统一，在工作进度上是带跃进性的，一定有许多困难。但从客观情况看来，如不作基本统一，则困难程度、为害之烈将更大。"①

---

① 《陈云文选》第二卷，人民出版社1995年版，第48页。

1950年2月,中财委召开全国财政会议,针对1月财政收入没有完成、支出超出概算的情况,认为财政困难的原因很大程度上是各地自收自用,财政、现金、物资管理制未建立以及收支不统一造成的。为此,这次会议主要讨论了统一财经、紧缩编制、现金管理、物资平衡四大问题,并做了具体部署。1950年3月3日,中央人民政府政务院第二十二次会议通过了《关于统一国家财政经济工作的决定》。同日,中共中央发出了《关于全党保证实现〈中央人民政府政务院关于统一国家财政经济工作的决定〉的通知》,拉开了统一财经工作的序幕。

统一全国编制与待遇,是统一财经工作的首要一环。1950年3月,中财委成立了以薄一波为主任、聂荣臻为副主任的全国编制委员会,各大区、省、市均分设编制委员会,制定并颁布各级财政机关人员、马匹、车辆等编制与供给标准。各机关不经批准不得自行增添人员,编外和编余人员由全国和各地编制委员会统一调配,建立了编制有定员、供给有标准、经费有定额的管理制度。

五、统一全国财政收支管理

统一全国财政收支管理,包括统一财政收入和统一财政支出两个方面,其中重点在于统一财政收入。主要是公粮、城市税收以及国有企业利润。

公粮,既是军需民食、国家机构运转的基本保障,也是国家回笼货币的主要手段。新中国成立之初,公粮主要掌握在省、市、县各级政府手里,收入的具体状况,中央无法及时掌握。统一财政收入,必然要求征收公粮的税则、税率以及征收任务由政务院统一作出规定或安排,即除5%—15%的地方附加粮外,所有公粮的征收、支出、调度,均统一于中央,并规定了严格的公粮入库制度、支付制度、保管制度和调度制度。各地附加征收的地方公粮的比例不能超过15%。所定比例,须报省审查后转报大行政区批准。超额完成任务之后,对超收部分实行"二八分成",即20%上缴中央、80%留归地方。在新解放的农村,规定对不同的阶级实行不同的累进税制度。除地方附加粮之外,公粮全部归中央统一调度使用,并由中财委制定统一的使用、调拨计划。除人、马口粮和集中起来的残废军人优待粮、救济粮、婴儿保育粮之外,各地不得不经批准以公粮拨作经费。财政部发出的调拨命令,各地必须执行,不得拒绝调运。

税收是除公粮之外的最为重要的财政收入。为了统一税收,中央统一制定税则、税目和税率,不经批准不得自行增减和变动。所有关税、盐税、货物税、工商税的收入,均归中央人民政府财政部统一调度使用。为了统一国家财政收支,我国设立了中央金库。中央人民政府设立中央总金库,各大行政区设中央区金库,各省(市)设中央分金库,各县(市)设中央支金库,中央所属各级金库均由人民银行代理。所有税收款项均逐日入库,禁止延期缴库、挪借。超额完成税收任务,对超收部分实行"三七分成",即30%上缴中央、70%留归地方。

除公粮、税收之外,所有中央政府或地方政府所经营的国营企业除需按时纳税外,需将利润及基本折旧金的一部分,按企业隶属关系如期分别交中央或地方金库。上述各项财政收入,没有中央人民政府财政部的支拨命令,不得动支。统一财政收入,对于完成征收工作、调节市场供求、稳定物价、克服财经困难都起到了重要作用。

统一支出管理,主要指在厉行节约的原则下,保证军队与地方人民政府的开支及恢复国家经济所必需的投资。① 统一支出管理,是以厉行节约、提高财政资金使用效率为前提和基础的。为了控制支出,统一了全国编制与供给标准。除了国家机关和公立学校,所有国家工厂和企业,除规定的职工人数及生产产品的数量和质量外,必须实行原材料消耗的定额制度,消除囤积物资和材料的浪费行为。节省一切可能节省的开支,缓办应该缓办的事项。同时,严格执行预决算、审计会计制度和财政监察制度。所有各项费用,分轻重缓急进行统筹安排,重点保证军队和各级政府的开支及恢复国民经济所必需的投资,以便集中财力用于保证军事上和经济上的重点需要。这一系列的统一、节约财政支出的措施的实行,使行政费用节俭了4.5%,对平衡财政收支起到重要作用。

---

① 《毛泽东文集》第六卷,人民出版社1999年版,第70页。

总之,全国财政收支由中央统一调度,各项收入迅速增加,行政费用有所节减,赤字大为减少,全国的市场物价基本稳定,结束了国民党政府遗留下来的物价飞涨、市场混乱的局面。

六、统一全国物资调拨

统一全国的物资管理,要把国家的所有重要物资,如粮食、纱布、工业器材等,从分散的状态下集中起来,变为有效的力量,用于国家的急需方面。新中国成立前,各地仓库中堆积着许多属于国家的物资和器材。新中国成立后,为了能够迅速清理这些物资和器材,合理地加以利用,有利于支持国家建设,防止物资浪费。为此,1950年3月,成立了以陈云为主任、杨立三为副主任的全国仓库物资清理调配委员会,各大行政区、省、市、县、各后勤部,各工商企业及工厂,均分设仓库物资清理调配委员会。由仓库物资清理调配委员会负责全面清仓查库工作。所有仓库物资由政务院财政经济委员会统一调度、统筹安排。到1950年6月,基本查清了所有仓库存货。各工矿交通部门及其所属企业,除依照规定应保有之一定数量的固定资金及周转资金或物资器材外,其余不应保有之物资器材,均交政务院财政经济委员会调配。中央人民政府贸易部统一规定各地国营贸易机构的业务范围和统一负责物资的调配,而不受地方政府的干预,各地不能改变贸易部的业务计划,一切部队、机关不得自行经营商业。统一全国物资调拨,对于调节国内供求、有效使用各类物质、支持国家建设,发挥了重要作用。

七、统一全国现金管理

1950年3月,政务院指定中国人民银行为国家现金调度的总机构。国家银行增设分支机构,代理国库。外汇牌价和外汇调度均由人民银行统一管理。各公营经济部门及各机关请求外汇,统由政务院财政经济委员会审核。私人请求外汇办法仍旧。一切军政机关和公营企业的现金,除留若干近期使用者外,一律存入国家银行,不得对私人放贷,不得存入私人行庄,违者处罚。国家银行应尽量吸收公私存款,但国家银行本身业务上使用这些存款的限度,亦不能超过政务院财政经济委员会的规定。统一全国现金管理,把所有分散在各企业、机关、部队的现金,统一由中国人民银行管起来,集中调度,避免了通货过多的现象,增加了国家能够使用的现金。

第三节　争取财政经济根本好转

新中国成立后,立即着手稳定和恢复国民经济,同时开展农业、工业、交通、水利等领域的建设工作。1950 年财政经济工作统一后,陈云等财经领导人采取物资调配、货币、财政等综合性手段,迅速稳定国民经济,逐渐实现了三个平衡,即财政收支平衡、现金收支平衡、物资调拨平衡。抗美援朝战争爆发后,在外有美帝国主义威胁、内有阶级敌人破坏的情况下,党和人民政府带领全国人民战胜了严重的财政经济困难,稳定和恢复了国民经济,为我国的经济和社会发展提供了条件。

一、财政经济根本好转的"三个条件"

从 1950 年 4 月开始,国家财经工作中出现一些新问题和矛盾,货币流通速度大为降低,商品销售量大为减少,银行存款大为增加,大中小城市都出现了商品滞销问题,引起了一些工厂停工、商店歇业、失业人口增加的现象。鉴于财经状况开始好转后出现的一系列矛盾,1950 年 6 月,中共中央召开七届三中全会,提出"为争取国家财政经济状况的根本好转而斗争"的口号,毛泽东同志明确指出:"要获得财政经济情况的根本好转,需要三个条件,即:(一)土地改革的完成;(二)现有工商业的合理调整;(三)国家机构所需经费的大量节减。"[1]

中央人民政府于 1950 年 6 月颁布《中华人民共和国土地改革法》,宣布废除地主阶级封建剥削的土地所有制,实行农民的土地所有制。到1952 年年底,除西藏、新疆等少数民族地区和台湾外,全国占农业人口总

---

[1] 《十年来财政资料汇编》第一辑,财政出版社 1959 年版,第 84 页。

数 90% 以上的地区完成土地改革，解放了农村生产力，调动了农民生产的积极性。

调整工商业方面采取的措施包括三个环节，即调整公私关系、调整劳资关系、调整产销关系，重点是调整公私关系。在调整公私关系的同时，根据《共同纲领》规定的"简化税制，实行合理负担"的原则和毛泽东同志关于"调整税收，酌量减轻民负"的指示，针对农业税、城市税收出现的偏差，对农业税和城市税收的负担也进行了调整。

首先，调整城市税收。1950 年 5 月，财政部召开第二届全国税务会议，决定对城市税收进行调整，调整的原则是：巩固财政收支平衡，照顾生产的恢复和发展，继续执行工轻于商、日用品轻于奢侈品的征收政策。具体内容包括：一是减少税种。取消薪给报酬所得税和遗产税，合并房产税和地产税为房地产税，将工商税种从 14 个减并到 11 个。二是简化税目。货物税税目从原来的 1136 个减并到 358 个，印花税税目从原来的 30 个减并到 25 个。三是降低税率。提高所得税的起征点和最高累进点，降低货物税部分税目的税率，盐税减半征收。四是统一计税方法和估价方法。由原来单纯民主评议，改为按照不同情况分别采取自报查账依率计征、自报公议民主评定、定额纳税三种方法。1951 年，为配合棉纱统销政策，将棉纱从货物税中独立出来，开征棉纱统销税。事实证明，税收调整工作使国家的财政经济状况得到了改善，财政收入显著增加，标志着国民经济恢复工作的顺利进行。

其次，调整农业税。1950 年 9 月，政务院发布了《新解放区农业税暂行条例》，规定：贫农的负担率是 8% 左右；中农一般是 13% 左右；富农一般是 20% 左右；地主一般是 30% 左右，最高不超过 50%；特殊户亦不超过80%。9 月 16 日，财政部发布《关于农业税土地面积及常年产量应产量订定标准的规定》，为保证《新解放区农业税暂行条例》正确执行，对土地面积和常年产量的计算标准做了规定：（1）土地面积以"市亩"为基本单位；（2）土地产量以常年产量为标准；（3）种植各种经济作物，如棉花、花生、烟叶的土地，应按相同的土地种植一般谷物的常年产量为标准；（4）常年产量折合主粮计算；（5）主粮以市斤为基本单位。1952 年颁布

《受灾农户农业税减免办法》,要求严格执行农业税的税收减免政策。农业税的制定,推动了农业税法的统一,将实行了两千多年的田赋改为按产量征收的农业税,在一定程度上减轻了农民的负担,极大地促进了农业生产的恢复和发展。

在调整税收政策的同时,实施精兵简政,裁减国家机构经费。1950年6月2日,财政部在颁发的《全国各级人民政府1950年暂行供给标准实施办法》中提出:凡由国家预算供给的政府机关、学校、团体、企业部门,都依本办法办理。供应范围以中央核准编制内实有的人员、车、马为限,超编的人员、车、马一律不供给。经费领报手续,依各地现行预算决算程序办理,若不按供给标准,不依预算程序执行的,一律不供给①。节省国家机构经费开支,减少了国家在人力和资金方面的浪费,提高了资金使用效率,为促进财政经济情况的根本好转发挥了重要作用。

二、"三边"方针与抗美援朝中的财政动员

抗美援朝是新中国成立后第一场大规模境外战争,也是中国共产党领导下的新中国在国家治理中探索规范的财政动员能力的充分体现。抗美援朝正好处于新中国成立后百废待兴的关键时点。几十年的战争创伤未及治愈,国家"一穷二白",政治秩序、经济秩序以及社会生活秩序的建设都尚未走上正轨。国际中资本主义同社会主义的对立,经济背景下国民经济恢复重任与战争所需巨大消耗的矛盾,以及社会条件下民主革命遗留的潜在威胁,都对抗美援朝时期的战时财政动员力量形成巨大影响。

抗美援朝伊始,在讨论中国是否出兵时,中央高层领导内部意见有分歧,一些人对出兵朝鲜颇多顾虑,经济上的因素就是考虑到国家的经济实力同世界上头号帝国主义强国较量所面临的困难,战争打起来后,国内各项工作已经敲定的盘子该怎样调整,如何根据新的特定历史条件确定国家与社会的发展战略。胡乔木曾回忆说,"我在毛主席身边工作二十多年,记得有两件事是毛主席很难下决心的",其中一件事就是"1950年派

---

① 财政部:《中央财政公报》1950年第5期。

志愿军入朝作战"。① 这些方面的担心和顾虑,符合情理、极为正常。面对极端困难复杂的形势和敌我实力对比的悬殊,党中央和毛泽东同志全面分析战争双方的优劣条件,基于"维护国家安全利益,积极开展国际斗争"的现实考虑,以超常的政治魄力及时果断地作出了抗美援朝的战略决策。

战争的基础是经济。党基于对局势的判断,于1950年11月15日确定了战争期间财政经济的工作方针——国防第一,稳定市场第二,其他第三。在新的财政方针下,军费开支的比重增加了。1950年的军费支出占国家财政支出的比例达到41.1%,次年增至43%。由于军费的增加,使得国家财政迅速紧张起来,1951年的财政支出概算比1950年的概算数字增加50%,1951年的财政收入预计为支出的88.5%,财政收入赤字预计为支出的11.5%。

为了有效缓解财政收支压力,以确保抗美援朝战争的军费开支和物资供应,以及稳定活跃市场,党和政府在经济上采取了一系列措施:一是短期冻结存款。针对军费突然增加,社会上"重物轻币",抢购物资的现象,中财委于1950年10月24日作出《关于防止物价波动》的决定,提出短期冻结存款等稳定物价的措施。规定从11月5日起冻结部队、机关、团体的存款,期限一个月。同时,中国人民银行及时调整了货币信贷政策,采取了控制现金、紧缩信用的紧急措施。这些措施的实施,制止了物价上涨,出现了市场银根趋紧、物价趋稳的良好形势。二是针对作为军事物资和生活必需品的棉纱棉布严重短缺的情况,1951年1月4日,中财委发布《关于统购棉纱的决定》,由国营花纱布公司统购棉纱棉布,控制纱布市场。这一措施有效地保证了抗美援朝战争前线的需要和国内市场的供应。三是削减军费以外的其他支出。四是建立经济核算制,开展清产核资,以达到用最少的物资和资金来完成国家计划的任务。1950年12月1日,政务院审议通过了陈云起草的《关于决算制度、预算审核、投资的施工计划和货币管理的决定》。该决定规定:所有军队、政府、公立学校

---

① 《胡乔木回忆毛泽东》,人民出版社1994年版,第92页。

及受国家经费补助的团体均须上报决算报告,决算之后,凡在预算中所余的款项,均须缴回国库;所有建设项目必须审慎设计,作出施工计划、施工图案和财务支拨计划;各单位的现金使用必须编造收支计划,并经适当机关的批准,一切交易往来全部通过中国人民银行划拨清算,不得相互赊欠和借贷。五是重视市场的作用,注意疏通城乡商品流通渠道,发展城乡物资交流。六是开展增产节约运动。1951年10月23日,毛泽东同志向全国人民发出"增加生产,厉行节约以支援中国人民志愿军"的号召。

1951年7月,朝鲜开始停战谈判,国内经济建设的准备工作开始得到进一步的突出和加强。11月3日,周恩来在政务会议上指出:"战争胜利、物价稳定、进行建设"是1952年的要求。随后,毛泽东同志提出"边打、边稳、边建"的方针。1952年5月19日周恩来在国防工业会议上说:贯彻"边打、边稳、边建"的方针,建设费应高于军事费,军费开支能节省的要节省。1952年度,军事费用(包括在朝鲜的战费)降到了国家财政支出总额的33%,而当年国家经济建设的投资超过了国防的开支。总体来看,抗美援朝时期的财政动员采取了以下基本形式:

第一,动用财政储备,调整支出结构。财政储备作为在战争开始前进行的各种物力、财力的准备,是战时财政动员的第一步。财政储备,不仅在战争初期能够提供一定的经济支撑,而且也承担着国防、经济建设以及社会保障等多方面的功能。抗美援朝时期,我国财政收支形势严峻,可用于战备的财政储备本身就不多,分清主次、调整支出结构成为战时财政动员的首要发力点。在"国防第一,稳定市场第二,其他第三"的财政工作方针指导下,陈云提出扩大军费开支、保障军防需要的同时大幅减缩经济、文化投资。同时提出,对直接与战争相关的军工投资,对增加财政收入直接有帮助的投资,对稳定市场有密切关系的投资,这三者是应予以满足的。在调整财政支出结构的同时,应注重对支出的管理。陈云提出支出上的"削萝卜"方法,以从根本上保障抗美援朝的战费需要。具体而言:一是削减经济建设、文化建设的投资;二是削减文教卫生、公用事业和军政经常费用;三是对军费开支如何用、用多少、用迟用早都详加审议,做到有计划、有步骤地使用,以满足"国防第一"的要求。调整财政支出结构、调动财政储备力量,成为当时财政动员的坚实支撑。

第二,增加税收,保障财源汲取。税收是财政收入的主要汲取方式,战时增税也自然成为筹措军费的又一重要凭借。抗美援朝时期,我国经济结构仍属农业经济占据主导,工商业经济占比较低,而且农业的发展为工商业的发展提供原料和资本原始积累。这一产业结构必然使增加税收的大部分负担落在农民头上。1950年下半年调整税收之后,政府为休养民力而一度减轻的农业税负担,在抗美援朝需要巨额战费的情况下,不得不再次提高。1951年6月21日,中共中央指出:"为了弥补赤字,为了国家能确实掌握一定的粮食和经济作物(这是根据今年买不到棉花所得出的一条经验),今年公粮仍以增加一成为有利。""新解放区已经土地改革的地区,农业税税率仍采用全额累进制,在最高累进率不得超过30%,最低不得少于5%限度内,由各大行政区人民政府根据各地具体情况,拟定新的税率执行"[①]。1951年7月8日,政务院发出《关于追加农业税征收概算的指示》,决定农业税照原概算增收十分之一;最低税率由1950年的3%提高为5%,老解放区继续实行比例税制。农业税的提高成效显著,1951年全国农业税实征数额达到361.5亿斤,比1950年增加了34%。这一方面来自政府追加国家税收预算,另一方面还来自在查田定产中,查出了6000多亩"黑田",使计税产量大幅度增加。而且预期中税收增加所带来的农民负担弊端,由于1952年农业实产量增长较多,农业税实征数额不仅没有增加反而有所下降,税收筹措方式的负面效应被进一步削减。

此外,顾虑农民是否能负担起农业税的增加,针对农副土特产品购销开展了一系列工作。实际上,在新中国成立初期,陈云从中国农业人口占据人口绝大多数的实际情况出发,就已把扩大农副土产品购销摆在了经济工作头等大事的地位。他认为"扩大农副土产品的购销,不仅是农村问题,而且也是目前活跃中国经济的关键。半年来的财经工作完全证明,城市的繁荣是农村经济转动的结果。……工商业繁荣,又增加了国

---

① 中国社会科学院、中央档案馆编:《1949—1952中华人民共和国经济档案资料选编·财政卷》,经济管理出版社1995年版,第1025页。

家的税收,减少了财政上的困难,物价更趋稳定"。事实也证明,以"城乡交流,抗美援朝"为工作重点的财经工作,保障了抗美援朝战费需要,为我国战时财政动员工作发挥了重要作用。

第三,保障重点,注重战备供给的经济建设。战时财政动员除必须提供必要物资与军费支撑外,以交通运输为后勤补给线的基建投资,以及保障公粮和税收基础的农田水利建设也必不可少。在财政收支矛盾尖锐下,无法兼顾军备国防与经济恢复建设的方方面面,必须有所重点,把握主次。在当时将有限资金集中于水利、铁路等主要部分,便是实现"军民兼顾"的必然现实选择。

水利是农业增产的重要条件。新中国成立初期中国水患不止,灾情严重。1950年中央人民政府就大抓水利工程建设,资金投入折合粮食27亿斤,减少水灾面积5000万亩,约等于增加粮食50亿斤,按当时市价计算,约价值2.5亿美元。所以,陈云当时也曾说过"修整水利,力争丰收,这是农业工作中的第一个问题","水利建设是治本的工作,是百年大计"。抗美援朝时正处三年恢复时期,国家用于水利建设的经费约7亿元,占预算内基建投资的10%,占全部基建投资的8.9%。全国24000多公里的堤防,绝大部分进行了培修,对水害比较严重的淮河、永定河、沂河等开始了全流域根治,对长江、黄河也采取了临时性的防御措施。经过艰苦卓绝的治理,初步控制了几百年来到处泛滥的洪水,使全国水灾面积由1949年的1亿多亩下降到1952年的1600多万亩,扩大灌溉面积8018万亩,为农业增产带来了明显效果。农业生产迅速恢复,1951年粮食产量2874亿斤,棉花产量2062万担,分别比1950年增加了8%和48%;1952年粮食产量3278.3亿斤,超过新中国成立前最高年份的278.4亿斤,三年间平均每年增收38亿斤。[①]

工业发展的重点是交通,特别是铁路运输。早在1949年8月时,陈云就提出了"运输是全国经济的杠杆"的思想。抗美援朝战争开始后,运输的重要性更显突出。为此,中财委建立了强有力的运输指挥机构,铁路

---

① 国家统计局编:《中国统计年鉴(1984)》,中国统计出版社1985年版,第220—249页。

部门全力以赴抓铁路的修复和改建。从 1950 年到 1952 年，国家预算内用于交通运输建设的资金共计 17.7 亿元，占同期国家预算内总额的 26.7%，占同期全部基本建设投资的 2.6%。到 1952 年年底，大陆上原有铁路干线除个别路段外，已全部修复通车，营运里程增加至 22876 公里。货运量从 1949 年的 5589 万吨增加到 1952 年的 13217 万吨，增长了 1.36 倍。成渝、天兰线的建成为西南、西北地区工农业的发展和战时物资运输创造了有利条件。在重点修复铁路的同时，还积极进行了航运、公路的恢复和建设。内河航运里程由 1949 年的 7.36 万公里增长至 1952 年的 9.5 万公里，增长 29%。公路通车里程从 1949 年的 8.07 万公里发展到 1952 年的 12.67 公里，增长 57%。在当时财政积贫积弱的局面下，如此长足的基建投资增速，对战时财政动员提供了强有力的运输保障。①

第四，动员国内外捐赠，扩大军费来源渠道。动员捐赠就是充分调动社会上其他一切可利用的力量。朝鲜战争爆发时，我国财政负担很重，不可能完全保障战争的需要。鉴于此，1951 年 6 月 1 日，中国人民抗美援朝总会发出了《关于推行爱国公约、捐献飞机大炮和优待烈属军属的号召》，抗美援朝捐献资金、武器和物资运动迅速在全国展开。例如，至 1951 年 6 月 29 日，北京、天津、沈阳、武汉工商界即各认捐 30 架战斗机、南京工商界认捐 10 架战斗机、东北人民认捐 203 架、华北人民认捐 234 架、湖北人民认捐 100 架、山东人民认捐"山东空军师"120—130 架、江西人民认捐"八一空军师"81 架、苏南人民认捐"苏南空军师"120 架。中国驻外使领馆工作人员、归国华侨和海外侨胞也积极做了捐献。抗美援朝中的捐献活动，不仅极大地激发了全国人民的爱国热情，给予在朝鲜作战的中国人民志愿军以巨大的精神鼓舞和物质支援，使志愿军的武器装备得到明显改善和加强，同时也减轻了国家的财政负担。

新中国成立初期，资金匮乏、百废待兴的条件决定了"集中力量办大事"的战时财政动员具有"统收统支"的时代印记。统收统支的财政动员，成为当时新中国应对执政考验、争取财政经济局面根本好转的必然选

①　国家统计局编著：《光辉的三十五年》，中国统计出版社 1984 年版，第 53—60 页。

择。这种统收统支为主要特征的财政,在当时突出表现为财政收支管理的统一、物资调拨的统一以及统购统销政策的实行。正是由于党中央在财政动员方面采取了一系列举措,不仅提升了我国财政动员能力,为赢得抗美援朝战争的伟大胜利奠定了坚实的基础,打出了中国较长时期相对稳定的和平环境,也缓解了国防保障与经济建设之间的矛盾,为第一个五年计划建设奠定了基础。

第五章　财政集中：

支撑工业化

恢复国民经济的任务完成以后,党中央提出过渡时期的总路线。为逐步实现社会主义工业化,我国通过"三大改造",建立以生产资料公有制为基础的社会主义经济制度,奠定了所有制财政的基础。同时,为支持工业化建设,国家采取计划配置资源的方式,财政走向集中,呈现统收统支、城乡分治的特征。

第一节　支持"一化三改"成为财政工作的重心

到 1952 年年底,国民经济恢复任务已基本完成,根据毛泽东同志的建议,党中央从中国的实际情况出发,提出了党在过渡时期的总路线,作为过渡时期各项工作的指南。贯彻过渡时期的总路线,支持"一化三改",成为各条战线的根本任务,也是财税工作的根本任务和重心。

一、面临新的形势和新的问题

1952 年年底,经过统一财经、稳定金融物价、调整工商业、土地改革等工作,我国恢复国民经济的任务已经胜利完成,发展面临新的形势和新的问题。

从工农业发展水平来看,虽然当时的工农业生产已达到并超过了新中国成立前的最高水平,但由于新中国成立前的生产水平极端落后,工农业生产的水平仍然非常低,国民经济非常落后,国家仍然是一个贫穷落后的农业国。例如,1952 年,全国钢产量只有 135 万吨,原煤 0.66 亿吨,原油 44 万吨,天然气 0.08 亿立方米[①];汽车、拖拉机、飞机、重型和精密机器基本不能制造,工业产值占比很低。

从国内主要矛盾来看,新民主主义革命在全国胜利和土地制度改革在全国完成以后,国内的主要矛盾已经转变为工人阶级和资产阶级之间、社会主义道路和资本主义道路之间的矛盾。我国当时还是一个五种经济成分同时并存的过渡性社会。据统计,1952 年社会主义和半社会主义性质的经济成分加起来在全部国民收入中所占的比重还不到 1/4。虽然资本主义工商业的存在和一定的发展具有积极的一面,但也必然会出现不利于国计民生甚至破坏计划经济建设的消极一面。新中国成立以后所进行的打击投机倒把、争取市场领导权的斗争,调整和改组私营工商业,以及部分商品的统购统销、加工订货、"五反"等,进行限制和反限制的斗争,为把资本主义工商业逐步引上社会主义改造的道路创造了条件。

从农村来看,虽然经过土地改革后广大农民的生活有所改善,但他们中间 60%—70%的人生活仍然有困难,合作组织形式主要是互助组,初级合作社还为数极少。如何巩固土地革命的成果,防止重新发生借高利贷、典让和出卖土地,提升农业机械化水平,抗御自然灾害,大力发展农业生产,成为当时一项重要的任务。

新的形势和新的问题,需要提出新的任务和目标。我们在取得新民主主义革命的伟大胜利之后,必然要求建立社会主义,改变经济落后的状况,逐步实现社会主义工业化,由贫穷落后的农业国转变为富强先进的社会主义工业国。党在过渡时期的总路线就是为适应这一社会历史发展的客观需要而提出来的。

二、过渡时期的总路线和总任务

早在新中国成立前夕,1949 年 3 月党的七届二中全会就提出了未来国家建设的目标,即要使中国逐步地由农业国变为工业国,由新民主主义

---

① 陈如龙主编:《当代中国财政》上,中国社会科学出版社 1988 年版,第 83 页。

国家变为社会主义国家。1953年6月15日，毛泽东同志在中央政治局扩大会议上第一次对党在过渡时期的总路线和总任务的内容做了比较完整的表述。1953年9月25日，《人民日报》正式公布了由毛泽东同志提出的过渡时期的总路线。总路线内容是：要在一个相当长的历史时期内，基本上实现国家工业化和对农业、手工业、资本主义工商业的社会主义改造。这是国民经济发展的基本要求，又是实现三大改造的物质基础；而实现对农业、手工业和资本主义工商业社会主义改造又是实现国家工业化的必要条件。

1953年6月15日召开的中央政治局会议对此做了较为完整的概括，即党在过渡时期的总路线和总任务，是要在十年到十五年或者更多一些时间内，基本上完成国家工业化和对农业、手工业、资本主义工商业的社会主义改造。

当年12月，党中央批准并转发了《为动员一切力量把中国建设成为一个伟大的社会主义国家而斗争——关于共产党在过渡时期总路线的学习和宣传提纲》，标志着总路线的最终形成。1954年2月，党的七届四中全会通过决议，正式批准了过渡时期的总路线，并于同年9月载入第一部《中华人民共和国宪法》。

这条总路线可简单概括为"一化三改"和"一体两翼"。"一化"，即逐步实现国家的社会主义工业化，这是主体；"三改"，即逐步实现对农业、手工业、资本主义工商业的社会主义改造，这是"两翼"。二者互相联系、互相促进、互相制约，体现了发展生产力和变革生产关系的有机统一。社会主义建设和生产资料所有制的社会主义改造同时并举，是这条总路线的基本特点。两者的同时并举保证了新民主主义向社会主义的顺利过渡。过渡时期总路线的实质是解决所有制问题。"总路线也可以说就是解决所有制的问题"。一方面是社会主义公有制的扩大，即国营企业的新建、扩建；另一方面，是把个体小私有制改造成为社会主义集体所有制，把资本主义私有制改造成为社会主义全民所有制。

过渡时期的总路线是党中央制定的指导全国人民全面开始从新民主主义向社会主义过渡的基本纲领和路线，是各条战线的根本任务，当然也是财政工作的根本任务。

三、财政的主要任务

根据党在过渡时期总路线的精神,国家制订了从 1953 年到 1957 年的发展国民经济第一个五年计划(以下简称"一五"计划)。"一五"计划的基本任务是:集中主要力量,进行以苏联帮助中国设计的 156 个建设项目为中心、由限额以上的 694 个建设项目组成的工业建设。建立社会主义工业化的初步基础,对重工业和轻工业进行技术改造;用现代化的生产技术装备农业;生产现代化的武器,加强国防建设;不断增加农业和工业消费品的生产,保证人民生活水平的不断提高。同时,"一五"计划规定:要建立对农业、手工业、私营工商业社会主义改造的基础。通过三大改造把私有经济纳入计划轨道,支持和保证国家工业化建设。

适应"一五"计划发展的需要,财政面临重要而艰巨的任务。中共中央在《关于编制一九五三年计划及五年建设计划纲要的指示》中指出:"国家大规模的经济建设业已开始。这一建设规模之大,投资之巨,在中国历史上都是空前的。为了加速国家建设,除应动员全国力量,集中全国人力和财力之外,必须加强国家建设的计划工作,使大规模建设能在正确的计划指导下进行,避免可能发生的盲目性。"[1]周恩来在 1953 年 8 月曾经指出[2],我国过渡时期财政的任务,必须是合理地从增加生产、扩大物资交流方面培养财源、厉行节约,积累资金,保证国家重点建设,加强国防,不断提高劳动人民的物质和文化生活水平的需要。1954 年 9 月 23日,周恩来在第一届全国人民代表大会第一次会议上所做的《政府工作报告》中指出:"财政工作中的迫切任务,是继续贯彻合理的税收政策,鼓励人民以多余的资金存款、储蓄和购买公债,加强企业的财务管理,节约国家的行政经费,加强财政监督和财政纪律,保证建设时期所必需的后备,总之,就是努力为国家工业化事业积累更多的资金,并更合理地使用

---

① 中共中央文献研究室编:《建国以来重要文献选编》第 3 册,中央文献出版社 2011 年版,第 399 页。

② 陈如龙主编:《当代中国财政》上,中国社会科学出版社 1988 年版,第 88 页。

这些资金。①"

总体来看,财政在过渡时期的任务主要是:其一,适应"一五"计划发展的需要,在增加生产和扩大物资交流的基础上,厉行节约,努力积累建设资金,为社会主义工业化奠定基础;其二,运用财税政策和必要的财力支持,促进国家对农业、手工业和资本主义工商业的社会主义改造,推动生产力进一步发展,支持和保证国家工业化建设;其三,在发展生产,提高生产率的基础上,适当提高人民的物质和文化生活水平。

第二节　支持"三大改造"

适应"一五"计划发展的需要,运用财税政策和必要的财力支持,促进国家对农业、手工业和资本主义工商业的社会主义改造。"三大改造"的顺利完成,财政功不可没,奠定了社会主义公有制的基础。

一、支持农业合作化

20世纪50年代初,我国广大农村分散的和落后的个体经济的存在,限制着农业生产力的发展,它与社会主义工业化之间日益暴露出很大的矛盾。这种落后的小规模农业生产,既不能满足广大农民群众改善生活的需要,也不能适应推动工业化的需要。因此,必须教育和促进农民走合作化的发展道路,对农业实行社会主义改造。1953年,中共中央发布了《关于发展农业生产合作社的决议》,要求采取说服、示范和国家支援的方法使农民自愿联合起来。1955年10月,党的七届六中全会(扩大)通过了《关于农业合作化问题的决议》,要求国家财政、经济各有关部门在财政和技术上对农业合作化运动予以援助。根据这些精神,国家采取了一系列的财政措施,积极促进农业合作化运动的发展。

运用税收政策,促进农业合作化发展。这首先表现在农业税的减免政策上。农业合作化初期,国家对新解放区的农业税仍实行累进税制,农

---

① 《周恩来选集》下卷,人民出版社1984年版,第141页。

业合作化高潮以后,实行累进税制已无必要,一律改为比例税制。采取了稳定农民负担的政策。政务院在《关于一九五三年农业税工作的指示》中正式宣布,从 1953 年起,三年内全国农业税的征收指标稳定在 1952 年的实际征收水平上,不再增加,税率按 1952 年的规定执行,以减轻农民的负担,巩固工农联盟。1956 年 9 月 12 日,中共中央、国务院在《关于加强农业生产合作社的生产领导和组织建设的指示》中进一步强调:"农业税的征收,已确定去年的水平,不再增加,地方附加也不能增加太多。要使合作社收入的 60% 到 70% 分配给社员,一般应做到 90% 的社员都增加收入。"①此外,对农民兴修农田水利、改良耕地、开垦荒地等都给予一定的减免优惠。

与此同时,运用工商税收政策,促进农业合作化运动的发展。早在1951 年 9 月 1 日,财政部发布的《临时商业税稽征办法》就明确规定,对农民、渔民、牧民、猎户自产货品持有当地乡(村)以上人民政府证明文件,可免纳临时商业税。随着过渡时期总路线的贯彻执行,1954 年修正了临时商业税的稽征办法,对农民在一般县城及专辖市以下乡村、集镇销售自产品,无论是否达到起征点,一律免征临时商业税。1953 年 1 月 1日发布的《关于税制若干修正》中规定,供销合作社营业税税率由原来的2% 改为 2.5%,但实际上税负并未增加,因为把原来应纳的印花税、营业税附加,合并到调整后的营业税税率中去了。调整后,供销合作社的税率仍低于国营和私营商业 3%—3.5% 的税率,体现了扶持供销合作社的政策精神。

增加对农业的投资,发放低息农业贷款,巩固和发展农业生产合作社。为了加快农业发展,国家加大了对农业的财政投资,重点支持兴修农田水利、推广新式农具、扩大优良品种等。国家集中力量治理了水患严重的淮河水系、海河水系、黄河水系和长江水系等,对于防洪蓄水、减轻水旱灾害、促进农业生产的发展,都发挥了巨大的作用。同时,发放低息农业贷款,推动农业合作化。当时国家银行的农贷任务,主要是促进农业合作

① 谢旭人:《中国财政六十年》(上卷),经济科学出版社 2009 年版,第 101 页。

化,推动农业生产的发展。大量的农业贷款以及大幅度降低农业生产合作社贷款和设备贷款的利率,对打击高利贷、发展农业生产和推动农业合作化,都发挥了重要作用。此外,农业合作化由互助组向合作社发展时,针对有些缺乏牲畜、农具的贫民交纳入社股金有困难的情况,财政专门安排了贫民合作基金,解决了贫民入社的困难。

二、促进手工业的社会主义改造

手工业在当时的国民经济中占有相当重要的地位,对于增加产品的花色品种、弥补大工业的不足、满足人民多种需求方面,起着重要的作用。但个体手工业的生产存在分散、落后、盲目、保守等问题,劳动生产率很低。因此,必须进行社会主义改造。

财政促进手工业的社会主义改造,主要体现在两个方面:一是利用税收政策支持手工业合作社发展。一方面,根据实际情况照顾个体手工业者的生产生活;另一方面,通过税收监管,引导他们走合作化道路。对于组织起来的手工业合作社,根据不同的情况,在税收上给予各种优惠和照顾。例如,1955年10月财政部发布的《手工业合作组织交纳工商税暂行办法》中规定,对新成立的手工业生产合作社,自开工生产的月份起营业税减半交纳一年。对个别经营仍有困难的合作社,经县市人民委员会批准后,可在应纳营业税税额20%的范围内酌情再给予一定期间的减税优待。

二是给手工业合作社以直接的资金支持。毛泽东同志在《加快手工业的社会主义改造》一文中指出:"国家调拨物资给合作社,要合理作价,不能按国家调拨价格作价。合作社和国家企业不一样,社会主义集体所有制和社会主义全民所有制有区别。合作社开始时期经济基础不大,需要国家帮助。国家将替换下来的旧机器和公私合营并厂后多余的机器、厂房,低价拨给合作社,很好。'将欲取之,必先与之'。"[1]在手工业合作化过程中,不仅财政拨给手工业系统各项基金和经费,而且人民银行对手

---

[1]　《毛泽东文集》第七卷,人民出版社1999年版,第12页。

工业合作组织也发放了大量的长短期低息贷款,仅 1956 年一年就有 3.8 亿元。此外,国家在给手工业合作社调拨物资的作价上也给予了优待。

三、支持资本主义工商业的改造

新中国成立后,我国确定了对民族资本主义工商业采取利用、限制和改造的政策。财政是贯彻利用、限制和改造资本主义工商业政策的一个重要武器。对民族资本主义工商业的社会主义改造,大体上分两个步骤进行:首先是从资本主义经济转变为国家资本主义经济,然后再从国家资本主义经济转变为社会主义经济。国家资本主义又分为初级形式的国家资本主义和高级形式的国家资本主义。财政在这个改造过程中起到了有力的促进作用。

在初级形式的国家资本主义阶段,财政主要是促进资本主义工商业接受加工订货、经销代销。税收政策上,私营工商业接受国家的加工订货、经销代销与私营工商业相互之间的加工订货和经销代销有明显的不同。例如,接受国家加工订货和代购代销的私营工商业,工业可以按照所得的加工费、商业可以按照所得的手续费纳税,不按进销货行为纳税,而对私营工业企业之间的加工业务,则限制严格,双方必须先订立加工合同,否则就要视双方的进销货行为征税。

在高级形式的国家资本主义阶段,国家利用财政政策促进资本主义工商业接受公私合营。公私合营是资本主义工商业进行社会主义改造的具有决定意义的形式。截至 1954 年年底,所实行的公私合营都是单个企业分别进行的(当时称为"吃苹果"),所选择的企业一般都是发展有潜力、产品有市场的大型企业,加上国家又注入资金,因此这些企业合营后的劳动生产率和利润一般都明显高于合营前。国家对合营企业的利润,采取"四马分肥"办法,即将企业利润分成四个部分:一是依据税法规定缴纳给国家的所得税,占 34.5%;二是作为企业的奖励基金,参照国营企业的有关规定和合营企业原来的福利情况适当提取,占 15%;三是作为企业的公积金,占 30%;四是其余部分作为股息红利,占 20.5%。股息红利按公私股份的比例,在国家和资本家之间进行合理分配。公股分得的股息红利,依照规定上交国家财政;私股分得的股息红利由股东自行分配。通过上述方法,国家财政的作用范围已经深入合营企业的内部了,对资本主义工商业的社会主义改造起着显著的作用。

在资本主义工商业的社会主义改造进入全行业公私合营阶段后,资本家原来占有的生产资料归国家所有,由国家统一调配和使用,国家对许多企业实行合并和改组,就不可能再让每个企业各自进行盈利分配,因此必须改变原来的盈利分配办法。经过同资本家商量,资本家所得股息红利就由"四马分肥"办法改为实行统一分配盈利的定息制度。全行业公私合营和定息制度的实行,使企业的生产关系发生了根本的变化。企业的生产资料已全部由国家统一使用、管理和支配,资本家在企业中完全成为管理人员和技术人员,工人摆脱了雇佣劳动地位,成为企业的主人。这时的公私合营企业同国营企业已没有多少差别,基本成为社会主义经济了。

总之,通过运用各项财政、税收政策,国家促进对农业、手工业和资本主义工商业的社会主义改造。到 1956 年年底,我国基本上完成了"三大改造"任务,从而奠定了社会主义公有制的基础。

第三节　计划配置资源与"剪刀差"

"一五"计划初步确立了重工业优先发展的方针,开启了社会主义工业化的征程。实现工业化是一项极其艰巨复杂的任务,建设资金是前提和基本保障。由于新中国成立初期,资金严重缺乏,如何为工业化积累建设资金,成为财政的一项重要而艰巨的工作。我国采取计划配置资源的方式,走出了独特的积累工业化建设资金之路。

一、计划配置资源

在新中国成立之后的国民经济恢复时期,我们曾采用市场的手段调节经济运行和配置资源,尤其是在新中国成立初期有名的"粮棉之战"中,面对投机资本哄抬物价、囤积居奇的情况,一方面敞开抛售紧俏物资,使暴涨的物价迅速下跌;另一方面收紧银根,征收税款,双管齐下,迅速平定涨价风潮,稳定了新生的人民政权。恢复国民经济的任务胜利完成之后,把我国建设成为一个富强的国家,改变工业的落后状况,实现工业化,成为主要任务。但在"一穷二白"、资本匮乏的情况下,靠市场自发的积累,很难快速实现工业化。只能集中资源,采取计划配置资源的方式,才能推动工业快速发展。然而进行全国范围的、有计划的、大规模经济建设,我国当时没有经验,并且我们在选择走社会主义道路之后,必然要向已经取得工业快速发展的社会主义国家——苏联学习。为此,我国以苏联为师,实行财政集中,逐步取消市场,采取计划配置资源的方式。

统购统销成为计划配置资源的一种典型形式。统购统销,是"计划收购、计划供应"的简称,是新中国成立之后应对资本投机、稳定物价、集中力量进行国家建设的必然选择,是防范重大风险的有效措施,并成为计划体制下配置资源的一个显著特征。新中国成立之初,为了应对一些投机资本家囤积居奇,哄抬物价,人民政府决定控制和集中主要物资,实行生活必需品的"票证"供给制。1951年1月,中央人民政府政务院颁布了《关于统购棉纱的决定》,对棉纱棉布实行统购统销政策,规定"凡公私纱厂自纺部分的棉纱及自织的棉布,均由国营纱布公司统购"。在保证资本家取得部分利润的前提下,根据供销情况进行合理的统购与配售。这是"统购统销"的雏形。

真正的统购统销政策是从粮食的统购统销开始的。随着人民生活水平的提高,粮食消费量增大,加上1953年前后的自然灾害、农民惜售、粮贩哄抬粮价,粮食供求状况很紧张。面对粮食短缺的尖锐矛盾,中财委开始提出了8种方案,最后选定统购统销的方案。"我下决心搞统购统销,钻了两个礼拜。那时候许多同志不赞成……到了十月一号,在天安门城楼上,我跟毛主席讲,不搞这个我们没有出路。"[1]"我现在是挑着一担'炸药',前面是'黑色炸药',后面是'黄色炸药'。如果搞不到粮食,整个市场就要波动;如果采取征购的办法,农民又可能反对。两个中间要选择一

---

① 中央文献研究室:《陈云传》下,中央文献出版社2005年版,第1618页。

个,都是危险家伙。"①1953 年 10 月 2 日晚,毛泽东同志主持中央政治局扩大会议,听取了陈云的汇报,采纳了陈云的建议。10 月 16 日,中共中央政治局讨论通过了《中共中央关于粮食的计划收购与计划供应的决议》,以后政务院又发布了相关命令和执行办法。"计划收购"被简称为"统购";"计划供应"被简称为"统销"。所有收购量和供应量、收购标准和供应标准、收购价格和供应价格等,都必须由中央统一规定或经中央批准。生产粮食的农民应按照国家规定的收购粮种、收购价格和计划收购的分配数量将余粮售给国家。农民在缴纳公粮和计划收购粮以外的余粮,可以自由存储和自由使用,可以继续售给国家粮食部门或合作社,或在国家设立的粮食市场进行交易。全社会所需要的粮食全由国家供应。

后来,统购统销的范围又继续扩大到棉花、纱布和食油,并对生猪、鸡蛋、糖料、桑丝、蚕茧、黄红麻、烤烟、水产品实行派购,品种多达一百多种。对这些产品,农民都不能自由买卖,价格也由国家统一规定。与之相应,我国也进入了"票证社会",凭票供给一些基本的生活资料。全国城乡居民所需要的粮食、布匹、食油、猪肉等生活资料全凭国家印发的票证供应,票证多达十几种,成了"第二货币"。

统购统销政策的出台是新中国经济史中最值得关注和影响较为深远的重大事件之一。这一政策,不仅是解决城市粮食问题的手段,对此后中国农产品的生产和流通体制造成深远影响,而且是计划经济体制的基础,并成为新中国成立初期计划经济体制确立的一个重要标志,与我国的工业化进程密切相关。这一政策,在实施之初对稳定粮价和保障供应起到积极作用,但后来逐渐僵化,阻碍了农业经济的发展。改革开放之后,随着价格改革,该项政策逐步被取消。到 1984 年年底,统购统销品种从 1980 年的 183 种减少到 38 种,实行了 32 年的统购统销开始瓦解。1992 年年底,全国 844 个县(市)放开了粮食价格,粮食市场形成,统购统销才真正退出了历史舞台。

与计划配置资源方式相适应,财政必须采取符合其配置方式的制度

---

① 《陈云文选》第二卷,人民出版社 1995 年版,第 208 页。

安排。例如,预算编制、执行必须服从国民经济计划的需要,财政部门要根据国民经济计划中的生产指标、交通运输指标、商品流转指标和各项事业的发展计划进行逐项核算,既要考虑对各部门预算收支指标的核定,也要考虑对各地区收支指标的核定,然后提出预算方案。再如,统一管理国营企业财务,按照国家规定,年初编制企业生产财务计划,将一切收支统统纳入财务计划管理,并按照批准的计划上缴利润、税收、折旧等,同时依照计划按时下拨投资资金,弥补亏损,或者按计划用利润抵拨支出。各工业、交通、商业部的财务司(局)统一管理本部所属国营企业的财务会计工作,其财会业务归财政部领导。各部门汇总的国营企业财务收支计划和年终决算,按时报送财政部,由财政部审核汇总,将收支数字列入国家财政预算和决算,上报中央人民政府批准执行。

二、工农业产品价格"剪刀差"

"剪刀差"最初源于"超额税",这一概念产生于20世纪20年代的苏联,后引入我国,用于描述通过工农业产品的价格"剪刀差"的形式,为工业化提供积累。工农业产品价格"剪刀差",一般是指农产品以低于价值的价格,同价格高于价值的工业品相交换,从而形成价格"剪刀差"。它的本质,是国民收入的一种再分配方式,通过这一形式将农业部门创造的部分国民收入转移到工业部门。

新中国成立初期,我国是一个由农业人口占绝大多数、以手工劳动为基础的农业国,工业基础非常薄弱,国家的财力来源主要是农业。为了尽快改变这种落后的状况,我国选择了优先发展重工业的经济发展战略。不过,与传统式的国家工业化相比,我国是在人均国民生产总值较低的基础上启动工业化进程。一般而言,其他国家的工业化大多是在人均国民生产总值200多美元才开始启动的,而我国则在人均国民生产总值仅有50多美元的情况下就已开始。资本积累则成为工业化需要解决的首要问题。

由于当时我国的经济结构基本上是以农业为主导,农业产值占比较高,这就决定了农业应承担起为工业化积累资金的主要任务。1953年,我国农业净产值和农业劳动力在整个社会中所占的比重,分别为70.6%和83.1%。因此,农业剩余成为工业化初始资本的重要来源。"为了完成国家工业化和农业技术改造所需要的大量资金,其中有一个相当大的部分是要从农业方面积累起来的。这除了直接的农业税之外,就是发展为农民所需要的大量生活资料的轻工业的生产,拿这些东西去同农民的商品粮食和轻工业原料相交换,既满足了农民和国家两方面的物资需要,又为国家积累了资金。"①

　　农业和农民如何为工业化积累资金?我国则是通过工农业产品价格"剪刀差"的形式来实现的,其关键在于实行农产品统购统销制度。国家对主要农产品实行统购统销,即通过国家制定的低价收购农产品政策,以价格差的形式,把一部分农业和农民创造的收入转化为工业化的积累资金。具体而言,一方面,对农民实行一手低价收购农产品、一手低价供应农用生产资料;另一方面,对城市居民则实行一手低价供应食品、一手采取低工资。通过较为平均的分配,不仅保证了全体居民的基本生活需要,而且抑制了农产品供求的剧烈波动对经济社会发展的影响。这样,通过农产品统购统销制度,把农业部门中无偿转移而来的农业收入,最终转化为工业生产的资本积累。与此同时,为了与这种农产品统购统销制度相适应,我国采取了政社合一的农村集体化制度,把农村各级经济组织变成各级行政机构的附属机构,实现了国家对农业生产的直接管理。由于在农村实行了集体化制度,为"剪刀差"形式得以顺利发挥作用奠定了组织基础。

　　总体而言,农民除了缴"明税"(公粮)形式之外,还要以"剪刀差"的形式,上缴"暗税",即农民为国家作的贡献分为"明贡献"和"暗贡献"。有关研究表明,"以农业收入形式体现的农业的'明贡献'和以'剪刀差'形式体现的'暗贡献'相比较,1952年'暗贡献'为全部贡献的38%,1962年'暗贡献'占到全部贡献的69%,1970年'暗贡献'比重上升到84%,1980年又上升到91%,1989年仍为84%。所以,从20世纪60年代以后,

---

① 《毛泽东文集》第六卷,人民出版社1999年版,第432页。

'剪刀差'就成为我国农业向国民经济做贡献的主要形式"①。

这种工农业"剪刀差"形式的工业资本积累为我国工业化的快速推进作出了巨大贡献。但对于以这种工农业"剪刀差"形式为工业积累了多少资金,不同的算法得出的结论并不一致。例如,据中共中央政策研究室、国务院发展研究中心的"农业投入"总课题组估计测算,在1950—1978年的29年中,政府通过工农业产品价格"剪刀差"大约取得了5100亿元收入,同期农业税收入为978亿元,财政支农支出为1577亿元,政府提取农业剩余净额为4500亿元,平均每年从农业部门流出的资金净额达155亿元。② 再如,有学者测算,"1953—1978年计划经济时期的25年间,工农业产品价格'剪刀差'总额估计在6000亿—8000亿元。而到改革开放前的1978年,国家工业固定资产总计不过9000多亿元。因此可以认为,中国的国家工业化的资本原始积累主要来源于农业"③。可以说,没有"剪刀差"和农民的贡献,就没有现代工业化基础的快速建立,也就不会有"两弹一星"。

三、集中财力办大事

建立独立完整的工业体系,改变工业的落后状况,是过渡时期总路线的主体和重心。早在1945年4月24日,毛泽东同志在党的七大报告中明确指出:"没有工业,便没有巩固的国防,便没有人民的福利,便没有国家的富强。"④"一五"计划初步确立了重工业优先发展的方针,开启了社会主义工业化的征程。1953年成为我国工业化的起点。这一年,我国开始了第一个五年计划(以下简称"一五"计划)建设,其目的是建立比较完整的工业体系,打下工业化的基础。由于旧中国遗留下来的现代工业基本上是以轻工业为主的殖民地、半殖民地经济,重工业成为工业发展的瓶

---

① 赵苹:《"剪刀差"与农业的贡献》,《农业经济问题》1992年第2期。

② 《农业投入》总课题组:《农业保护:现状、依据和政策建议》,《中国社会科学》1996年第1期。

③ 温铁军:《中国农村基本经济制度研究》,中国经济出版社2000年版,第177页。

④ 《毛泽东选集》第三卷,人民出版社1991年版,第1080页。

颈。因此,"一五"期间的资源配置主要倾向于工业,在工业中又明显投向重工业。

世界各国筹集工业化资金有各种不同的途径,但作为社会主义国家,我国既不能依靠掠夺其他国家资源或出卖本国资源获取资金,也不能指望任何外力能够满足中国这样一个大国的工业化资金需要,因此,我们的立足点必须放在独立自主、自力更生的基点上。除了自力更生为主外,还充分依靠人民,发行了公债,并向苏联等国借用了外债。在财政资金的使用和管理上,则是集中财力,重点保障发展工业的资金需要。

表5-1 "一五"时期国家财政收支情况 （单位:亿元）

年份	财政总收入	财政总支出	结余
1953	222.86	220.12	+2.74
1954	262.37	246.32	+16.05
1955	272.03	269.29	+2.74
1956	287.43	305.74	−18.31
1957	310.19	304.21	+5.98

资料来源:财政部综合计划司编:《中国财政统计(1950—1991)》,科学出版社1992年版,第13页。

实践证明,集中财力办大事,重点保障发展工业的资金需要,这一做法是完全正确的,并取得了巨大成功。"一五"计划的基本任务之一就是集中主要力量进行以苏联帮助中国建设的156项为中心的、由限额以上的694个建设单位组成的工业建设,建立我国社会主义工业化的初步基础。为了完成这个艰巨的任务,仅全民所有制基本建设投资就达611.58亿元,折合黄金6亿两以上。这些资金,主要是国内自力更生积累起来的,外援只占很小比例。"一五"时期,我国国外的借款收入共36.35亿元,仅占财政总收入的2.7%。[1] 在整个"一五"期间,国家财政通过自力更生发展生产、厉行节约等措施,为工业化筹集建设资金达1241.75亿元,有力地保证了"一五"计划的顺利完成。"一五"计划的156个大型建

---

[1] 陈如龙主编:《当代中国财政》上,中国社会科学出版社1988年版,第120页。

设项目遍布国防工业、机械工业、电子工业、化学工业和能源工业等各个方面,搭起了我国整个工业化的骨架,我们打赢了"工业化奠基之役"。需要强调的是,利用财政积累工业化资金,并没有增加人民的负担,这在当时是了不起的成就。

第四节　城乡分治与财政

新中国成立之后,我国把以农村为中心的财政迅速转变为以城市为中心的财政,把供给财政转变为建设财政。为了快速推动工业化建设,财政在支持城市和农村上存有明显的差别,财政支出主要用于城市建设和国营企业发展,而农村积累与农民福利主要由农村内部解决,财政提供支持的力度非常小,呈现城乡分治的财政特征。

一、"政社合一"的人民公社体制

人民公社体制,是我国计划经济时期在农村实行的一项独特的政治制度。这一体制,为保证工业化资本积累顺利实施提供了组织保障形式,其产生有客观原因和历史背景。它由农业合作社发展而来,是实行统购统销、积累工业化资金的一种客观需要,为我国工业化建设作出了积极贡献。

陈云在《坚持和改进粮食的统购统销》中指出:"我们发展农业,大量增产粮食,主要是靠农业的合作化。也就是说,应该积极而稳步地发展农业生产合作社,把一亿一千万农户组织到生产合作社里来。到那个时候,我们的粮食产量就会大大增加起来,向农业生产合作社进行统购统销的工作,也要容易得多,合理得多。"[①]通过农业集体化运动而建立起来的农业合作社,虽然使国家能够直接控制农业生产,为工业化积累提供了保障,并且降低了收购的成本,但它并不是最理想的保障统购统销实施的组织形式,还不能完全适应统购统销工作的现实需要。合作社是农村的一

---

① 《陈云文选》第二卷,人民出版社 1995 年版,第 276 页。

种集体经济组织，并非行政组织，具有相对较大的独立性和自身的经济利益。以不平等交换为特征的统购统销制度会影响合作社的利益。因此，合作社与县、乡政权之间就会有难以弥合之处，甚至会发生矛盾和利益冲突。原来的基层政权与个体农民之间在实施统购统销中产生的矛盾，在合作化之后就转化为基层政权与合作社之间的矛盾了。如果这一矛盾不解决，就会影响统购统销的实施以及工业化资金的积累。解决这一矛盾的有效办法就是实行合二为一，把作为农业集体经济组织的合作社与作为基层政权组织形式的乡（基层政权）进行合并。于是，一种政（乡）社合一的新体制——人民公社就应运而生了。1958年4月，在河南遂平诞生了第一个人民公社。同年9月，中央正式公布了《关于在农村建立人民公社问题的决议》。1962年9月，中央出台了《农村人民公社工作条例修正草案》。

人民公社是政社合一的组织，既是我国社会主义社会在农村中的基层单位，又是我国社会主义政权在农村中的基层单位，即人民公社既是农村生产组织单位，又是农村一级基层政权组织，实行"三级所有、队为基础"的管理体制。按照行政管理要求，一般以乡、行政村和自然村为单位，采用行政办法组建起来。全体农民都要加入人民公社，实行"自然就业制度"，到了一定的年龄自然成为社员参加工作，无论男女老少，不论干部和社员，一律同工同酬。人民公社集原来合作社和乡政府的职能于一身，兼具基层行政管理和社会生产管理的双重功能，不仅承担原来农业合作社组织农业生产的职能，而且还要负责原来乡政府的工作来管理全乡的政权建设、文化教育、农民福利、社会治安等事务。公社对基层乡村实行统一领导，分级管理。依照国家政策、规定进行经营管理。农产品生产严格执行国家计划，产品销售首先完成国家统购、派购任务。收益分配贯彻执行政府农村工作部门制定的分配政策。人民公社的基本核算单位是生产队。根据各地方不同的情况，人民公社的组织，既可以是两级，即公社和生产队，也可以是三级，即公社、生产大队和生产队。人民公社的管理机关是各级管理委员会。在行政上，公社管理委员会，就是乡人民委员会（即乡人民政府），受县人民委员会（即县人民政府）和县人民委员会派出机关的领导。公社、生产大队和生产队的行政管理机构也接受党组织的领导。通过这样的制度安排,使农村公共资源由下向上集中,由行政向党组织集中,从而形成了"政社合一"和"高度集权"的管理体制。

人民公社这种"政社合一"和"高度集权"的基本特点,使原来合作社有利于统购统销的功能进一步得到发挥。人民公社实行"政社合一"之后,合作社原有的独立经济实体的性质不复存在。人民公社实质上成为各级行政机构的附属物,有效化解原来的基层政权与合作社之间的矛盾。人民公社虽有自身的经济利益,但在这一体制下按照"小家顾大家"的理念,出现弱化,往往被放在次要位置上予以考虑。经济利益的弱化有利于以"剪刀差"的形式,低价收购农业领域生产出来的农产品,保证农业剩余转移到工业领域,支持工业化发展。在农业生产过程中,人民公社服从于上级行政机构的各项指示和计划,而不是根据自身利益和自身情况进行安排和调整。国家以指令性计划的形式向人民公社下达生产计划,由生产队具体组织社员以集体劳动的形式来统一实施。国家通过人民公社加强对农业生产的直接领导和指挥,既保证了工农业价格产品"剪刀差"机制的顺利执行,又使农民在缺乏价格刺激的情况下仍能投入到农产品的生产中去创造出农业剩余,维系农业的再生产。同时,通过严格的户籍制度、严格限制农民从事其他生产和流通活动以及"三级管理"等措施,将农民限制在各自所属生产队内,实行农民行为活动的高度一致性,保证了农业剩余被抽走后,农业生产仍能得以继续。

总之,"政社合一"的人民公社体制是服务于计划经济体制和工业化需要的一种制度安排,适应了国家优先发展重工业战略的需要,为我国工业化提供了大量的资金,但这一体制也存在诸多弊端,给农业发展和农民生活水平提高带来了一些负面影响。改革开放之后,这一体制已逐渐不适应经济社会发展的需要。1983 年 10 月 12 日,中共中央、国务院发出《关于实行政社分开建立乡政府的通知》,人民公社退出历史舞台。

二、农村积累与农民福利

我国农业的社会主义改造完成以后,逐步建立了"三级所有、队为基础"的人民公社体制。在这种"一大二公"、高度集中的人民公社体制下,农村积累机制发生了重大的变化。农村积累与农民福利主要是由农村内部解决,财政提供支持的力度非常小。

通过联合劳动和集体经济,农业合作化在一定程度上克服了分散的个体小农经济的局限性,提高了农业的劳动生产率,在解决了农民基本需求之后还有能力拿出一部分剩余产品用于扩大再生产。随着人民公社体制的建立,农村积累机制发生了重大的变化,从而形成了一种集中型的资金积累机制。农村各级集体经济组织是农业生产的直接组织者和实施者,也是农村社会产品分配的决定者,直接决定积累与消耗的基本比例。农村社队将农村纯收入的一部分直接提留出来,由集体经济组织集中掌握和使用。除了用于社队公共福利事业的公益金、用于应付各种灾害和事故的储备资金等开支之外,提留出来的剩余的纯收入主要是用于扩大再生产的积累资金。按照其性质、特点和用途,积累资金又可分为公积金和生产费基金。前者是用于生产性基本建设的资金,后者是为扩大再生产所准备的追加流动资金。《农村人民公社工作条例修正草案》中明确规定,生产队扣留的公积金的数量,一般地应该控制在可分配的总收入的百分之三到百分之五以内。生产队兴办基本建设和扩大再生产的投资,应该从公积金内开支。

新中国成立之后,随着体制的调整和变化,我国农村社会保障和农民福利制度也相应地发生了变化。在国民经济恢复和土地改革运动期间,我国的农村经济结构是以个体经济为基础,与之相应,农村的社会保障和农民福利是以农民家庭保障为主,辅之以社会救济和优抚安置。另外,传统型的农民互助保障制度也有所发展。例如,实行合作医疗制度,由农民个人和农村集体经济共同筹集合作医疗基金,参加合作医疗的农民在患病时,其医疗费用由合作医疗基金和个人按一定比例共同负担。20世纪50年代,随着农业合作化和人民公社运动的开展,农村的社会保障和农民福利制度发生了重大变化,逐步建立起了以农村集体保障和家庭保障相结合的制度。

在人民公社化初期和“大跃进”时期,我国一些农村地区出现了带有共产主义按需分配色彩的保障制度。这一制度,是建立在人民公社的工资制和供给制相结合的分配制度之上的,每个农民都可从集体组织中获取生活必需品,其生老病死也都由集体来负责。例如,有的地区实行公共食堂制和基本生活资料供给制,不仅吃饭不要钱,甚至还出现了一切不要钱。这种低水平、全方位的社会保障,不仅没有给农民提供较好的保障,而且加重了农村负担。因而,这一保障制度得以调整,明确了人民公社集体保障和家庭保障相结合的保障制度。《农村人民公社工作条例修正草案》规定,人民公社的各级组织,对于社员的一切权利,都必须尊重和保障。生产队可以从可分配的总收入中,扣留一定数量的公益金,作为社会保险和集体福利事业的费用。公益金的扣留比例,不能超过可分配的总收入的百分之二到百分之三。同时规定,生产队对于生活没有依靠的老、弱、孤、寡、残疾的社员,遭到不幸事故、生活发生困难的社员,经过社员大会讨论和同意,实行供给或者给予补助。对于生活有困难的烈士家属、军人家属和残废军人,应该给以适当的优待。对于因公负伤的社员的补助和因公死亡的社员家庭的抚恤,也都从公益金内开支。

总体来看,在人民公社体制下,我国的农村社会保障和农民福利制度呈现出多主体、全覆盖、低水平的特点。从保障主体来看,由以前家庭作为社会保障唯一的主体,转变为集体和家庭双主体保障。从覆盖面上来看,农村社会保障的保障对象覆盖全体农民。例如,在人民公社三级组织内,建立面向全体农民的公共卫生保健制度,即生产大队设卫生站、公社设卫生院和县设人民医院三级卫生机构。生产大队卫生站负责统筹全体社员的医疗费用,并配备"赤脚医生","赤脚医生"无法处理的疾病送卫生院或县人民医院救治。从保障水平来看,农村社会保障属于低水平的,在本质上仍属于传统型社会保障制度范畴,农民不仅没有城市居民所能享受的医疗、退休等社会保障,也没有城市居民所享受的其他各种社会福利。从保障资金来源上来看,农村社会保障资金主要来源于集体经济,集体经济成为农村社会保障的基本依托力量。

随着农村改革和农村家庭联产承包责任制的推广,建立在人民公社体制基础上的集体保障和福利制度,逐渐失去了经济基础,这一保障制度逐步瓦解。

三、城市财政

在计划体制下，由于农村积累与农民福利主要是由农村内部解决，财政为其贡献相对较小，财政支出主要用于城市建设和国营企业发展，因此，这一时期的财政基本属于城市财政。

新中国成立之初，财政的主要任务是巩固国家政权建设。1950—1952年，财政支出主要用于军费、经济建设、行政办公费用等。例如，这三年军费占财政总支出的37.8%，经济建设支出占总支出的34.3%。除此之外，在财政极为困难、财力紧张的情况下，财政依然筹集部分资金用于社会事业建设。例如，这三年文教费支出占总支出的11.5%。无论是经济建设、行政办公费用，还是文教费支出，基本上都是在城市范围内支出。①

随着计划体制的建立，财政在国家建设中的地位发生了变化，不仅需要集中财力支持经济建设，而且在社会资源配置中扮演了重要角色。财政覆盖了政府、企业和城市家庭等各经济活动和行为主体，涉及生产、积累和城市居民的生活消费等各个领域，从而逐步形成了以经济建设支出为重点、大而宽的财政支出结构。

在经济建设方面，经济建设的重心主要在于城市，这也意味着财政支出的重心在城市。"一五"计划开始之时，经济建设支出大约占49.9%，到1957年，达到了53.6%。② 基本建设支出是经济建设支出的主要部分。总体来看，1950—1978年，我国基本建设支出占财政支出的比例在30%—40%。除了基本建设支出外，财政还承担为国营企业提供流动资金的任务。经济建设支出有效支持了城市经济的发展。从工业化的视角来看，这一时期的财政也具有明显的城市财政特征。由于迅速实现工业化是我国发展的主要任务，因此，支持工业化是我国发展的重要任务。在计划经济时期，农业和农村的任务主要是为工业化提供积累。工业化是以城市为中心开展的。可以说，计划经济时期的工业化是城市工业化。

---

① 谢旭人：《中国财政60年》上卷，经济科学出版社2009年版，第86—87页。
② 陈如龙主编：《当代中国财政》上，中国社会科学出版社1988年版，第145页。

与之相应,财政支持工业化,主要也是围绕城市开展的。工业发展带动城市的兴起和繁荣是城市发展的一种模式。除了传统的城市之外,我国依据资源状况和当时的战备需要,在地处偏僻、人烟稀少但资源丰富的地区建立起城市。例如,以钢铁业为基础建立和发展起来的鞍山市、攀枝花市、包头市等,以石油业为基础建立和发展起来的大庆市、东营市等。财政在这方面也进行大量投入,推动了城市的发展。

在支持社会事业发展方面,财政也进行了大量投入,支持了城市的发展和城市居民生活水平的改善。计划体制下,除了承担国防、外交、行政、经济建设等支出外,财政还承担了科技、教育、文化、卫生等社会事业的支持任务,投入了大量的财政资金,初步建立了适合我国国情的科技、教育、文化、卫生等社会事业和保障体系。但由于财政几乎包揽了各项社会事业,随着社会的发展和人口的增加,财政的负担越来越重。

四、企业办社会

"企业办社会"是我国计划经济时期形成的一个现象,与计划体制配置资源方式、相关体制机制安排以及工业化推进的方式等密切相关。所谓企业办社会,是指企业建立和兴办了一些与企业生产没有直接联系的部门和组织机构,承担了企业生产服务及与职工生活、福利和社会保障等相关的社会服务与保障职能,把企业内职工及其家属衣食住行、教育、就业、生老病死等全包下来。例如,企业建立自己的中小学校、幼儿园、医院、职工食堂、文化娱乐场所等机构和设施,主要服务于自己的职工。

企业办社会,实际上是把国营企业看作是一个行政单位,承担了本来应该由政府和社会承担的服务与保障职责,这样企业的管理部门就变成了"小政府",企业变成了一个"小社会"。企业一般都有行政级别,级别对应于相应的政府部门。因此,在这一体制下,政企合一、企社合一。企业不仅是生产经营的部门和场所,而且是承担着诸多不可推卸的社会职能的"小社会",进而成为依附于大社会的一个不是行政机构的"政府部门"。出现"企业办社会"这一现象,有其复杂的原因。

首先,企业办社会符合计划体制下汲取和配置资源发展工业化的需要。企业一切按指令性计划安排经营活动，从生产到销售，从产品到职工的生活福利与保障，都严格按计划进行，导致企业封闭在相对狭小的天地里，与外界不发生过多的联系，只习惯于专注自己的生产和生活，独立地建设着自己的"小社会"，形成了"党是爹妈、厂是家"的氛围和意识。

其次，企业办社会有我国独特的历史因素。新中国成立后，既要恢复生产、推动工业化建设，也要解决和逐步提高人们生活水平。随着人们生产的积极性得到充分发挥，特别是随着"一五"计划、"二五"计划等大规模建设的实施，全国各地都掀起了社会主义建设的高潮，大批现代化工厂企业迅速崛起，工人的生活和社会福利与保障等问题也需要相应地得以解决。由于当时我国没有这方面的经验，因而借鉴了苏联建设企业和管理企业的模式，将企业的建设分为生产区、生活区和绿化区，并由企业保障工人的基本生活和福利需求。

同时，这也是在当时的国际形势下，基于国家安全战略的必然选择。新中国成立之初，基于对年轻共和国的前途和命运的考虑，在建厂的厂址选择上遵循一切为了打仗的原则，将一大批国营大中型企业，尤其是涉及国防的工业企业，转向内地，设在人烟稀少、地处偏僻、交通不便、远离城市的地区，建立起一大批"三线厂"。此外，还有一些类似"三线厂"、依靠当地自然资源建立起来的国营企业，也大都地处偏僻、远离城市。在这种情况下，只有采取企业办社会这种形式，才能切实解除工人的后顾之忧，维持企业的正常运转。

在特定的历史条件和历史阶段中，企业办社会对发展生产、推动工业化建设产生了积极影响，但也产生了吃社会主义大锅饭的负面效应，不利于调动企业和工人的积极性，并且对企业的发展日益产生沉重的包袱。随着经济体制改革的推进，尤其是建立社会主义市场经济的需要，社会保障功能逐渐从企业中剥离出来，企业办社会逐渐退出历史舞台，使"小社会"逐渐归于"大社会"。

第六章 财政体制调整:

收放循环的探索

为了发挥财政支撑政权和工业化建设的作用,实行财政集中,初步建立适应计划经济的财税制度。1956 年,毛泽东同志在中央政治局扩大会议上作《论十大关系》的讲话,中国纠正苏式计划体制,探索符合中国国情的社会主义建设道路,改变过分集中的财政体制。1958—1960 年的"大跃进",导致国民经济比例严重失调,加上自然灾害和苏联背信弃义,财政经济出现严重困难,财政体制在收权与放权中频繁变动。

第一节 初步建立适应国家集中财力的 财政体制

早在 1950 年 3 月,我国统一全国财经工作完成以后,开始实行统收统支的高度集中的财政管理体制。尤其是进入"一五"计划时期,为了支持工业化,我国对财政体制进行调整,并在加强财政管理方面实行了一些新措施,建立了适应国家集中财力的财政管理体制。

一、"一级半财政"

确定财政体制,是实现财政重建、统一财经工作的重要组成部分。新中国成立初期,国家行政管理体制分为中央、大行政区、省三级,与此相应,财政管理体制实行中央、大行政区和省(市)三级体制。这一模式的特点是统收统支、集中统一。

1950 年 9 月 27 日,政务院在《关于编造 1951 年度财政收支预算的指示》中提出："1951 年的财政体制，决定在统一集中的总方针下采取中央、大行政区、省（市）三级分工管理制度，县以下的乡村地方粮款收支，应暂另行单独编造，不列入省的预算管理范围内。"①1951 年 3 月 29 日，政务院在《关于 1951 年度财政收支系统划分的决定》中明确提出财政实行分级管理，即国家财政分为中央级、大行政区级和省（市）级三级财政，中央级以下统称为地方财政。按照国营企业、事业和行政单位的隶属关系和业务性质，划分中央财政收支和地方财政收支的范围，同时确定中央与地方的收入解交比例。此后，国家又陆续发布了《关于划分中央与地方在财政经济工作中管理职权的决定》《中央人民政府政务院预算决算暂行条例》《关于 1952 年度财政收支系统划分的补充规定》等文件，涉及对财政分级体制的一些要求，规定了国家预算的组织体系、各级政府的预算权和预算的编制方法、程序，加强了财政的计划性和财经纪律。在管理体制上，以收支挂钩取代原来实行的收支两条线，允许地方财政可在本身收支范围内，从本地区组织的收入中留用一部分抵充本身的财政支出，以便调动地方的积极性。

这一时期的财政体制，基本上还是统收统支的体制，财权和财力仍然在中央和大行政区两级，并且主要是集中在中央，地方财权很小。虽说是三级，但实际上这是"一级半财政"：中央算一级财政；省一级财政只有三项：5% 的农业税附加、3% 的预备费和一部分自筹资金，算半级。而且在分级上，当时县一级还没有建立独立的财政。所以，这种体制并不是真正意义上的分级管理财政体制，只是一种过渡体制。

二、实行三级财政管理体制

随着行政管理体制的变革以及经济社会形势的发展变化，这种"一级半财政"体制的弊端日益显现。地方普遍反映，年终结余全部收回，统得多、统得死，年终"一刀切"等规定和要求，严重束缚了地方的发展，需要适当向地方下放财政权力。

---

① 谢旭人：《中国财政 60 年》上卷，经济科学出版社 2009 年版，第 56 页。

1952 年 11 月,为了更好地推进即将开始的全国大规模、有计划的经济建设,中央人民政府委员会第 19 次会议通过《关于改变大行政区人民政府(军政委员会)机构与任务的决定》,大区不再是一级行政机关,而是作为中央机构的派出机构或代表机构。1954 年 4 月,中共中央政治局扩大会议决定撤销大区一级党政机关,各大行政区委员会随同各中央局、分局一并撤销。

在新形势下,财政体制既要适应行政管理体制变革的需要,又要集中统一与适当分散,保持一定的灵活性,以满足大规模经济建设和社会主义改造的需要。于是,在 1953 年 8 月全国财经会议上,周恩来提出改进财政体制,由中央、大行政区和省(市)三级改为中央、省(市)和县(市)三级,并明确划分三级之间的收支范围,实行真正意义上的三级财政管理体制。其主要内容包括三个方面:

一是预算收入实行分类分成办法。将国家预算收入划分为固定收入、固定比例分成收入和调剂收入三类,明确了中央和地方的固定收入和固定比例分成收入。中央固定收入包括关税、盐税、烟酒专卖收入以及中央管理的企业、事业收入和其他收入。地方固定收入包括印花税、利息所得税、屠宰税、牧畜交易税、城市房地产税、文化娱乐税、车船使用牌照税以及地方国营企业、事业收入和其他收入。固定比例分成收入包括农(牧)业税、工商业营业税、工商所得税。商品流通税和货物税属于中央调剂收入,用于弥补地方的不足,每年调剂的具体比例由财政部分别核定。实行这一办法之后,划给地方固定收入和固定比例分成一般可达到各省、自治区、直辖市预算支出的 60%—80%,这样就使地方预算有了固定的收入来源,保证了地方预算的稳定性,从而发挥了其组织收入的积极性。

二是基本按照隶属关系划分中央和地方的预算支出范围。属于中央的企业、事业和行政单位的支出,列入中央预算;属于地方的企业、事业和行政支出,列入地方预算。

三是按照收支划分,地方的财政支出首先用地方的固定收入和固定比例分成收入抵补,差额由中央财政划给调剂收入弥补,分成比例一年一定。地方在执行预算时，如果收入超收、支出结余，一般留给地方自行支配。如果收入不能完成计划，或者支出必须增加时，也由地方自行调剂解决。

这一财政体制，使地方有固定的收入来源和一定的机动财力，与新中国成立初期的完全集中体制已有所不同，成为分级财政管理体制的开端，保证了第一个五年计划时期国家集中主要财力进行重点建设的需要。"一五"计划时期，中央财政直接组织的收入占全部财政收入的45.4%，地方(省、县两级)财政组织的收入占全部财政收入的54.6%。由于国家的重要建设项目和国防、外交等主要支出是由中央统一拨款，因此，中央财政支出(包括由中央直接组织的收入和地方上解收入安排的支出)是"大头"，占全部财政支出的74.1%，地方财政支出占全部支出的25.9%。[1] 虽然财权仍主要集中于中央，但集权过多、统得过死的弊端并不突出。

第二节　《论十大关系》与财政管理体制的调整

由于基础和条件的不同，中国很难建立苏式计划经济。依据苏联模式建立起来的财政体制，也出现了一些弊端。随着社会主义改造的基本完成和建设规模的不断扩大，财政体制中集中过多、统得过死和不适应生产力发展的矛盾日益凸显出来。1956年4月，毛泽东同志在中央政治局扩大会议上做了《论十大关系》的讲话，探索符合中国国情的社会主义建设道路，我国的财政体制也随之调整，并采取了诸多财政管理措施。

一、《论十大关系》

新中国成立初期，由于我们没有经验，在经济建设方面，我们只得学习苏联，这有其历史必然性，并且也取得了一定的成效。然而，由于资源、人口、经济基础等条件的不同，苏联模式并不适合我国，并且苏式计划经

---

① 陈如龙主编：《当代中国财政》上，中国社会科学出版社19988年版，第130页。

济本身也存在一些弊端。因此,结合现实,我国"以苏为鉴",开始探索符合中国国情的社会主义建设道路,并取得了诸多重大成果,而毛泽东同志的《论十大关系》则是探索适合中国国情的社会主义建设道路的纲领性文献。

1956 年,社会主义改造基本完成,在中国确立了社会主义基本经济制度之后,毛泽东同志的注意力和工作重点,开始向经济建设,特别是工业建设方面转移。从 1953 年执行第一个五年计划算起,已有 3 年多的实践经验,并且此时对于苏联经济建设中的一些缺点和错误也逐步有所了解。正如毛泽东同志所言:"特别值得注意的是,最近苏联方面暴露了他们在建设社会主义过程中的一些缺点和错误,他们走过的弯路,你还想走? 过去我们就是鉴于他们的经验教训,少走了一些弯路,现在当然更要引以为戒。"①"开始我们模仿苏联,因为我们毫无搞社会主义的经验,只好如此,但这也束缚了自己的积极性和创造性。现在我们有了自己的初步实践,又有了苏联的经验教训,应当更加强调从中国的国情出发,强调开动脑筋,强调创造性,在结合上下功夫,努力找出在中国这块大地上建设社会主义的具体道路。"②

1956 年 2 月 14 日至 4 月 24 日,毛泽东同志用了两个多月的时间先后听取了中央 34 个部委的汇报和大量的调查研究,逐步形成了正确处理十大关系的思想。同年 4 月 25 日,毛泽东同志在政治局扩大会议上做了《论十大关系》的讲话,经政治局同意后,又于 5 月 2 日向最高国务会议做了报告。

《论十大关系》提出的基本方针,就是"我们一定要努力把党内党外、国内国外的一切积极的因素,直接的、间接的积极因素,全部调动起来,把我国建设成为一个强大的社会主义国家"③。"十大关系"是指重工业和轻工业、农业的关系,沿海工业和内地工业的关系,经济建设和国防建设

① 《毛泽东文集》第七卷,人民出版社 1999 年版,第 23 页。
② 中共中央党史研究室:《中国共产党的九十年》,中共党史出版社、党建读物出版社 2016 年版,第 466—467 页。
③ 《毛泽东文集》第七卷,人民出版社 1999 年版,第 44 页。

的关系,国家、生产单位和生产者个人的关系,中央和地方的关系,汉族和少数民族的关系,党和非党的关系,革命和反革命的关系,是非关系,中国和外国的关系。前五条主要是讨论经济问题,从经济工作各个方面来调动各种积极因素,也是十大关系中最主要的;后五条主要讨论政治关系,都属于政治生活和思想文化生活中调动各种积极因素的问题。

在属于经济层面的前五条中,关于重工业和轻工业、农业的关系、沿海工业和内地工业的关系、经济建设和国防建设的关系这三条,是从产业关系、区域经济关系等方面提出了一条与苏联不同的中国工业化的道路;关于国家、生产单位和生产者个人的关系,中央和地方的关系,实际上分析了改革过分集中的经济体制问题。

《论十大关系》提出我国经济建设的新思想、新方针,反映了经济发展的客观规律和社会政治稳定的需要,为党的八大的召开做了重要准备,为我国的计划经济及财税制度的调整提供了指导思想。

二、1957年下放财政权力

1956年毛泽东同志做了《论十大关系》报告之后,为了更好地处理各方面关系,更多地发挥地方和单位的积极性,兼顾国家、生产单位和个人三方面的利益,使企业在统一领导下有更多的机动性,根据《论十大关系》的精神,我国于1956年之后,开始探索划分中央和地方的行政管理职权,改变过分集中的财政体制。

1957年10月,党的十八届三中全会通过了《关于改进工业管理体制的规定(草案)》《关于改进商业管理体制的规定(草案)》《关于改进财政管理体制的规定(草案)》,开始改变过分集中的财政体制,下放财政权力,调整国家与企业关系,实行"以收定支、五年不变"的新财政体制。主要内容包括:

第一,在中央与地方关系上,实行"以收定支、五年不变(后改为三年不变)"的办法。在财政收入方面,除原有地方税和地方企业利润作为固定收入外,还有在地方的中央管理的企业利润分成收入。地方财政收入,一般分为下列三种:一是地方固定收入。原有地方企业收入、地方事业收入、原已划给地方的七种税收（印花税、利息所得税、屠宰税、牲畜交易税、城市房地产税、文化娱乐税、车船使用牌照税）及地方其他零星收入，全部划归地方。二是企业分成收入。凡属各省、自治区、直辖市用上述地方固定收入解决正常年度支出不足的，划给企业分成收入。企业分成收入，就是将中央划归地方管理的企业和虽然仍属中央管理但地方参与分成的企业的利润百分之二十，分给企业所在的省、自治区、直辖市，作为地方收入。三是调剂分成收入。凡属各省、自治区、直辖市用上述的地方固定收入和企业分成收入解决正常年度支出还不足的部分，再用不同比例的调剂收入来补足。调剂收入包括商品流通税、货物税、营业税、所得税、农业税和公债收入。

如果地方固定收入很大，已经超过了正常年度支出的，收入超过支出的余额，按一定的比例上缴。如果地方固定收入加上企业分成收入，已经超过正常年度支出的，收入超过支出的余额，按一定的比例上缴。计算地方正常的年度支出，应该剔除重大灾荒的救济、堵口、复堤和国家计划的大规模移民垦荒等特殊性支出的数字。地方基本建设的投资，也不计算在地方正常支出的基数以内，而是由中央在地区之间作统一的安排。地方固定收入、企业分成收入，低于正常年度支出的部分，是以调剂收入来补足的。分给省、自治区、直辖市的调剂收入的部分，占该省、自治区、直辖市当年全部调剂收入的百分比，就是该省、自治区、直辖市应得的调剂收入的分成比例。这种比例，三年不变。如果地方固定收入，已经超过正常的年度支出，那么，超过的部分，应该上缴。上缴部分占地方固定收入的百分比，就是上缴的比例。这种上缴比例，也是三年不变。地方收入和地方支出，以1957年度预算所列的地方收入和地方支出数字为根据。

第二，在国家与企业的关系上，实行利润分成办法。除了《关于改进工业管理体制的规定》对企业利润分成做了原则性规定外，1958年5月，国务院又发布了《关于实行企业利润留成制度的几项规定》，决定从1958年起，在国营企业实行利润全额分成制度，企业留成比例由各个管理部门核定。留成比例确定以后，基本上五年不变。主管部可以在本部企业留成所得总数的范围内,根据各个企业的具体情况,分别确定它们的留成比例;并且可以酌量提取一部分,由主管部集中掌握,调剂使用。

企业留成比例以第一个五年计划期间各部所使用的下列资金作为计算基数:一是预算拨付的技术组织措施费、新种类产品试制费、劳动安全保护费、零星固定资产购置费四项费用(商业部门还包括简易仓棚修建费);二是按规定提取的企业奖励基金和社会主义竞赛奖金;三是按规定提取的超计划利润留成部分。将以上几笔数字加在一起,同各部在同一时期内所实现的利润总数作比较,分别算出一定的比例。这个比例就是各部应有的企业留成比例。

企业留成所得应当根据大部分用于生产,同时适当照顾职工福利的原则,在一定范围以内统筹使用。具体包括:用于企业所需要的四项费用和简易仓棚的开支;用于补充流动资金的不足和计划以内的基本建设投资的不足;用于其他经过批准的基本建设项目的投资;用于社会主义竞赛奖金和其他各种不包括在工资总额以内的奖金的支出;用于职工福利设施和职工生活困难补助的支出。企业留成所得一概不许用于企业和行政的管理费用及其他非生产性开支。

第三,基本建设试行投资包干制度。1958 年 7 月,国务院发布了《关于改进基本建设财务管理制度的几项规定》,提出为了调动各建设单位的积极性,鼓励它们在既定的投资数额内,对基本建设试行投资包干制度。在年度确定的基本建设投资范围内,在不降低生产能力、不推迟交工日期、不突破投资总额、不增加非生产性投资比重的条件下,将基本建设投资交由建设单位统一掌握,自行安排,包干使用。如年末有结余,不再采取收回的办法,可结转到下年继续使用。为了加强基本建设财务管理,把基本建设基金从确立预算、拨款直至工程决算,统一由建设银行管理。1959 年,全国实行投资包干的建设单位达到 5000 多个,占全国投资总额的 40%左右。其中,重工业占绝大部分,冶金、煤炭、水电、石油、化工等系统实行包干的投资额占本部门投资总额的 75%—85%。[1] 基本建设投资

---

① 陈如龙主编:《当代中国财政》上,中国社会科学出版社 1988 年版,第 162 页。

包干,对提高建设单位的积极性和财政资金使用效率发挥了积极作用,但由于只强调包干结余留给建设单位自行使用,没有强调超支不补,加上对管理和综合平衡强调不够,导致了工程质量下降、建设规模膨胀等问题。因此,这一规定到1961年停止执行。

与此同时,我国对税收管理体制也进行了改进。凡是由省、自治区、直辖市负责管理的税收,应当交给省、自治区、直辖市管理。若干仍由中央管理的税收,在一定范围内给省、自治区、直辖市以机动调整的权限,并且允许省、自治区、直辖市制定税收办法,开征地区性的税收。将印花税、利息所得税、屠宰税、牲畜交易税、城市房地产税、文化娱乐税、车船使用牌照税7种地方税收交给省、自治区、直辖市管理;商品流通税、货物税、营业税、所得税4种税收的税收管理权限基本上归中央集中掌握。允许省、自治区、直辖市根据农业税条例并结合实际情况,对所属地区、粮食作物和经济作物、农业生产合作社和个体农民之间的负担作必要调整。

总之,这次财政体制的调整,坚持了集中统一下的因地制宜,大统一,小不统一;既要保证重点建设,又要发挥地方积极性;编制预算要做到平衡,既积极,又稳妥可靠;地方要加强财政、信贷、物资的平衡工作;对于每年国家预算收入增长部分,中央多得、地方少得的原则不变。

三、1961年实行比较集中的财政管理体制

持续三年的"大跃进"运动,使我国经济遭到严重破坏,财政十分困难。为了调动地方积极性,当时在"左"的思想影响下,过急、过多地下放财权和企业、财务管理权限,过分地分散了国家财力,违背了原定的体制改革精神。随着企业体制的下放,财务隶属关系和管理权限的变化,中央财力大大减少,在当时高指标的要求下,支出负担异常沉重,加剧了财政收支的不平衡。有些地区和单位乱拉乱挤国家资金,化大公为小公。有的是把应该上交国家的企业利润收入,转作本地区、本部门的收入;有的是把企业进行综合利用、生产尖端产品和卫星厂的收入扣留下来,不上交国家。税收中应交不交、擅自挪用和欠税漏税的现象也比较普遍。这

些现象和问题加大了财政困难,自 1958 年"大跃进"至 1961 年连续四年财政赤字。

1960 年 7 月 5 日至 8 月 10 日,党中央在北戴河召开工作会议,初步讨论了对国民经济实行调整的问题,确定要压缩基本建设战线。1961 年 1 月 14 日,党的八届九中全会正式确定,从 1961 年起对整个国民经济实行"调整、巩固、充实、提高"的八字方针。财政在调整中的任务主要是保证国民经济调整中对资金的合理需要,适当增加农业投资,促进农业生产恢复和发展;进一步缩短基本建设战线,调整工业投资结构;增收节支,消灭财政赤字,回笼货币,稳定市场;改变国家资金使用上的分散,加强集中统一。为了完成这些任务,我国决定调整财政体制,加强财政管理的集中统一。

1961 年 1 月 15 日,中央批转了财政部《关于改进财政体制,加强财政管理的报告》,并于当年 4 月 20 日发布了《关于调整管理体制的若干规定》,决定改进预算管理体制,加强对预算内、外资金的管理,实行比较集中的财政管理体制。新财政体制的基本精神是财政大权集中于中央、大区①和省、自治区、直辖市三级,认真实行"全国一盘棋",坚决纠正财权过于分散的现象。其主要内容有:

一是改进预算管理体制,适当紧缩预算外资金。国家财权应当基本上集中在中央、大区和省、自治区、直辖市三级。大区是一级财政,其财权包括:对各省、自治区、直辖市财政指标的分配调剂权;对所属省、自治区、直辖市财政工作的领导和监督权;从国家总预备费用中分出一部分给大区直接掌握使用。对各省、自治区、直辖市财政,继续实行"收支下放、地区调剂、总额分成、一年一变"的办法。专、县(市)、公社的财权,应当适当缩小。专区、县(市)以下的基建投资、国家支援人民公社的投资、特大灾害的救济费等,由省、自治区、直辖市专案拨款解决。从中央到地方实行上下一本账,坚持"全国一盘棋"。必须根据既积极又落实的收入,合

---

① 1954 年中央撤销大区一级党政机关,后来大区和经济协作委员会有短暂恢复,"文化大革命"中再次取消至今。

理安排支出,坚持收支平衡,略有结余,一律不准打赤字预算。基本建设投资和各项事业费用,必须按照国家规定的计划和核定的预算进行拨款。对各地区、各部门和单位的预算外资金,采取"纳、减、管"的办法进行整顿。例如,商业部门的饮食和服务企业的收入、综合利用多种经营收入、用预算外资金兴办企业的收入,应当纳入预算。控制预算外资金的来源和使用范围,不经中央批准,不许增加项目,提高比例,不准化预算内收入为预算外收入。

二是加强企业财务管理,重申企业资金管理和成本管理制度。企业利润留成资金只能用于"四项"费用(技术措施费、新产品试制费、零星资产购置费、劳动安全保护费)、技术革新和技术革命、综合利用以及在国家规定范围内的职工福利开支,不得用来搞计划外的基本建设,不得挪作行政开支。企业主管部门集中的留成资金,不得超过企业留成资金总额的20%,并且只能用于企业之间的调剂,不得用作其他开支。基层企业使用的留成资金,必须纳入财务收支计划,报主管部门批准。各主管部门对于本部门和所属企业使用的留成资金,必须编入本部门的财务收支计划,送财政部门审核。同时,还对成本开支范围、流动资金和基本建设资金的界限等做了规定。

三是改进基本建设财务管理,加强拨款监督。凡是经过批准的基本建设投资,无论是用预算内资金还是预算外资金进行的基本建设,都必须由中国人民建设银行进行拨款监督。基本建设单位的投资包干竣工结余资金,仍然留归包干单位使用。将这部分结余资金用于新增建设项目,必须报经国家计划部门批准,纳入国家统一的基本建设计划。

此外,新体制还对改进税收管理体制、加强税收管理工作,改进人民公社的财政管理体制,划清国家财政收支同公社财务收支的界限等,作出了一些规定。

总之,根据"调整、巩固、提高、充实"的方针,必须实行比较集中的财政体制,强调中央财权以及财政管理的集中统一,正确处理集中和分散的关系,统一调配人力、物力和财力,促进国民经济调整,解决财政困难。

第三节　在收权与放权中频繁变动

自 1966 年之后,财税体制也受到政治的干扰,毛泽东同志在《论十大关系》中对中央和地方关系的论述被简单化、政治化处理,出现了集权和放权的反复探索。开始大规模地向地方放权,出现问题又向上收,接着又放,不能把握好收放的界限,造成"一放就乱,一收就死"的困局,给国家经济和财政造成了极为不利的影响。与这种经济的集权与放权相适应,财政体制也在收权与放权中频繁变动,并且不得不采取临时性措施来维持财政运转。可以说,"文化大革命"时期是我国财政体制变动最为频繁的一个时期。

一、从总额分成到"收支两条线"体制

1966—1967 年,我国沿袭了收支挂钩型的财政体制。自 1959 年开始,我国实际上实行的是收支挂钩型的财政体制,即把地方组织的财政收入与地方的财政支出挂钩,按收支总数确定一个分成比例。这一体制是对统收统支的财政体制的一大进步。但由于多支意味着分成比例高,因此也存在一些问题,如会助长地方盲目扩大财政支出、出现"鞭打快牛"的负面效应。收支挂钩型的财政体制虽然都采取收入与支出挂钩的办法,但具体的分成方法和分成比例有所不同。1959 年收支挂钩的办法是"定收定支、收支挂钩、总额分成、一年一变"。1965 年则调整为"总额分成加小部分固定收入"的办法,即将屠宰税、牲畜交易税、文化娱乐税、车船使用牌照税、集市交易税以及地方的饮食服务行业收入和地方其他零星收入作为地方的固定收入。1966 年延续了这种分成方法,实行"总额分成、一年一变"的体制。由于 1967 年调整税制,如集市交易税停止征收保留税种,屠宰税减半征收,文化娱乐税停止征收,牲畜交易税对集体部分停征等,对地方固定收入影响较大,为了考虑地方利益,1967 年 2 月我国调整了"总额分成"的范围,取消了地方固定收入,并将其重新纳入"总额分成"。

随着"文化大革命"的开展,到了 1967 年,政治上的动乱已经遍及全国,各部门、各地方的党政领导机构受到很大冲击,基本处于瘫痪状态。经济受到严重破坏,大量生产停滞,财政收入下降,有些地方省区入不敷出,发生了 22 亿元的赤字,财政极为困难。同时,在国家和企业的关系上,也进行了重大调整,下放企业折旧基金。从 1967 年开始,地方企业的折旧基金留给企业抵作固定资产更新和技术改造资金,不再上缴财政。

在这种情况下,为了维持地方的必要支出,集中财力保证预算平衡,非常时期不得不采取非常办法,1968 年 12 月 23 日财政部军管会下发《关于做好 1968 年财政决算编审工作的通知》,决定暂停"收支挂钩、总额分成"的办法,实行"收支两条线"的办法,收入全部上缴,支出全部由中央拨付。即省、自治区、直辖市 1968 年凡属预算范围内的财政收入全部上缴中央财政;所需行政事业费支出由中央财政核拨,年终如有结余,全部留给地方。国家分配给地方基本建设投资,年终按实际支出数列报决算,由中央财政拨款,年终结余"一刀砍"。

随着政治局面相对稳定,经济形势有所好转,"收支两条线"这一非常时期非常之法也就没有存在的必要,于是 1969 年又恢复实行"收支挂钩、总额分成"的办法。截至 1969 年 12 月底按中央批准下达的收支指标,计算收入分成的比例。凡收入任务完成或超额完成的,地方预算收入应自求平衡,超收分成或支出结余,留给地方支配使用。1969 年 2 月 27 日,全国计划座谈会印发了《关于改革财政管理体制的初步意见(草案)》。该《意见》指出,根据财政管理体制下放的情况,中央和地方财政收支范围的划分,必须相应地加以调整。在财政收入方面,除中央直接管理的企业收入、银行收入、关税收入仍列中央财政外,其余各项收入,包括地方企业收入、工商税收入、盐税收入、农业税收入和其他收入一律列地方财政。在财政支出方面,除了国防战备费、对外援助支出,国家物资储备支出以及中央直接管理的基建投资、流动资金、行政事业支出等仍列中央财政外,其余各项支出,包括地方基建投资、流动资金、新产品试制费、支援农业资金以及文教、卫生事业费和行政费等,一律列地方财政。地方的收入和支出，中央只下达一个总额，具体项目由地方根据中央的方针政策和本地区实际情况自行安排。1969 年 11 月 18 日，财政部军管会下发《关于做好 1969 年财政决算编审工作的通知》，提出在中央统一领导下，实行中央、省、县三级管理，中央对各省、自治区、直辖市实行"定收定支，总额分成"的办法。在"总额分成，一年一变"基础上增加了"定收定支"。

二、经济"大下放"与财政大包干

1969 年，全国进入"斗批改"阶段，在"改革不合理的规章制度"的口号下，一度曾经搁置的以下放企业和下放权力为中心的经济体制大变动，又被推上了前台。1969 年 2 月，全国计划座谈会讨论了《中央各部关于企业管理体制下放的初步设想》，在条块关系上，倾向于"以块块为主"，下放企业管理权。中央直属企业可以分地方、中央和双重管理三种形式，并拟定了分批下放的企业名单。1970 年 2 月的全国计划会议讨论和拟定了《第四个五年计划纲要（草案）》，提出了经济管理体制调整的原则方案，要求下放企业，扩大地方管理企业的权力，实行基本建设投资大包干和物资分配大包干。1970 年 3 月 5 日，国务院拟定《关于国务院工业交通各部直属企业下放地方管理的通知（草案）》，要求国务院工业交通各部在 1970 年把直属企业、事业单位绝大部分下放给地方管理；少数由中央部和地方双重领导，以地方为主；极少数的大型或骨干企业，由中央部和地方双重领导，以中央部为主。

在一系列精神的指导下，我国全面展开了一场企业"大下放"的运动。在很短的时间内，包括大庆油田、长春汽车厂、开滦煤矿、吉林化学工业公司等一批关系国计民生的大型骨干企业在内的 2600 多个中央直属企业、事业和建设单位，不加区别地下放到地方管理，有的又层层下放到专区、市、县。随着工业企业的下放，商业部也将所属一级批发站全部下放给省，省属二级批发站下放给专区。外贸部在各地的企业也全部下放给地方，实行双重领导，以地方为主。据统计，到 1970 年年底，下放后的中央直属企事业单位由 10533 个减少到 1674 个，在工业总产值中的比重由

42. 2%降到 6%。①

在经济"大下放"的形势下,财政体制也进行了调整。《第四个五年计划纲要(草案)》提出实行财政收支大包干,在国家统一预算下,对省、自治区、直辖市实行定收定支,收支包干,保证上缴(或差额补贴),结余留用的办法。1971 年 3 月,财政部颁发《关于实行财政收支包干的通知》,决定自 1971 年起,实行"定收定支,收支包干,保证上缴(差额补贴),结余留用,一年一定"的体制,简称"财政收支大包干"办法。其主要内容包括:

一是随着中央企业、事业单位的下放,相应地扩大地方财政收支范围,国家的财政收入和支出,除了中央部门直接管理的企业收入、关税收入和中央部门直接管理的基本建设、文教行政、国防战备、对外援助和国家物资储备等支出以外,其余都划归地方财政,由地方负责管理。

二是地方预算的收支指标由省、自治区、直辖市提出建议数,经中央综合平衡核定下达。中央核定的省、自治区、直辖市预算收支指标,收入大于支出的,包干上缴中央财政(按绝对数包干上缴,不再按比例计算);支出大于收入的,由中央财政按差额包干给予补助。

三是上缴和补助数额确定以后,一般不作调整,地方要保证完成上缴任务,中央要按确定的数字给予补助。

四是在预算执行过程中,地方收入超收或支出结余,都归地方支配使用,如果发生短收或超支,由地方自求平衡。

三、从总额分成到超收分成

虽然财政大包干在一定程度上改变了中央财政统收统支的状况,扩大了地方的财政收支权限,调动了地方的积极性,但在政治动乱的情况下,改进经济管理体制的条件并不具备,加之放权过了头、苦乐不均等问题,导致大部分地区无法包下去,只好停止执行。

为此,我国又对财政体制进行了调整。1972 年 3 月 31 日,财政部颁

---

① 董辅礽:《中华人民共和国经济史》上卷,经济科学出版社 1999 年版,第 505 页。

布《财政部关于改进财政管理体制的意见》，提出"收入按固定比例留成，超收另定分成比例，支出按指标包干"。由于无论超收还是短收，地方都可以得到一笔较为稳定的机动财力，因此，人们又把其称为"旱涝保收"的体制。其主要内容包括：一是地方的财政收支计划由中央分别核定下达，收入与支出脱钩。二是地方负责组织的财政收入，按固定比例给地方留成，作为地方一笔比较稳定的机动财力。三是地方财政收入的超收部分，另定分成比例，留给地方的部分，一般不超过30%。四是地方的财政支出，除基本建设拨款外，按中央核定的指标包干。除了遇有重大特殊问题或预算的划转，一般不予调整。年终支出结余，留归地方财政使用。这一体制首先在华北地区、东北三省和江苏省试行，从1974年开始在全国普遍实行，虽然对于保证地方过日子起过一定作用，但仍属于在当时生产和收入都不正常的情况下的一种暂时的过渡办法，由于收支不挂钩，不能体现地方一级财政的权责关系，不利于调动地方增收节支和平衡预算的积极性。

为了加强地方财政收支的权力和责任，1976年3月，财政部制定《关于财政管理体制问题的通知（草案）》，对地方试行"定收定支，收支挂钩，总额分成，一年一变"的财政管理体制。这一体制简称"收支挂钩，总额分成"，基本与"文化大革命"之前"收支挂钩，总颇分成，一年一定"的体制相似。地方财政的收支范围扩大、占比提升，管理权限也相应地增加了。改变了以前超收部分都按总额分成比例分成的办法，地方总额分成比例在30%以下的，超收部分按30%分成；地方总额分成比例在70%以上和受中央补助的地区，超收部分按70%分成；其他地区的超收部分仍按总额分成比例计算分成。同时，保留了地方实行固定比例留成的既得利益，"旱涝保收"的固定比例留成改按固定数额拨给。

总之，在十年动乱期间，经济和财政体制在收权与放权中频繁变动，但由于受政治运动和经济社会形势的影响，财政体制变动的效果并不是很好，并且不得不采取一些临时性措施来维持财政运转，地方基本上没有增收节支的积极性。财政体制的变革，不仅要有一定的客观经济条件，而且要有一个安定的政治局面。

第七章　税制调整：

从"平等纳税"到"非税论"

从新中国成立之初的国民经济恢复,到社会主义"三大改造",再到建立计划体制、推动社会主义工业化,税收制度经历了从"公私一律平等纳税"到税制的极端简化的变化。1952 年的修正税制,我国税收制度发生重大调整。以"保证税收、简化税制"为原则的税制,因为"公私一律平等纳税"的提法受到批评。此后,"区别对待"成为制定税收制度和政策的根本原则。计划体制建立和社会主义改造基本完成之后,我国对税收作用的认识发生了变化,出现了税收是阶级社会的产物、税收无用论等观点,尤其是受苏联"非税论"的影响,税收功能被严重限制,税制逐步走向极端简化。

第一节　税制调整及计划经济税制框架初建

新中国成立之时,全国的税收制度不统一,不仅与经济发展的形势不相适应,制约着经济活动和财政收入规模的扩大,不利于加强税收管理,而且不利于集中力量进行新中国建设,为此,新中国迅速完成了统一税政工作,建立了统一的税收制度。但这一税制是基于旧税制基础之上建立起来的,随着经济社会形势的发展,其消极作用日益显现。为此,我国开始修正税制,并注重发挥税收对社会主义改造的作用。

一、公私一律照章纳税制度的初步建立

1950 年 1 月,政务院公布了《关于统一全国税政的决定》《全国税政

实施要则》,提出对全国各地所实行的税政、税种、税目和税率极不一致的状况,应迅速加以整理,在短期内逐步实施,达到全国税政的统一。《全国税政实施要则》规定了纳税义务,提出纳税是人民的光荣义务,应在人民中树立遵章纳税的爱国观念。同时,明确规定公营企业一律照章纳税,以企业独立的资金为单位,向所在地税务机关纳税。合作社同样应该向国家纳税,不得例外。外侨及其所经营的企业,必须遵守中华人民共和国法令,照章纳税。此外,还规定了全国暂定统一征收的14种中央及地方的税种。《全国税政实施要则》,统一了税制,强调无论各种经营主体均须纳税,从而初步建立了公私一律照章纳税的制度。

1950年5月,在第二届税务工作会议上,按照公私兼顾、调整工商业的总方针,我国修订税法,调整税收制度。将货物税原定品目1136个,简化合并为358个,对若干品目的税率也加以调整。印花税原定30个税目,简化合并为25个,增加定额贴花。工商业所得税的税率,由纯所得100万元以下征收5%,改为300万元以下征收5%;3000万元以上征收30%,改为1亿元以上征收30%。降低了税率,减轻了中小工商户的负担。合并税种,简化税制,将房产税和地产税合并为房地产税,遗产税和薪给报酬所得税暂不开征,从而使工商税由14种简化为11种。同时,为了引导资本主义工商业沿着有利于国计民生的方向发展,继续实行工轻于商、日用品轻于奢侈品的政策,把工、商两种营业税按不同的行业征税。对于工业,将其分为26个行业,税率分别为1%—3%,其中重工业中的矿冶、液体燃料、机器制造和日用必需品,轻工业中的面粉制造业、纺织工业均适用1%的税率;对于商业,将其分为17个行业,税率为1.5%—3%,其中适用于2%税率的有经营米、面、粮、煤炭、棉布、书报等必需品行业。此外,还区别不同情况,简化纳税办法和手续。根据企业会计制度的情况,可分别采取自报查账、依率计征,自报公议、民主评定和在自报公议民主评定的基础上,定期定额上交三种办法,改变过去那种单纯查账和自报不查、报多少交多少的做法,从而大大简化了征税的方法和手续。

这些措施,改善了国家同资本主义工商业的关系,减轻了其税收负担,促进了其合理地发展,消除了因税负偏高和手续繁杂带来的困难和不便,增强了资本主义工商业的活力。同时,有利于加强国家的计划指导,促进资本主义工商业同国营企业的联系,为其以后的改造创造了条件。

二、1952 年修正税制

新中国成立之后,通过统一税政,我国建立多种税、多次征的复合税制。虽然这一税制,对保证财政收入、支援革命战争、稳定市场物价等诸多方面发挥了重要作用,但由于这一税制是建立在旧税制基础之上的,难免残留着旧税制的消极作用。随着经济社会结构的变化,这一税制的消极作用日益显现,尤其是存在的各税重复、手续烦琐、零星分散等诸多问题,制约了经济社会的发展,已不适应工业化发展和专业分工的需要。当时各税种中除了货物税外,大多没有对较为集中的税源关键环节进行征税。例如,棉纺厂商要缴纳货物税、营业税、所得税;花纱布公司要缴纳统销税、营业税、所得税;普通纱布商要缴纳营业税、所得税。同时,由于社会主义经济日益发展壮大,原来以私营工商业为主要纳税人的较为烦琐复杂的计征办法,在一定程度上不利于国营企业的经济核算,不利于促进商品流转和有计划发展国民经济。因此,政务院于 1952 年 11 月发布了《关于税制若干修正及实行日期的通告》,并规定自 1953 年 1 月 1 日起实行。

这次修正税制是根据"保证税收、简化税制"的原则,按照从生产、批发到零售,一般课征三道税的水平来设计税负,并变更了营业税的纳税环节,尽可能将税收集中到工业环节来缴纳,以有利于控制财源,组织财政收入。这次修正税制的内容主要体现在:

一是开征商品流通税。从征收货物税的品目中,选择国家能够控制生产或收购的 22 个品目,划出来改征商品流通税。这种税的特征是实行一次课征制,即把对这些商品征收的货物税、营业税及其附加、印花税、棉纱统销税、棉花交易税等合并,采用综合税率,实行从生产到销售一次性征收。其税率的设计是根据上述各税的税负综合计算而成。凡是已经缴纳过商品流通税的商品,不必在流通环节缴纳其他税。

二是简化货物税。将应税货物原来应缴的印花税、工业营业税、商品批发营业税及其附加,并入货物税征收,相应调整货物税的税率。进一步简并税目,将原来的358个简并为174个。改变货物税的计税价格,由原来按不含税的价格按包含税款在内的国营公司批发牌价计税。

三是修订工商营业税。将工商业应缴纳的营业税、印花税及营业税附加,并入营业税征收,统一调整营业税税率。已纳商品流通税的商品,不再缴纳营业税;已纳货物税的商品,只在商业零售时缴纳一道营业税;商品批发的营业税,分别转移到商品流通税、货物税和工业环节以后,商品批发环节不再缴纳营业税。

四是修订其他税收。包括取消特种消费行为税,将其中的电影、戏剧及娱乐部分的税目改征文化娱乐税;交易税中的粮食、土布改为货物税,药材停征交易税,只保留牲畜交易税等。

通过这次修正税制,虽然税种仍保持商品流通税、货物税、工商业税、盐税、关税、农(牧)业税、利息所得税、牲畜交易税、印花税、屠宰税、城市房地产税等14个税种,但正税的附加一律取消,一个企业缴纳的税种已经合并简化了。

三、实施区别对待的税收政策

1953年8月,中央召开全国财经工作会议,确定了过渡时期的税收任务,即一方面要能更多地积累资金,有利于国家的重点建设;另一方面要调节各阶级的收入,有利于巩固工农联盟,并使税制成为保护和发展社会主义、半社会主义经济,有步骤、有条件、有区别地利用、限制、改造资本主义工商业的工具。过渡时期的税收政策,应按照公私经济区别对待、繁简不同的原则,在税收上保护社会主义经济,支持"三大改造"。

其实,早在1950年12月政务院发布的《工商业税暂行条例》和《货物税暂行条例》中,都体现了对资本主义工商业的这种鼓励和限制的政策精神。例如,工业部门的税率为1%—3%,商业部门的税率为1.5%—3%,工业税负轻于商业税负,重工业税负轻于轻工业税负,鼓励资本主义工商业向着有利于国计民生的方向发展。为了支持资本主义工商业改造,税收政策对公私企业执行"区别对待,繁简不同"的原则。对私营企业征收全额累进所得税,以节制其资本。对国营企业调拨农产品及国营和合作社商业的批发业务收入都免征营业税,而对私营商业的这些业务则照征营业税。国营工业相互之间调拨原材料不征营业税,而私营工业则照征;国营重工业在连续生产过程中有135种中间产品不征税,而私营重工业则照征。在征收手续、征收方法方面,也都给国营企业、合作社以方便。例如,1954年10月23日财政部发布的《关于简化国营企业商品流通税、货物税照证制度的规定》,对国营企业生产的应税商品(货物)纳税后,税务机关不再核发完税证,可凭国营企业发货使用的单证运行;对私营工商业,则进行严格的税务管理和监督,以防止其非法活动。又如,对于生产和制造应课商品流通税和货物税产品的私营工厂,在接受国营企业加工、订货、统购、包销任务后,其产品在包装上如有国营监制等标志的,可以不贴完税证、查验证;而私营企业之间的加工关系,则必须逐件贴证。这些措施限制了资本主义工商业的资本积累和过分发展,并使国营经济在同私营经济的竞争中居于优势地位。

同时,我国还对手工业合作组织实施了不同的税收政策,并补充、修订了工商各税,以体现公私经济区别对待、繁简不同。1955年10月,财政部发布的《手工业合作组织交纳工商税暂行办法》,对不同的手工业生产合作社,制定了不同的减免照顾方式。1956年,财政部制定了《关于对私营工商业在改造过程中交纳工商业税的暂行规定》,修订了1955年的《手工业合作组织交纳工商税暂行办法》,进一步简化了完税照证制度,并修订了原来对高级社优待照顾多、低级社优待照顾少,以及低级社过渡到高级社重新享受优待照顾的规定。

四、1958年修改税制:计划经济税制框架初建

1956年,我国完成了对农业、手工业和资本主义工商业的社会主义改造,社会生产关系发生了重大转变,由原来的多种经济成分并存转变为基本单一的社会主义公有制经济。以原来的多种经济成分并存为基础建立起来的税收制度显得与经济基础的变化很不适应。同时,1958年我国开始了第二个"五年"计划,以及"大跃进"运动的兴起,都对税制提出了

一些新的要求。为了适应经济条件的变化，满足"二五"计划的要求，财政部提出改革工商税制的报告，将原来的货物税、商品流通税、营业税、印花税这四种税合并成工商统一税，拟定了《工商统一税条例（草案）》，于1958年9月13日经国务院公布试行。这次税制改革的方针是"基本上在原有税负基础上简化税制"，其主要内容包括：

一是合并税种，实行工商统一税。以工商统一税取代原有的货物税、商品流通税、营业税和印花税，即四税合一。一切从事工业品生产、农产品采购、外货进口、商业零售、交通运输和服务性业务的单位或者个人，都是工商统一税的纳税人。

二是在基本保持原税负的基础上，对利润过高或过低的少数产品所适用的税率进行了调整。例如，调高了钢材、电力、呢绒等利润水平高的产品的税率，调低了化肥、塑料等利润水平较低的产品的税率。

三是简化征税办法，把原来的多次征税改为工业品在工厂一般只征一道税。工业品在工业环节、农产品在采购环节、进口外货在进口环节交纳工商统一税。这些产品是通过商业零售环节销售的，另在商业零售环节交纳工商统一税。

四是简化计税价格，把过去分别按国家规定的调拨价格和批发牌价计税，改为一律根据销售收入计税。

五是奖励协作生产。改变过去委托加工产品一律由受委托的工厂代替纳税的规定，委托工厂在收回加工产品以后，用在本企业生产的，不再征税，只有直接出售的产品才纳税。由于将工商业税中的营业税和临时商业税并入工商统一税后，其中有关所得税的有关规定仍继续执行，工商业所得税实际上成为一个单独的税种。与此同时，停止征收利息所得税和文化娱乐税。

工商统一税的征税范围较为广泛，既包括对产品征税，又包括对商业、交通运输和服务行业征税，改变了原来商品流通税的一次课征制，实行对工业、商业两个环节的两次课征制，即对应税工业品和应税农产品分别在工业生产环节和农产品采购环节征收一次，应税产品通过商业零售的，再在零售环节征一次税。在税率上，基本上是按原货物税、商品流通税、营业税、印花税的税负换算确定的,只对少数产品的税负,根据合理负担、有利于生产的精神做了适当调整。把全部工业产品纳入征收范围,对不便列举品名又难以概括列举的,均纳入新设置的"其他工业产品"税目征税,改变了原来货物税、商品流通税只就列举产品征税的规定。以商品销售收入金额、农产品采购支付金额等为计税依据,与纳税人的业务收入、核算内容相一致,便于征纳。废除了过去按照商业批发牌价计算税款的办法。对"中间产品"征税的品目由过去的 20 个减少为棉纱白酒皮革、饴糖等少数产品。工业品在工厂环节一般只征一次税,简化了征税办法。

这次税制改革合并税种、简化征收,搭建了社会主义计划经济时期的基本税制框架,工商统一税在 1958 年至 1972 年的 15 年中,成为中国工商税收体系中的主体税种。

第二节　"非税论"与税制极端简化

随着"三大改造"的完成以及计划经济税制框架初建,对税收在社会主义经济中的作用开始发生转变,尤其是受"税收无用论"观点的影响。在"非税论"的影响下,我国税制逐渐走向极端简化。

一、改进税收制度支持国民经济调整

受经济建设中"左"的思想的影响,我国 1958 年发生了以农业的高指标和工业的大炼钢铁为主要内容的"大跃进"运动。"大跃进"运动的原本是想加快中国经济建设的步伐,但是由于社会主义经济建设经验不足,忽视了客观经济规律,片面夸大主观意识和主观努力的作用,导致了主观上想要快、结果反而慢的状况,使国民经济遭受严重挫折,也给财政运行带来了很大困难。

为了配合和支持国民经济调整,我国改进税收制度和管理体制,加强税收管理工作。首先是整顿税务工作秩序,重申了税收的性质、地位和作用,恢复了税务机构,增加了税务编制。然后,改革、完善税收制度和政

策,调整税收负担,改进征收办法,充分发挥税收对国民经济调整的支持作用。其主要表现在:

一是改进税收管理体制,进一步明确了中央和地方的税收管理权限。凡属工商统一税税目的增减和税率的调整,盐税税额的调整,应当报经中央批准。凡属工商统一税纳税环节的变动,凡是牵涉一个大区内两个以上省、自治区、直辖市的,应当报经中央局批准;牵涉两个大区的,应当报经中央批准。凡属开征地区性的税收,地方各税税目税率的变动,以及在中央规定的所得税的税率范围内确定具体税率,必须报经中央局批准。凡属工商统一税中有关新试制的产品、以代用品作原料生产的产品,或者由于灾情等原因,需要给予减免照顾的,由省、自治区、直辖市批准。地方各税的征税范围、减税免税、对小商小贩加征所得税的比例和起征点的确定,也由省、自治区、直辖市批准。

二是调整工商所得税负担,改进征收办法。1963年4月,国务院发布《关于调整工商所得税负担和改进征收办法的试行规定》。按照个体经济要重于集体经济,合作商店要稍重于手工业合作社、交通运输合作社及其他集体经济,集体经济之间负担要大体平衡的原则,调整工商所得税,其政策精神实质在于限制个体经济,巩固集体经济,正确贯彻执行合理负担政策。区分工业、商业和个体经济,规定三套税率、两种累进税制:对手工业和交通运输合作组织,实行8级超额累进税制;对合作商店实行9级超额累进税制;对个体经济实行14级全额累进税制;对供销合作社仍按原规定的39%比例税率征收。另外,还规定对合作商店和个体经济获利多的可以加成征收。调整后,增加了个体经济的负担率。

三是减轻农民税收负担,改进农村工商税征收办法。1961年6月,中央批转财政部《关于调整农业税负担的报告》,把当年农业税年征收任务调减为1110万吨(细粮),并按照这个水平,一直稳定未变。这一政策减轻了农民税收负担,调动了广大农民的生产积极性,促进了农业生产的迅速恢复和发展。在减少农业税征收额的同时,国家又减少了粮食统购的数量。国家征收的粮食和统购的粮食加在一起,按贸易粮计算,1960年度为4280万吨,1961年度减少为3395万吨,减少20.7%;1962年又进一步减少为 3195 万吨,比 1960 年减少了 1085 万吨,减少 25.4%。按全国农村人口平均计算,每个农村人口 1961 年比 1960 年少交售 15 多公斤粮食,1962 年比 1960 年少交售 20 公斤粮食。① 与此同时,改进农村工商税征收办法。把基本纳税单位由原来的生产大队改为生产队。对直接为农业生产服务的工业、手工业产品,比原规定宽一些,对不直接为农业生产服务的工业、手工业产品和服务性企业,比原规定严一些。将原来对社队企业不征收所得税的规定,改为除直接为农业生产服务的生产队办的企业仍不征收所得税外,其他社队企业凡是有盈利的都征收所得税。

二、非税论的兴起

1958 年以后,随着社会主义改造的基本完成,国有和集体经济成为国民经济的主导,对税收职能作用的认识发生了变化。在此之前,我国对税收作用的认识较为客观,还是比较重视税收的作用。例如,新中国成立之初,《人民日报》就发表了《税收在我们国家工作中的作用》的重要社论,明确指出税收是国家的重要经济工具,并具体地阐述了它对经济发展的各种重大作用。此后,我国积极发挥税收在保护、发展社会主义经济,支持社会主义"三大改造"中的重大作用,奠定了国民经济恢复和社会主义建设的基础。

1958 年之后,我国对税收作用的认识发生变化,其原因主要在于两个方面:一方面,我国国民经济结构出现了重大变化,即国营和集体经济成为主导。在这种情况下,一些观点把税收与企业和国家的性质相连,认为税收是阶级社会的产物。例如,在革命中,传统的社会主义理论认为无产阶级在夺取政权的革命斗争中,在政治上,对税收持否定态度,把税收作为资产阶级进行超经济剥削的手段来看待。在社会主义条件下税收主要只剩下积累资金的财政作用,并且认为税收筹集财政收入的作用也只是辅助的,片面强调单一的计划调节,排斥经济杠杆对经济调节作用的观点开始盛行。有些观点甚至认为,税收的历史使命已经完成,税收与社会

---

① 宋新中:《当代中国财政史》,中国社会科学出版社 1997 年版,第 290 页。

主义经济是不相容的,完全否定税收作用,应取消税收,搞"无税之国"。实际上,这也与接受的传统的税收观点有关。

另一方面,我国对税收作用认识的变化受苏联的"非税化"的影响极大。由于搞社会主义建设,我们没有经验,当时主要是借鉴苏联的做法,并且在理论上受苏联的影响也比较大。早在新中国成立前夕,苏联首席财政专家拉沃罗夫等曾将苏联"周转税"的经验介绍给我们。苏维埃预算中来自人民的税款所占比重非常小,极大部分财政收入都是靠着社会主义企业各部门上缴的利润。他们认为,国家不会自己向自己课税,苏联形式上存在着国营企业上缴预算的税收,而实际上,这些收入就其经济本质来讲,并不是税收,因为它们的所有制形式并没有改变。周转税和利润缴款一样,都是国家依据财产权直接分配国营企业纯收入的一种方式,其征税数额取决于国家规定的计划价格和企业成本与利润。

客观现实的变化,以及受苏联"非税化"的影响,"非税论""税收无用论"等观点在我国逐渐流行,并在实践中产生了不良影响。受"左"的思想影响,税收制度被批为"烦琐哲学""条条专政""管、卡、压",税收工作遭到严重削弱,税制也在极简化路上越走越远。

三、试办税利合一

试办税利合一,既是"非税论"在我国实践中的一个表现,也是我国在税制极简化路上的一个探索。税利合一,也可称为"以利代税",是指对国营企业取消征税,把国营企业向国家上缴税收与上缴利润合并在一起,以利润这种形式上缴企业纯收入。之所以试办税利合一,是认为在资本主义工商业的社会主义改造已经基本完成以后,过去在税收上常考虑的公私关系已不再存在,国营企业税收和利润分别征收办法已无必要,需要进一步简化企业向国家的缴纳办法,实行税利合一。

1959 年 1 月,财政部起草了《关于国营企业工商税和利润合并交纳问题的报告(草稿)》,制订了"税利合一"的初步方案。该报告提出,国营企业的税收和利润实质上都是工人群众创造的积累,实行国营企业"税利合一",将大大简化企业的缴纳手续,有利于广大职工更加关心企业的全面积累的情况,有利于贯彻财政工作的群众路线。为此,决定石家庄、南京、成都、开封、锦州等七个城市试办税利合一,把国营企业原来缴纳的工商统一税、地方各税和工商税附加,与企业原应上缴的财政利润合并,定名为"企业上缴收入"。

但在试点过程中,各地普遍反映采取这一措施利少弊多,虽然简化了手续,使企业更加关注整个积累的完成,但存在诸多问题。例如,在物价方面,由于利税合一,出现了企业自行降价提价、产品不好作价以及工商争利等问题;在经济核算方面,由于税收转化为利润,原来利润少的变多了,亏损的变为盈利了,掩盖了矛盾,并引发忽视财务管理,乱摊成本、乱列开支等问题;在财政收入方面,出现了企业压低缴款计划,增加企业流程等问题。因此,试行四个月之后,1959 年 5 月中央决定停止试点,恢复了征税。

四、税制的过度简化和下放

"文化大革命"期间,"左"倾思想泛滥,税收工作受到严重破坏。例如,1967 年,财政部的业务司局被撤并,划分为两个大组,政工组和业务组,仅留 20 多人管理财政部的全部业务工作,税务总局也被撤销,全部税收工作由业务组下设一个税收组办理。与此同时,在"左"倾思想及"非税论"的影响下,税制不断地简化与合并,出现了过度简化。

1968 年 9 月,财政部帮助天津市进行简化税制的试点。天津市提出简化税制的方案,该方案依据原来上缴国家税收情况设定税率。把企业销售的各种产品按不同税率缴纳的工商统一税、城市房地产税、车船使用牌照税、工商统一税附加合并为一种税,当时称为"四税合一",按一个综合税率征收,因而被称为"综合税"。1968 年 9 月,这一方案开始在天津毛织布厂进行试点,然后制定《简化国有企业纳税办法(试行草案)》,在 41 个国营企业进行了试点。此后,从 1969 年 4 月起在天津纺织行业 100 多个国营企业进行了扩大试点。1969 年 6 月,财政部军事管制委员会在天津召开全国税制改革座谈会,肯定了当时天津"综合税"改革的做法,提出进行"综合税"试点。

在简化税制的同时,也开始下放税权。1969 年 5 月,财政部军事管制委员会发布《关于在 8 省、市进行下放工商税收管理权限试点的通知》,决定从 6 月开始,在黑龙江、安徽、陕西、河北、湖南、贵州、上海、天津 8 省、市进行下放工商税收管理权限的试点工作。主要内容包括:国营企业、手工业生产合作社由于生产经营、价格等有较大变化,按照国家规定纳税有困难、需要给予定期的减税免税照顾的,将批准权限由财政部下放给各省、自治区、直辖市革命委员会掌握;为了合理地确定农村人民公社的征税免税界限,简化征税办法,各省、自治区、直辖市革命委员会可在全国统一税法的基础上,自行制定本地区农村人民公社工商统一税具体征收办法;由各省、自治区、直辖市革命委员会根据当地具体情况确定个体经济征税的起征点;对城市房地产税、屠宰税,各省、自治区、直辖市革命委员会有权确定征税范围,调整税率,以及采取减税、免税的措施;工商企业或纳税人,由于特殊原因,长期拖欠税款,不论数额多少,确实无力缴纳的,可由各省、自治区、直辖市革命委员会批准,给予减税或免税。1970 年 4 月,国务院批准中国人民解放军财政部军事管制委员会报送的《关于下放工商税收管理权的报告》,扩大地方减税、免税的批准权,下放城市房地产税、屠宰税、车船使用牌照税、牲畜交易税和集市交易税的管理权。

1971 年 8 月,财政部在天津市召开全国工商税制改革座谈会。该会议提出,税制改革主要是合并税种,简化征税办法,改革不合理的工商税收制度,使之适应社会主义经济发展的新情况。改革的重点是把工商统一税、工商统一税附加,城市房地产税、车船使用牌照税合并,把盐税、屠宰税合并进来。合并以后,税率由 141 个减为 92 个;税目由 108 个减为 54 个。

1972 年 3 月,国务院同意并转发财政部报送的《关于扩大改革工商税制试点的报告》和《中华人民共和国工商税条例(草案)》。改革的主要内容包括:其一,合并税种。把工商统一税及其附加,城市房地产税、车船使用牌照税、盐税、屠宰税合并为工商税(盐税暂按原办法征收)。合并以后,对国营企业只征收工商税,对集体企业只征收工商税和所得税。其二,简化税目、税率。税率由过去的 141 个减为 82 个,实际上不相同的税率只有 16 个,多数企业可以简化到用 1 个税率征收。其三,把一部分管理权限下放给地方。地方有权对当地的新兴工业、"五小"企业、社队企业、综合利用、协作生产等,确定征税或者减免税。其四,对少数税率做了调整。按新的税制收税,国家的工商税收入比按原税制征税的征收额约减少 0.5%,多数地区的税收没有增加或者略有减少。

到 1973 年,税制实现了极简化,国营企业只征工商税,集体企业只征工商税和工商所得税。税率由过去的 141 个减少为 82 个,多数企业可以简化到只用一个税率征收。税制的极简化,使税收的功能彻底弱化。

第八章 综合平衡：

国民经济中的财政管理与整顿

在计划体制下,财政既是计划管理的核心,也是"综合平衡"的核心,财政管理必须与国家经济体制相适应。实行计划体制,必然要求建立与之相应的财政管理制度。同时,随着经济社会形势的发展,财政管理制度又必然做一定的调整,以保障国民经济的稳定发展。针对计划体制下经济管理的特征,我国创造性地提出了"综合平衡"理论,财政平衡是综合平衡中基本的平衡。综合平衡理论和财政管理在国民经济实践中发挥了重要作用。1961 年开始,在"八字方针"指导下对国民经济进行调整。财政坚持综合平衡,大力支持国民经济调整。1975 年,邓小平同志主持全面整顿工作,财政整顿是其中重要的一环,财政对维护国家经济社会稳定发挥了重要作用。

第一节 财政管理是国民经济综合
平衡的基础

财政管理是国民经济综合平衡的基础,我们党高度重视财政管理,并将其上升为政治的高度。早在 1949 年 12 月,毛泽东同志在谈到预算问题时提出:"国家的预算是一个重大的问题,里面反映着整个国家的政策,因为它规定政府活动的范围和方向。"①针对财经工作中存在的问题,邓小平同志于 1954 年提出了"预算底子打大了是一个政治问题"的论

① 《毛泽东文集》第六卷,人民出版社 1999 年版,第 24 页。

断,并提出了财政管理的"六条方针"。

一、加强预算管理

1953 年是我国执行"一五"计划的第一年。由于缺乏建设经验,在编制 1953 年的预算时,出现了一个小失误,即为了加快国民经济发展速度,增加基本建设投资,不恰当地把上年结余 30 亿元列入 1953 年国家预算收入,使预算收入的底子铺大了,出现了膨胀现象,预算支出也随之相应地扩大,使预算收支一开始就没摆平,到 7 月赤字累计达 20.9 亿元,只好动用上年结余,向中国人民银行提款,造成银行信贷资金紧张,银行就压缩商业部门的贷款,商业部门为还贷款,纷纷压缩库存商品,减少收购,把节省下来的钱归还银行贷款,影响了正常的商品流通,使国民经济的发展发生了一定困难。

针对当时发生的情况,中共中央采取了紧急措施,动员全党来补救。1953 年 8 月 28 日,中共中央发出《关于增加生产,增加收入,厉行节约,紧缩开支,平衡国家预算的紧急通知》,号召全党全国人民通过增加生产、扩大收购和销售、加速资金周转和做好税收工作等来增加收入,同时大力压缩军费开支和行政管理费用,节约粮食,坚决保证财政部提出的解决财政收支平衡,消除财政赤字的具体措施的实现。经过两个月的增产节约运动,对维持财政收支平衡起到了很好的效果,1953 年预算执行情况良好,当年收支结余 2.74 亿元。

针对这次财经小失误的教训,时任政务院副总理兼财政部部长的邓小平同志在 1954 年 1 月召开的全国财政厅局长会议上指出:"有些同志不懂得预算底子打大了的问题的严重性。底子大了,是上了马,而且是一匹烈马,上马必然还要下马,下马必须削预算,问题就很多,所以预算底子打大了,是一个政治问题。"[1]

"预算底子打大了是一个政治问题"的论断,是我们党在探索适应计划体制需要的财政管理理念的理论成果,对指导财政实践起到重要作用,

---

① 陈如龙主编:《当代中国财政》上,中国社会科学出版社 1988 年版,第 125 页。

使财政在大力保证社会主义工业化资金需要的同时，继续保持当年收支平衡、略有结余。

二、财政管理的"六条方针"

邓小平同志在作出"预算底子打大了是一个政治问题"论断的同时，提出了财政管理的"六条方针"。

一是预算归口管理。要求一切开支都归口。所谓"口"，在中央一级指国务院的各个办公室，例如工交、农林水利、财贸、文教、政法等办公室，不允许有不归口的开支项目。归口时，哪一个口易于控制，就归哪一个口。如县广播站，既可归行政部门，又可归文教部门，不必强求一致。归口包括政策问题，数目字内包括轻重缓急，哪个项目该办，哪个项目不该办，这是一个政治性的问题。预算不能由各部门自行决定，但必须以各部门为主，共同商量。

二是支出包干使用。预算指标由本级各口统筹安排，包干使用，只准节约，不准突破。各级包各级的，不是按条条一直包到底。实行包干后，用钱仍要编预算，报决算，财政部门要按制度审批。

三是自留预备费，结余不上缴。自留预备费就是各口在国家分配的预算指标范围内酌留必要的预备费，以应付意料不到的开支。结余不上缴，指各部门由于厉行节约、挖掘潜力而节省下的资金，下年可继续使用，不再缴回财政。但因计划变更、未完成计划、人员限额等原因少开支的部分，以及基本建设竣工工程的结余，仍要缴回财政，不作结余留用。

四是严格控制人员编制。人员不能随意增加，以免扩大财政支出，主要是为了控制工资基金。

五是动用总预备费要经中央批准。各地区、各部门在预算执行中新增加的开支，要首先动用自己的机动财力和在原预算中调剂解决，实在解决不了的，才能向中央提出追加预算。为了控制追加预算，动用国家总预备费，必须报请中央批准。

六是加强财政监督。严格执行财政纪律，保证国家资金合理节约地使用。

对于提出这"六条方针"的原因,邓小平同志解释①:第一,现在我们的财政是不稳固的,说不起大话的,经不起重大考验的。提出"六条方针"的重大政治目的,就是要把国家财政放在经常的、稳固的、可靠的基础上。立国的政策应该在有力量应付外侮和应付万一,因此必须增强财政后备力量,而财政后备基础的巩固,则需建立在经济上。第二,有了后备力量,国家财政才能集中力量保证社会主义工业化和社会主义改造的需要。党在过渡时期的总路线就是要建立一个伟大的社会主义国家,财政要保证这一点。如果财政不稳固,是不能保证的。实行归口包干后,剩下的预备费才能用到重大的事情上去,避免把钱用到买烧饼油条上去,才能保护住国家的总预备费,站稳脚跟,保证工业建设。第三,为了把国家财政放在稳固的基础上,保证社会主义工业建设,必须节减一切可以节减的开支,克服浪费。但如果没有"六条方针",就不可能办到,即不可能发挥积极性,让大家来办财政。今天的问题复杂得很,仅靠几个章程、几个法令、几个办法办事是不行的,要因地制宜。只有大家管财政,大家热心财政,事情才好办。节约也要有积极性,如果没有地方的积极性,就不可能节约,就要发生浪费。

后来,在《关于一九五四年国家预算草案的报告》中,邓小平同志又传达了毛泽东同志关于"增产、节约、多留后备力量,是巩固国家预算的可靠的三道防线"的指示。由于实施了这些财政管理方针和措施,1954年预算执行中不仅没有动用上年结余,而且当年收支平衡,有了16.05亿元结余,财政的后备力量也增强了。

第二节　国民经济调整与综合平衡

国民经济按比例发展是计划经济的基本特征,综合平衡就是按比例,其中财政平衡是最基本的。"没有全局、整体的平衡,就不是有计划的经

---

① http://www.china.com.cn/chinese/zhuanti/xp100n/626430.htm.

济。"①实践证明,处理好综合平衡,国民经济就会健康运转。相反,如果综合平衡工作没有做好,就会出现国民经济重大比例失调,影响经济健康运转。从冒进反冒进演变到"大跃进",背离了综合平衡原则,造成了国民经济比例严重失衡,给经济社会发展带来了严重的影响,财政也极为困难。对其反思,进一步认识到综合平衡对计划经济和国民经济发展的重要性,并开始国民经济调整,提出"八字方针"和"双六条",力求在实践中做好综合平衡。

一、冒进反冒进与综合平衡的提出

综合平衡思想是在我国实践中逐渐总结出来的,在编制第一个五年计划时,我国就高度重视按比例发展问题,强调"要重视研究国民经济的比例关系"。在此基础上,提出综合平衡思想。采取计划配置资源的方式,一般是按事先制订的计划,政府提出国民经济和社会发展的基本目标,有计划地安排重大经济活动,并以计划手段调节国民经济运行。资源的分配,包括生产什么、生产多少,都由政府计划决定。计划经济体制,必然注重国民经济的比例问题,要求按比例配置资源。

在计划经济体制下,处理好积累与消费的比例关系,不仅关系发展的速度和质量,而且决定着人们的生活水平状况。毛泽东同志在《工作方法六十条(草案)》中指出:"在我国的国民经济中,积累和消费的比例怎样才算恰当,这是一个关系我国经济发展速度的大问题,希望大家研究。"②

"一五"计划顺利推进,我国工农业生产迅速发展,社会主义公有制基本形成,在激发广大干部和人民群众加快实现工业化的愿望和热情的同时,也出现了急于求成、急躁冒进的倾向。在制订1956年国民经济计划草案时,大家普遍认为这一年是完成"一五"计划的关键之年,并且苏联援助中国建设的许多新建项目将进入施工高峰,需要加快基本建设速

---

① 《陈云文选》第三卷,人民出版社1995年版,第75页。
② 《毛泽东文集》第七卷,人民出版社1999年版,第348页。

度,因而应该把经济建设施工速度定得比较高一些。这一想法是好的,但却对国家财力和物力的保障条件考虑不够,急于求成、急躁冒进的倾向在经济工作中开始抬头。

1956 年国民经济计划和国家预算执行结果,取得了巨大成绩,基本建设拨款比 1955 年增长了 57.7%,大大超过了以往年度的增长速度,但也存在一些缺点和问题。例如,国家银行的农业贷款计划增加 11.2 亿元,结果实际增加了 20.3 亿元[①];生产资料和生活资料供应紧张。之所以出现这些问题,主要在于经济建设规模过大、工资总额增加过多、信贷支出增加过多等原因。

为了使国民经济顺利发展,必须坚持稳步前进的方针,反对急躁冒进的倾向。1956 年 6 月,国务院向第一届全国人民代表大会第三次会议提出几个经济工作方面的报告,在肯定成绩的同时,也指出生产的发展和其他一切事业的发展,都必须放在稳妥可靠的基础上,在反对保守主义的同时,又要反对急躁冒进的倾向。

1956 年 9 月,周恩来在党的八大上总结"一五"计划执行情况和汇报发展"二五"计划时指出:"在制定财政收入计划的时候,必须考虑到经济发展的可能性,考虑到积累和消费之间正确的比例关系,避免把收入定得过分紧张。……还必须考虑到建设规模和物资供应之间的平衡,考虑到意外的需要而留出一定数量的预备费,避免把支出定得过分紧张。"[②]薄一波在党的八大上作《正确处理积累与消费的关系》发言时指出,在过去几年,我们对积累与消费关系的处理,基本上是正确的,但也发生过某些偏差。实践证明,当我们对积累与消费的关系处理得比较妥善的时候,国家的经济生活就出现协调现象,就对经济的发展、人民生活的改善产生有利的影响。反之,当我们对积累与消费的关系处理得不妥善的时候,我们的经济生活就显得不正常,经济发展、人民生活的改善就会受到不利的影响。因此,薄一波在总结 1953—1956 年以来安排积累与消费之间比例关

---

① 陈如龙主编:《当代中国财政》上,中国社会科学出版社 1988 年版,第 136 页。
② 《周恩来选集》下卷,人民出版社 1984 年版,第 223 页。

系经验的基础上,提出了"二、三、四"制约界限。[1] 即在今后若干年内,在通常情况下,我国国民收入中积累部分的比重,不低于20%,或者略高一点;我国国民收入中国家预算收入的比重,不低于30%,或者略高一点;我国国家预算支出中基本建设支出的比重,不低于40%,或者略高一点。这样既能保障我国工业特别是重工业的发展,又能保障人民的生活水平逐步提高。虽然这些比例不能是一成不变的,但它毕竟是我国在实行计划经济时的一种重要探索,对于我国制订国民经济发展计划、推动经济按比例协调发展发挥了重要作用。

1956年11月,周恩来在党的八届二中全会上指出,1957年的计划应在继续前进的前提下,对基本建设要作适当的压缩,要合理调整各经济部门之间的比例关系,以适应国家财力和物力的可能性。1957年1月,陈云在各省、自治区、直辖市党委书记会议上,提出开展增产节约运动、适当压缩基本建设的投资额、有计划地控制社会购买力增长的速度三项措施。同时,他总结了1956年反冒进经验,提出:"建设规模的大小必须和国家的财力物力相适应。适应还是不适应,这是经济稳定或不稳定的界限。像我们这样一个有六亿人口的大国,经济稳定极为重要。建设的规模超过国家财力物力的可能,就是冒了,就会出现经济混乱;两者合适,经济就稳定。"[2]如果基建规模过大,必然导致过高的积累,甚至出现财政赤字,引起积累和消费的比例失调,并且造成生产资料和设备供应紧张,进而就要增加重工业的投资,造成农轻重的比例失调,造成严重的损失浪费,尤其是可能引起整个国民经济的混乱。因此,陈云认为,当基本建设投资超过国力的可能时,就要砍,并且要砍到和国家财力物力特别是农业所能承担的程度。后来,中央又采取了一些反冒进措施,在全国范围内广泛深入地开展增产节约运动,这对于1957年国民经济计划和国家预算的完成、"一五"计划的超额完成起了重要作用。

在这一过程中,陈云系统地提出财政、信贷、物资三大平衡的理论,即

---

① 薄一波:《十年来财政资料汇编》第一辑,财政出版社1959年版,第290—302页。

② 《陈云文选》第三卷,人民出版社1995年版,第52页。

综合平衡理论。对于何为综合平衡,陈云有一句名言:"所谓综合平衡,就是按比例;按比例,就平衡了。"①计划工作的主要任务是搞好综合平衡,实现国民经济基本比例关系的协调。在编制第一个五年计划时,陈云就高度重视按比例发展问题。在编制第二个五年计划时,他又特别强调要重视研究国民经济的比例关系,须遵守按比例的法则。"各生产部门之间的具体比例,在各个国家,甚至一个国家的各个时期,都不会是相同的。一个国家,应根据自己当时的经济状况,来规定计划中应有的比例。究竟几比几才是对的,很难说。唯一的办法只有看是否平衡。"②除了搞好积累与消费以及生产各部门比例关系的平衡之外,综合平衡还包括财政、信贷、物资等相互间及其各自的平衡。其主要思想包括:

一是财政收支和银行信贷都必须平衡,而且应该略有结余。只要财政收支和信贷是平衡的,社会购买力和物资供应之间,就全部来说也会是平衡的。所谓财政结余,并不只是结余钞票,主要是结余相应的物资。

二是物资要合理分配,排队使用。应该先保证必需的生产和必需的消费,然后再进行必需的建设。像钢铁、木材等原材料的供应,应该有分配的顺序。原材料的供应,宽裕时不发生问题,紧张时便必须有分配的顺序。在原材料供应紧张的时候,首先要保证生活必需品的生产部门最低限度的需要,其次要保证必要的生产资料生产的需要,剩余的部分用于基本建设。

三是人民的购买力要有所提高,但是提高的程度必须同能够供应的消费物资相适应。农产品提价的范围,只能限于那些收购价格过低影响生产发展的农产品。这是必须严格掌握的原则。经济作物的提价,必须考虑粮食和经济作物的比价,防止经济作物提价过多而挤了粮食,以至于被迫再提高粮价,造成轮番提价、全面提价的危险。否则,农产品提价多了,便要减少建设投资,同时增加市场供应和货币回笼的困难。

四是基本建设规模和财力、物力之间的平衡,不单要看当年,而且必

① 《陈云文选》第三卷,人民出版社1995年版,第211页。
② 《陈云文选》第二卷,人民出版社1995年版,第241—242页。

须瞻前顾后。财力、物力就是指投资、机器设备和原材料、消费物资、外汇四个方面。年度计划要摆平，就必须瞻前顾后，前后衔接，避免陡升陡降，造成损失。

同时，陈云还强调如果不认真研究国民经济的比例关系，必然造成不平衡和混乱状态。而研究合理的比例关系，绝不能只依靠书本，生搬硬套，必须从我国的经济现状和过去的经验中去寻找。

二、"大跃进"的挫折

1957年，我国超额完成了"一五计划"，社会主义建设和社会主义改造都取得了巨大成就。在胜利面前，党内滋长了自满的情绪，1957年夏季的"反右派"过程中出现阶级斗争扩大化的错误。此后，从1958年1月到5月，中央会议多次对"反冒进"进行猛烈抨击。由于急躁冒进、盲目追求速度，1958年5月，党的八大二次会议正式通过了"鼓足干劲、力争上游、多快好省地建设社会主义"的总路线。尽管总路线的出发点是要尽快地改变我国经济文化落后的状况，但由于忽视了客观经济规律，反而为主观主义的"多、快"开了方便之门，并逐步演化为以钢为纲的"大跃进"。

"大跃进"是想加快我国经济建设的步伐，但由于忽视了客观经济规律，夸大了主观意志和主观努力，提出"以钢为纲"，片面发展重工业，导致国民经济重大比例关系严重失调，生产大起大落，财政、信贷、物资失衡，财政工作面临巨大压力和挑战。其主要表现在：

一是积累与消费比例严重失调。1958年5月，党的八届二中全会正式通过了"鼓足干劲、力争上游、多快好省地建设社会主义"的总路线。同年8月，中央政治局在北戴河举行扩大会议，制定了没有科学依据的高指标，提出1958年钢产量要在1957年535万吨的基础上翻一番，达到1070万吨，1959年要比1958年再翻番，由1070万吨达到3000万吨。粮食产量1958年要比1957年增产80%，由3900亿斤达到7000亿斤左右，1959年要比1958年增产50%。各地纷纷提出工业"大跃进"和农业"大跃进"的不切实际的目标，片面追求工农业生产和建设的高速度，在建设上追求大规模,提出了名目繁多的全党全民"大办""特办"的口号,从而导致基本建设战线过长,积累率急剧升高。三年间,基建投资总额高达1006亿元,比"一五"计划时期基本建设总投资几乎高出1倍。积累率突然猛增,由1957年的24.9%猛增到1958年的33.9%,1959年再增到43.8%,1960年仍高达39.6%。同时,由于基本建设战线过长,超过了人力、物力、财力的可能,导致了投资效果降低。大中型建设项目的投产率由1957年的26.4%降至1960年的9.8%;每百元积累新创造的国民收入,由"一五"时期平均32元,降至1960年的-0.4元,国民经济循环严重恶化。积累额的猛增,势必挤占消费基金,导致积累与消费比例严重失调。1957年全国人均消费水平为102元,到1962年仅增至117元,严重影响了人民的生活消费水平。①

二是农轻重比例严重失调。片面追求高速度,主要是重工业的高速度,盲目追求脱离实际的钢产量,造成工农业之间和工业内部各部门之间的比例严重失调。在工农业比例方面,由于农业受到极大削弱,生产大幅度下降,出现了工农业比例失调。1960年工业总产值比1957年增长1.3倍,而农业总产值却下降了22.7%;工业和农业产值比例由1957年的5.7∶4.3变为1960年的7.8∶2.2。粮食产量由1957年的3901亿斤降到1960年的2870亿斤,减少了1031亿斤,下降26.4%;棉花产量由164万吨降到106.3万吨,下降35.2%。由于农业生产的大幅下降,使粮食等农副产品供应严重不足。从轻重工业方面来看,也出现了严重的比例失调。"一五"期间,轻重工业总产值的比例平均是59.2∶40.8。到1960年,重工业总产值却从1957年的45%增加到66.6%,轻工业总产值所占比重从1967年的55%下降到33.4%。由于工业生产以钢铁为中心,重工业增产较快,如生铁产量增加3.6倍、铁矿石产量增加4.8倍、煤产量增加2.03倍,而轻工业所需要的燃料等物资被过分挤占,生产能力同农业可能提供的原料之间出现了严重的不平衡,导致轻工业生产的大幅下降,

---

① 陈如龙主编:《当代中国财政》上,中国社会科学出版社1988年版,第185—186页。

进而造成了市场上商品供应紧张的局面。①

三是财政、信贷以及物资产品均出现失衡状况。为了适应"大跃进"建设资金的需要，在财政和信贷上提供大量便利，有的地方认为信贷放款就是支持生产，收款就是不支持生产。因此，在信贷和产品收购等方面出现了较为激进的口号和做法。例如，一些地方的商业部门喊出了"生产多少，就收购多少；什么时候生产出来，什么时候就收购"的口号；而在信贷上，重放轻收，有的甚至"需要多少，就贷多少；什么时候需要，就什么时候贷"，完全忽略了信贷计划和国民经济发展的实际需要；商业部门在计划外大搞赊销商品，预付货款；甚者"指山买矿""指河买鱼"，变相发放基本建设贷款。随着基本建设扩大，城镇职工增加，企业亏损增加，银行贷款和财政支出也不断上升。财政总支出从 1957 年的 304 亿元分别增加到 1958 年的 409.4 亿元、1959 年的 552.86 亿元和 1960 年的 654.14 亿元。"大跃进"运动中，虚假浮夸的风气较为盛行，各行各业都提出了一些不切实际的高指标，财政表面上有钱，实际上日子不好过，出现了"假结余、真赤字"的现象。三年间，银行对工业贷款，从 1957 年的 33.4 亿元分别增加到 91.9 亿元、258.3 亿元和 299.6 亿元；银行对商业贷款，也从 216.4 亿元分别增加到 342.4 亿元、495.3 亿元和 506.3 亿元。财政赤字和银行信贷规模的扩大都迫使国家不得不增加货币发行。在商品可供量方面，由于农业、轻工业减产，市场商品可供量则严重不足，尤其吃和穿的商品缺口很大。又因外汇收入减少、结存下降，无力增加进口市场消费品，只能大挖商品库存。1957—1960 年，粮食和花纱布等主要消费品大约挖出库存 1/3，但货源仍然不足，到 1960 年年末，未实现的社会购买力达到 198 亿元，每元货币拥有的消费品库存比 1957 年下降了 21.1%。这些都突出地反映了市场上供需关系的严重失调。②

三、国民经济调整中的财政管理

国民经济的全面失调，加上连年的自然灾害、苏联政府背信弃义地撕

---

① 谢旭人：《中国财政 60 年》上卷，经济科学出版社 2009 年版，第 137—138 页。
② 谢旭人：《中国财政 60 年》上卷，经济科学出版社 2009 年版，第 139 页。

毁合同,使国民经济、社会发展和人民生活都面临严重困难和危机,中国社会主义事业遭受重大考验。针对这一严峻局势,为了摆脱这种日渐严重的困境,中央决定对国民经济进行全面调整。

1960年7月,党中央北戴河会议提出要对国民经济进行调整。8月底,国家计划委员会(以下简称计委)向国务院汇报1961年国民经济计划时,提出了应对国民经济实行"调整、巩固、提高"的意见。后来,周恩来在听取了国家计委党组的汇报之后,加上了"充实"两字,从而形成了"调整、巩固、充实、提高"的八字方针。1960年9月30日,中央转发的国家计委党组《关于一九六一年国民经济计划控制数字的报告》中,第一次正式提出了"八字方针"。1961年1月14日至18日,党的八届九中全会讨论批准了这个方针。随后中央先后召开庐山会议、七千人大会、西楼会议,全党统一思想认识。

"调整、巩固、充实、提高"的八字方针,其核心是适当调整国民经济各方面的比例关系,即调整农、轻、重之间的比例关系,调整生产和基本建设的关系;调整经济事业和文教事业、国防事业的关系;调整积累和消费的关系;调整财政、信贷和物资的关系;尽可能提高农业和轻工业的发展速度,适当控制重工业,特别是钢铁工业的发展速度,同时缩小基本建设的规模,使国家建设和人民生活得到统筹兼顾、全面安排。按照"八字方针",我国进入国民经济全面调整时期。为了深入贯彻以调整为核心的"八字方针",财政认真落实农村经济政策,促进和巩固以生产队为基础的人民公社体制,大力支援农业增产,提高支农资金在国家预算中的比重,减轻农民税收负担,减少粮食征购数量;压缩基本建设投资,调整工业投资结构;增收节支,消灭财政赤字,回笼货币,稳定市场;改进财政管理体制,加强集中统一。

为了切实加强银行工作的集中统一,把国家资金管紧,堵塞银行信贷资金的漏洞,1962年3月,财政部制定发布《关于切实加强银行工作的集中统一,严格控制货币发行的决定》(银行"六条")。银行"六条"主要内容包括:收回几年来银行工作下放的一切权力,银行业务实行完全彻底的垂直领导;严格信贷管理,加强信贷的计划性,非经人民银行总行批准,任何地方、部门和企业、事业单位，不得在计划以外增加贷款；严格划清银行信贷资金和财政资金的界限，不得用银行贷款作财政性支出；加强现金管理，严格结算纪律；各级人民银行必须定期向当地党委和人民政府报告货币投放、回笼和流通情况；在加强银行工作的同时，必须严格财政管理。

在银行"六条"下达后，针对有些企业出现乱挤占财政现象，堵住财政漏洞，1962年4月，又制定发布《关于严格控制财政管理的决定》（财政"六条"）。财政"六条"强调，切实扭转企业大量赔钱的状况，一切国营企业，除了国家特别批准的以外，都必须盈利，不准赔钱；坚决制止一切侵占国家资金的错误做法，所有企业和基本建设单位，必须按照批准的计划和预算用钱，资金的来源和用途都要核算确实，交代清楚。严禁乱拉乱用国家资金，来发放多余人员的工资、自行提高职工福利、弥补企业亏损或者在计划以外扩大基本建设；坚决制止各单位之间相互拖欠货款，企业或者基本建设单位，收了货不付钱，占了其他国营企业的资金，实际是变相地占压和侵占国家资金，必须坚决禁止；坚决维护应当上交国家的财政收入，全民所有制的单位、集体所有制的单位，以及应当结税的个人（小商小贩等），都必须依法向国家缴纳税款；严格控制各项财政支出，只许减少，不许超过；切实加强财政监督。

在"八字方针"指导下，中央采取了一系列果断的调整措施，工农业生产比例走向协调，工业生产能力和经济效益大幅度提高，工业内部结构有所改善，积累与消费比例趋向合理，财政收支平衡略有结余，人民生活水平开始回升，整个国民经济已经全面好转。

四、综合平衡理论的发展

"大跃进"的重要教训之一，就是没有搞好综合平衡。没有全局、整体的平衡，就不是有计划的经济。在国民经济调整过程中，我国对综合平衡的认识又上升了一个深度。

1962年3月，陈云在中央财经小组会议上指出，国民经济计划需要有一个大的调整，要准备对重工业、基本建设的指标"伤筋动骨"。调整计划，实质上是要把工业生产和基本建设的发展放慢一点，以便把重点真正放在农业和市场上。农业问题,市场问题,是关系五亿多农民和一亿多城市人口生活的大问题,是民生问题。解决这个问题,应该成为重要的国策。为了农业、市场,其他的方面"牺牲"一点,是完全必要的。计划安排,特别是材料的分配,要先把农业、市场这一头定下来,然后再看有多少材料搞工业。工业也要首先照顾维修、配套,维持简单再生产。满足了当年生产方面的需要,再搞基本建设。有多大余力,就搞多少基本建设。为此,他详细论述了综合平衡问题。"所谓综合平衡,就是按比例;按比例,就平衡了。任何一个部门都不能离开别的部门。一部机器,只要缺一部分配件,即使其他东西都有了,还是开不动。按比例是客观规律,不按比例就一定搞不好。按照国内和国外的经验,生产一百万吨钢,就要相应地有近五万吨的有色金属;在有色金属中,铜、铝、铅、锌又有一定的比例,缺一样都不行,数量少了也不行。搞经济不讲综合平衡,就寸步难移。"①计划经济必须根据计划规律的要求办事,也就是通过统一计划按照一定比例分配社会劳动,国民经济各部门、各个环节之间保持一定的比例,社会生产和需要之间保持相对平衡。

在综合平衡中,有两个问题是比较重要的。一个是从什么时候开始搞综合平衡。针对有些人提出没有条件、当时不能搞综合平衡时,陈云明确提出:"综合平衡必须从现在开始,今年的年度计划就要搞综合平衡,开步走就要搞综合平衡。不能说在达到了多少万吨钢以后再去搞平衡。"②因此,无论在任何时候任何情况下都要保持国民经济的综合平衡。年度计划要平衡,长期计划也要在年度综合平衡的基础上制定。

另一个是按什么"线"搞综合平衡。综合平衡通常是按长线或者短线来搞。但按长线搞平衡,导致的结果往往是不平衡。所以,要做到真正的平衡,就要按短线搞综合平衡。"所谓按短线平衡,就是当年能够生产的东西,加上动用必要的库存,再加上切实可靠的进口,使供求相适应。"③为避免形成新的不平衡,在按短线确定计划指标时,也要注重统筹

---

① 《陈云文选》第三卷,人民出版社1995年版,第211页。
② 《陈云文选》第三卷,人民出版社1995年版,第211页。
③ 《陈云文选》第三卷,人民出版社1995年版,第211页。

安排长线本身在国民经济比例关系中的综合平衡。

　　搞综合平衡,计划指标必须留有余地。1960 年 6 月,毛泽东同志在中共中央上海会议期间作《十年总结》的报告时指出,在制订国民经济计划时,要留有余地,宁可少些,让实际超过,打得太满,就会被动。陈云也指出:"计划指标必须可靠,而且必须留有余地。只要综合平衡了,指标低一点,也不怕。看起来指标低一点,但是比不切实际的高指标要好得多,可以掌握主动,避免被动。"①

　　后来,陈云在三大平衡理论的基础上,又加入外汇收支平衡(即现在的国际收支平衡),从而形成四大平衡理论的思想体系。在这四大平衡中,陈云认为:"从全局看,在几大平衡中,最基本的,是财政平衡。"②

　　在计划经济体制中,从生产、分配、交换到消费的整个社会的经济运行,都是按照政府的计划进行控制和调节。由于绝大部分的国民收入由财政根据社会发展各方面需要,进行统一分配,使财政对国民经济总量起决定性影响。只要财政收支能保持平衡,整个社会的总需求和总供给也就有了基础条件。在国民经济综合平衡中,信贷、物资、外汇平衡的基础是财政平衡。由于财政的超分配,即财政出现赤字,主要靠银行透支来实现。这迫使银行多发放配套资金方面的贷款,从而形成了信贷的不平衡,而信贷不平衡造成过多的货币供给,从而引发物资供给的短缺,最终导致收支不平衡。因此,陈云指出:"只要财政收支和信贷是平衡的,社会购买力和物资供应之间,就全部来说也会是平衡的。"③

第三节　全面整顿财政工作

　　"文化大革命"给国民经济带来极大破坏,综合平衡思想受到批判,经济和社会秩序混乱,社会主义经济建设事业遭受到严重的挫折和损失,国家财政也受到很大冲击。1975 年我国全面整顿经济,整顿财政工作和财政

---

① 《陈云文选》第三卷,人民出版社 1995 年版,第 212 页。
② 《陈云文选》第三卷,人民出版社 1995 年版,第 366 页。
③ 《陈云文选》第三卷,人民出版社 1995 年版,第 52—53 页。

秩序,恢复了财税部门的职能机构,提出了《关于整顿财政金融的意见》(即"财政十条"),发挥财政对经济社会生活各领域的支撑作用。

一、财政工作受到严重干扰和冲击

在"文化大革命"期间,受政治运动的冲击,国家和社会秩序出现了混乱,财政工作也受到政治运动的严重干扰和冲击,财政制度和财政管理被严重破坏,对财政工作产生了巨大的不良影响。

1966年5月,中央政治局扩大会议通过了"五一六通知"。8月党的八届十一中全会通过《中共中央关于无产阶级文化大革命的决定》,标志着"文化大革命"全面发动。1966年开始的全面夺权也冲击到了财政部门,受到了中央领导和财税战线广大干部职工的坚决抵制。周恩来坚决制止了造反派的夺权行动,指出"中央财政大权不能夺",要求维护财政部原领导班子的工作,保证了国家财政业务系统正常运转。1967年7月,财政部成立了军管会,领导财政部的日常工作。业务司局被撤并,划分为两个大组,政工组和业务组,管理财政业务的干部由几百人减至几十人。1969年7月,财政部与中国人民银行合署办公。

在"文化大革命"期间,预、决算制度受到冲击,甚至被迫中断,1967年和1968年没有正式的预、决算报告。取消、简化了80%以上的财政报表,基本建设项目的概算、预算、成本计算和竣工决算以及拨款原则都被废除,税制过度简化,财政体制频繁调整。财经纪律松弛,随意截留国家财政收入的混乱局面相当严重,财政管理遭到严重破坏。

财政收支急剧波动,多年出现赤字,财政运行极为困难。1967年财政收入比1966年减少25%,1968年又比1967年减少13.9%。1967年出现了22.5亿元的财政赤字。为了保证收支平衡,只有大幅压缩支出。例如,只有1968年财政总支出比1966年减少约1/3的情况下,才保持了财政收支平衡。据估算,"文化大革命"十年,财政收入总共减收约1500亿元。同时,财政投资分配结构畸形发展。从1969年起,由于强调备战需要,加强"三线"建设,提出了"靠山、分散、进洞"的方针,使基本建设投资不断增加。1969年、1970年的基本建设投资拨款激增,占当年财政支出的比例分别高达 39.2% 和 45.9%，仅次于"大跃进"的最高峰时期。①

二、综合平衡受到破坏

在"文化大革命"时期，宏观经济的综合平衡被斥之为右倾保守、消极平衡，国民经济的综合平衡受到破坏，国民经济状况恶化，主要经济比例严重失调。

工农业生产大幅度下降。"文化大革命"期间，各项经济指标的平均年增长速度都大大低于此前的水平。1967 年工农业总产值比上年下降 9%，其中工业总产值下降 14.9%；农业总产值比上年的增长率降低 7 个百分点。从产品产量看，钢产量比 1966 年下降 32.8%；煤炭产量下降 18.3%；原油产量下降 4.7%；发电量下降 6.2%。1968 年国民经济各项指标继续下降，工农业总产值下降 4%，其中工业总产值下降 7%；农业总产值仅增长 0.4%。从产品产量看，除煤炭、原油、棉花之外，其他产品产量均有所下降。例如，钢产量下降 12.1%；发电量下降 7.5%；粮食产量下降 4%。

经济比例严重失调。第一，积累和消费比例严重失调。1966—1976 年的 11 年中，有 8 年积累率在 30% 以上。在积累内部，生产性积累和非生产性积累也存在比例严重失调的状况，非生产性积累"三五"和"四五"期间分别下降了 22.5% 和 22.4%，导致住宅、教育、文化、卫生、环保设施等方面投入严重不足，严重影响了人民生活水平的提升。第二，农、轻、重比例关系失调。农、轻、重的投资结构由 1968 年的 41.9：31.2：26.9，改变为 1969 年的 33.7：30.6：35.7，以后几年重工业占生产总值的比重也持续上升。在工农业总产值中，1966—1976 年重工业比重从 32.7% 上升到 38.9%，农业比重从 35.9% 下降到 30.4%，轻工业比重从 31.4% 下降到 30.7%。从农业内部结构来看，片面强调"以粮为纲"，不注重种植业与经济作物、林牧副渔业的协调发展。种植业产值比重始终在 69% 以上，林牧副渔业产值比重始终在 31% 以下。从工业内部结构来看，

---

① 陈如龙主编：《当代中国财政》上，中国社会科学出版社 1988 年版，第 241 页。

重工业占比持续上升,不仅轻重工业比例失调,由于过分强调钢铁和机械工业,在重工业内部加工工业与原材料工业也不相适应。1966—1976年,重工业的总产值的比重由 32.7% 上升到 38.9%,轻工业总产值的比重则由 35.9% 下降到 30.4%;制造工业的比重由 50.5% 上升到 52.8%,而原材料工业却由 38.3% 下降到 34.9%。第三,交通运输业和工农业生产比例失调。"文化大革命"时期,工农业总产值增长了近 1 倍,其中工业总产值增长 1.25 倍,而全部货物周转量仅增长 77%,其中,铁路货物周转量增长只有 28.2%。①

三、全面整顿工作

为改变全国政治和经济动荡的局势,促进国家发展,1975 年,邓小平同志根据毛泽东同志提出的"安定团结""把国民经济搞上去"的指示,开始全面整顿。

这次全面整顿工作,是对"文化大革命"时期"左"倾错误的纠正。全面整顿工作的中心是整顿经济工作。邓小平同志反复强调把实现四个现代化问题作为全党工作的大局,实际上就是提出把全党工作重心转移到经济建设上来,主张大力发展生产力,明确重申生产力标准。他批评了一些人只敢抓革命,不敢抓生产,认为"抓革命保险、抓生产危险"是大错特错的。全面整顿工作是以工交战线的整顿为重点,并以整顿铁路为突破口。怎样才能把国民经济搞上去? 首先是恢复生产秩序。当前的薄弱环节是铁路。铁路运输的问题不解决,生产部署统统打乱,整个计划都会落空。所以,中央下决心要解决这个问题。根据邓小平同志的讲话精神,中央作出了《关于加强铁路工作的决定》。全面整顿工作的核心为党的整顿。只要抓住整党这个中心环节,各个方面的整顿就不难。搞好安定团结,发展社会主义经济,需要加强党的领导,把我们党的优良作风发扬起来,坚持下去。因此,在全面整顿中把党的整顿作为核心,要求把党的组织尽快恢复起来,把领导班子建设好。总之,以整顿经济工作为中心的全

① 谢旭人:《中国财政 60 年》上卷,经济科学出版社 2009 年版,第 180—187 页。

面整顿工作,是以整顿铁路为突破口,以工交战线的整顿为重点,以党的整顿为核心,到农业、军队、科学、教育、文艺的整顿,并逐渐发展到意识形态领域,形成了一个整体。

由于受"批邓、反击右倾翻案风"运动的影响,全面整顿工作很快停止了。虽然为时甚短,干扰很多,但却取得了明显的效果,各方面工作在短时间内出现明显好转,国民经济各项指标也由停滞下降转入迅速回升,工农业总产值比上年增长了 11.9%,其中,工业总产值增长 15.5%,农业总产值增长 3.1%。尤为重要的是,这次全面整顿工作,实际上是中国共产党新时期伟大历史转折的序曲,是改革的最初试验,成为后来改革开放的先声,为我党新时期伟大历史性转折奠定了思想理论基础。

四、整顿财政与"财政十条"

早在 1972 年,在周恩来的领导下,我国开始整顿财政工作,恢复财政秩序。例如,财政部针对当时企业管理混乱的情况,加强了对国营企业的财务管理工作,提出了要切实抓好企业整顿,严格实行经济核算制,建立健全企业的各项规章制度和经营管理的基础工作。为了促进企业进一步加强经济核算,财政部于 1973 年 5 月发布《关于加强国营工业企业成本管理工作的若干规定》,要求企业编制成本计划,严格执行国家规定的成本开支范围和费用开支标准。再如,1975 年 1 月,国务院发布《关于进一步加强财政工作和严格检查一九七四年财政收支的通知》,要求对一些违反财经纪律的现象进行纠正,不准任意减免税收、扣留国家收入,不准采取预算外支出转到预算内开支,不准用任何手法转移资金。

1975 年,随着全面整顿工作的开展,财政管理工作也采取了一系列全面整顿的措施,其中最为主要的措施是提出了《关于整顿财政金融的意见》(即"财政十条"),要求努力促进工农业生产的发展,调整财政收入,节约财政支出,迅速扭转企业亏损局面,加强基本建设拨款的管理,管好用好更新改造资金,加强信贷管理,控制货币发行,改进财政和信贷管理体制,严格财经纪律。针对当时生产遭到破坏、资金偏于分散的情况,"财政十条"要求进一步改进财政信贷管理体制,提出财政资金需要适当集中,管理权限主要集中于中央和省、自治区、直辖市两级;强调国家财政的方针、政策、国家预算、税法税率、全国性的开支标准、企业基金提取的比例、生产成本和商品流通费用的开支范围等,都由中央统一规定。在财政体制上,提出了"定收定支,收支挂钩,总额分成,一年一定"的办法,每年由财政部分别核定各省、自治区、直辖市的收入任务和支出总额,按照支出占收入的比例,作为地方分成的比例,超收按分成比例相应地多分收入,短收了就要相应地减少支出,自求平衡。

为了贯彻"财政十条",财政部起草了改进预算管理体制,加强固定资产管理、企业财务管理等诸多管理措施和整顿性文件。虽然由于受"文化大革命"政治运动的影响,"财政十条"和这些文件并没有正式公开发布,但文件精神在实际工作得到贯彻和实行,对财政领域的整顿工作起到了积极作用。

尽管"文化大革命"期间,经济社会秩序不稳定,生产和各项事业受到严重影响,但财政部努力克服重重困难,维持和稳定财政工作,竭力维持财政平衡,支持经济建设、开展对外援助,坚持财政制度和财经纪律,努力进行整顿,有力地维护了国家财政的稳定局面,对保持政权正常运转、维护国家稳定发挥了重要作用。

第三篇　财政改革和重构

1978 年党的十一届三中全会把党和国家的工作中心转移到社会主义现代化上来的战略决策,开启了改革开放和社会主义现代化建设的伟大征程。财政改革作为整个经济体制改革的突破口,通过一系列"放权",充分调动了各方面的积极性。1992 年党的十四大提出建立社会主义市场经济体制的改革目标,正式确立了经济体制改革的方向。财政改革作为宏观经济体制改革的中心环节,适应市场经济建设的要求,开始新一轮的"分权"改革,同时财政也转向公共财政。党的十六大提出了全面建设小康社会的目标,党的十六届三中全会提出了进一步健全和完善公共财政体制的战略目标,财政改革逐步从"放权""分权"迈向"治权"。"放权""分权""治权"是理解这一时期财政改革的三个关键词,"放权"是在原有的集中体制框架内下放部分财力支配权,突破了原来的"集权"模式;"分权"是在多元主体之间的权力划分,理顺和规范了中央与地方、国家与企业的分配关系;"治权"即对权力和权利进行治理,进一步调整权力和权利的关系,界定和规范各类主体之间的权利,通过完善财政制度约束公权,保障和维护人民的权利。财政改革从"放权""分权"走向"治权"的过程,既是叠加的、继起的,也是渐进的,更是一个动态优化的过程。

第九章　财政放权：

经济体制改革的突破口

1978—1992年，党的工作中心转移后，财政各方面放权让利，打破了计划经济体制的束缚，为多元主体的发展构建了基础。重塑税收体系，逐步建立多种税、多环节征收的复合税制体系。在国有资产管理、教科文卫预算体制、基本建设投资制度、发行国债、预算外资金管理等方面，也推出相应的改革。

第一节　党的工作中心转移提出财政体制的改革要求

党的十一届三中全会明确提出把全党的工作中心转移到社会主义现代化建设上来，揭开了中国改革开放的序幕。改革伊始，以"放权让利"为特征的财政改革激发了各方面的积极性，形成了新的发展经济的动力机制。

一、党的十一届三中全会提出的改革要求

1978年7月、10月，先后召开的国务院务虚会议和全国计划会议，成为经济改革探索的先声。1978年7月6日至9月9日召开的国务院务虚会议，讨论了经济体制改革问题，提出放手发挥经济手段作用，坚决实行专业化，发展合同制，贯彻按劳分配的原则，扩大企业经营自主权。李先念重点报告了经济体制改革问题，提出要实现现代化，必须勇敢地改造一切不适应生产力发展的生产关系和不适应经济基础要求的上层建筑，放

手发挥经济手段和经济组织的作用。李先念指出:"我国已经不止一次改革经济体制,并取得了许多成效。但是在企业经济管理体制方面,往往从行政权力的转移着眼多,往往在放了收、收了放的老套中循环,因而难以符合经济发展的要求。"①1978年9月5日至10月22日召开的全国计划会议,确定经济战线必须实行"三个转变",把注意力转到生产斗争和技术革命上来,转到按照经济规律办事、把民主和集中很好地结合起来的科学管理轨道上来,转到积极引进国外先进技术、利用国外资金、大胆进入国际市场上来。这实际上已经初步提出了把工作重心转移到经济建设上来,实行改革和开放的要求。会议呼吁"必须多方面地改变不适应生产力发展的生产关系,改变不适应经济基础的上层建筑,改变工农业企业的管理方式和思想方式,使之适应于现代化大经济的需要"②。全国计划会议还第一次提出改革要采取"摸着石头过河"的试验办法③,参加会议的各省、自治区、直辖市的经济领导针对经济建设、财政等改革提出了大量建议。

1978年11月10日至12月15日,中共中央在北京召开了中央工作会议,提出要从1979年1月起,把党和国家工作重点转移到社会主义现代化建设上来。邓小平同志在闭幕式上发表了《解放思想,实事求是,团结一致向前看》的讲话,这篇讲话号召解放思想,后来被称作开辟新时期新道路、开创建设有中国特色社会主义新道路的宣言书。

1978年12月1日,中国共产党十一届三中全会在北京隆重召开。全会高度评价关于"实践是检验真理的唯一标准"的讨论,决定停止使用"以阶级斗争为纲""无产阶级专政下继续革命"的口号,作出了"把全党工作重点和全国人民的注意力转移到社会主义现代化建设上来"的战略决策。党的十一届三中全会是新中国成立以来我党历史上具有深远意义的伟大转折,标志着中国从此进入了改革开放,建设中国特色社会主义的

---

① 《李先念论财政金融贸易》(下),中国财政经济出版社1992年版,第376页。
② 国家计划委员会档案:《全国计划会议简报》1978年9月26日。
③ 郑有贵主编:《中华人民共和国经济史(1949—2019)》,当代中国出版社2019年版,第134页。

新时期。党的十一届三中全会提出:要"对经济管理体制和经营管理方法着手认真的改革","现在我国经济管理体制的一个严重缺点是权力过于集中,应该有领导地大胆下放,让地方和工农业企业在国家统一计划的指导下有更多的经营管理自主权"。为此,财政分配中就必须放权让利,根据新的形势和新的要求对原来的体制进行改革,使财政体制与经济的改革开放相适应。

党的十一届三中全会以后,中共中央决定在国务院设立财政经济委员会,由国务院副总理陈云担任主任,李先念任副主任,作为研究制订财经工作的方针政策和决定财经工作大事的决策机关。1979年4月,中共中央召开中央工作会议,讨论了当时的经济形势和党的对策。在这次会议上中央正式提出了对国民经济进行"调整、改革、整顿、提高"的八字方针,要求坚决纠正前两年工作中的失误,认真清理过去在这方面长期存在的"左"倾错误影响。李先念代表中共中央在大会上做了《调整国民经济,改革经济管理体制》的重要讲话,分析了当时国民经济比例失调的严重情况,阐明了调整国民经济的必要性和方针任务,提出"体制改革的确是一件关系到国民经济全局的大事,是一件极其复杂和艰难的工作,我们的态度要积极,但改革的方法步骤一定要稳妥可靠"。李先念在报告里列举了传统计划体制的种种弊端,指出"总的看来是集中过多,计划搞得过死,财政上统收统支,物资上统购包销,外贸上统进统出,'吃大锅饭'的思想盛行,不讲经济效果"。报告提出四点改革原则,一是在整个国民经济中,以计划经济为主,同时充分重视市场调节的辅助作用;二是扩大企业的自主权,并自把企业经营好坏同职工的物资利益挂起钩来;三是按照统一领导、分级管理的原则,明确中央和地方的管理权限;四是精简行政机构,更好地运用经济手段来管理经济。特别强调国家计划也要自觉运用价值规律,国家运用立法、政策和税收、信贷和价格等经济手段对市场进行调节。在财政体制改革方面,李先念提出"中央和地方以至企业的权限究竟如何划分,怎样才能更有利于用经济的办法管理经济,都要作出明确的规定。在进行这些局部改革的同时,要认真调查研究,搞好试点,作好准备,提出比较全面的改革方案,经中央批准后,到条件成熟时再着手进行"①。按照这次会议精神,先行一步改变高度集中的僵化模式、对地方放权让利的财政体制的改革思路基本形成。

二、财政成为经济体制改革的突破口

党的十一届三中全会以后,财政改革之所以先行一步,成为我国经济体制改革的突破口,是因为在改革初期,首要的任务是在维护国民经济基本运转的同时打破旧体制约束而引入新体制的活力,并使新旧体制配置资源的能力和范围发生此消彼长的变化,使新的体制逐渐酝酿、形成。由于国民经济无法"停车检修",传统体制计划功能在中国不宜以"大爆炸"式改革一夜取消,而国家财政是高度集中的计划财政,绝大部分经济资源控制在财政范围内,因此财政作为计划体制下资源配置的枢纽可以首先松动,成为渐进式改革中"解锁"传统体制在宏观层面的突破口,以便让体制内的一部分资源和体制外的资源能够寻求自发组合的方式,这就决定了财政放权让利的先导地位。放的是一部分资源配置权,让的是地方层面配置资源的范围,从而在计划体制的边界上跟随地方分配权的扩大,才有了其后企业自主权的扩大、多种所有制形式的生长、企业和个人收入分配比重的提高、银行经营业务的扩大、物资流通的放松等,而这一切正是形成以利益为导向、以供求为平衡机制、以资本社会动员和形成为核心的市场化体制的雏形。正因如此,中央选择财政改革作为我国经济改革的重要突破口,发挥改革先导的作用。

根据中央精神,这次财政体制改革总的指导思想是:既要有利于促进经济的调整和发展,又要有利于财政的平衡稳定;既要有利于调节和保护各方面的经济利益,又要有利于促使微观经济活动符合宏观决策的要求。因此,改革必须在巩固中央统一领导和统一计划,确保中央必不可少的开支的前提下,明确划分各级财政的权力和责任,做到权责结合,各司其职,各尽其责,充分发挥中央和地方两个积极性,共同承担国家财政收支的责任,保证和促进整个国民经济持续、稳定、协调发展。

---

① 《李先念文选(一九三五——一九八八年)》,人民出版社 1989 年版,第 372—374 页。

第二节　放权让利为经济体制改革
"杀出一条血路来"

传统的计划机制的条件下,权力高度集中,政府职能膨胀,严重抑制了各方面的积极性。在中央统一领导下,地方财政是作为中央财政计划的执行单位加以考虑和设置的,其自身的利益主体地位未受重视,也不具备对自身行为负责的基本条件,从而压抑了各地区、各部门及各单位的积极性、创造性。"大计划"导致了"大财政",国家计划是资源配置的主角,财政作为计划控制的基本手段,以资产所有者身份直接参与社会生产和消费各个领域,渗透到从企业管理乃至个人消费等微观经济的各个方面。财政取代企业微观决策职能,包办各项社会事业。特殊的财政收入形成机制加上过于宽泛的财政职能严重限制了各方面的积极性、创造性。邓小平同志曾说:改革要"杀开一条血路"。而这条"血路"正是从财政体制改革开始的,也就是通过财政的放权让利来解冻搞活,转变长期以来财政高度集中、统得过死的局面,让各地方、部门、单位、企业和个人都能得到看得见的物质利益,全面激活中国经济发展的动力。

一、对农民放权让利

对农民放权让利,一是通过家庭联产承包制向农民放权;二是通过提高农副产品价格向农民让利。

改革率先在农村启动,农村改革的核心是激发农民积极性,财税政策相应做了调整。农村改革首先是对农民放权,实行联产承包制,取消种植计划,把土地使用权赋予农民,极大地调动了农民积极性。在计划经济体制和传统工业化发展战略下,农业、农村和农民成了最薄弱的环节。1979年9月28日,党的十一届四中全会通过的《关于加快农业发展若干问题的决定》对当时农业、农村、农民的状况有个统计:"一九七八年全国平均每人占有的粮食大体上还只相当于一九五七年,全国农业人口平均每人全年的收入只有七十多元,有近四分之一的生产队社员收入在五十元以下,平均每个生产大队的集体积累不到一万元,有的地方甚至不能维持简单再生产。"①穷则思变,农民自己为自己想到了打破计划经济体制的办法,分田包干,在几乎铁板一块的计划体制里撕开一个口子。

1978年初冬,为解决温饱问题,安徽省凤阳县小岗村18位农民决定冒险进行分田包干到户。包产到户的效果立竿见影,1979年,小岗生产队粮食即获得大幅度增产,生产粮食132370斤,相当于1966年至1970年五年粮食产量的总和;油料产量超过此前20年的总产;生猪饲养量超过历史上任何一年;人均收入达400元,相当于1978年的18倍。这样的成绩大大激励了周边地区,由此,包产到户在凤阳县乃至安徽全省各地相继推广开来。贵州、四川、甘肃、内蒙古、河北、河南、广东等省、自治区的一些贫困社队的农民,也或明或暗地搞起了包产到户、包干到户,都取得了显著成效。

1980年9月,中共中央发布了《关于进一步加强和完善农业生产责任制的几个问题》,提出推广责任制要因地制宜,分类指导,"允许有多种经营形式、多种劳动组织、多种计酬办法的存在"。1982年1月1日,中共中央发布了关于农村经济政策的第一个"一号文件"《全国农村工作会议纪要》,高度评价了农村出现的"包产到户""包干到户"改革,认为"反映了亿万农民要求按照中国农村的实际状况来发展社会主义农业的强烈愿望","是一场牵动亿万群众的深刻而复杂的变革"。1983年1月2日,中共中央发布了第二个"一号文件"《当前农村经济政策的若干问题》,进一步肯定了以家庭联产承包为主要形式的农业生产责任制,指出"这是在党的领导下我国农民的伟大创造,是马克思主义农业合作化理论在我国实践中的新发展"②。1984年,中共中央发出第三个"一号文件"《关于一九八四年农村工作的通知》,要求"稳定和完善生产责任制",把土地承包制延长到15年以上。至1984年年底,实行大包干的生产队占到总数的99%,包干到户成为中国农村主要经营形式。

---

① 中共中央文献研究室编:《三中全会以来重要文献选编》上,人民出版社1982年版,第178页。

② 中共中央文献研究室编:《十二大以来重要文献选编》上,人民出版社1986年版,第253页。

随着承包制的推行,农村联产承包责任制极大地调动了亿万农民的生产积极性。农村广为流传的顺口溜是:"大包干,大包干,直来直去不拐弯。交够国家的,留足集体的,剩下都是自己的。"1983 年,全国粮食增产 9%,棉花产量增加 29%;1984 年,粮食增产 5%,棉花产量增加 34%。这些现实成就就是对这一改革效果最为有力的证明。

与此同时,以"双轨制"为特征的价格改革也拉开了序幕,国家大幅度提高主要农副产品价格,缩小工农产品的"剪刀差",放开次要农副产品价格。配合价格调整和逐步放开的是财政补贴政策,国家财政加大了对农业生产资料和农产品收购的价格补贴,对当时的农村社队企业在税收、价格、补贴等方面给予政策优惠。

二、对企业放权让利

在传统的计划经济管理体制下,企业生产什么与生产多少都由政府计划决定,企业没有自主权,事实上政府主导了企业的生产经营活动。成本和价格都由国家确定,折旧和大修理基金由财政控制,定额流动资金由财政无偿拨付,企业利润仅仅是计划的结果,国营企业的职工是终身制,拥有"铁饭碗"。这一体制严重制约了企业自主经营权的实现,企业和职工的生产积极性无法得到有效发挥。在"文化大革命"结束后不久,国家就开始在国有企业进行扩大自主权的改革,但并没有打开局面。在农村包产到户改革取得初步成效后,改革很快从农村回到城市。这次城市改革依然是财政改革先行一步,通过对企业放权让利,增加企业自主财力,为企业自主经营、自负盈亏创造条件。

国有企业改革首先从扩大企业自主权改革试点开始。一是试行企业基金制度。1978 年 11 月 25 日,国务院批转了财政部《关于国营企业试行企业基金的规定》,允许国营企业按照规定提取和使用企业基金,以鼓励企业加强经济核算,改善经营管理。企业基金主要用于举办职工集体福利设施,举办农副业,弥补职工福利基金的不足以及发给职工社会主义劳动竞赛奖金等项开支。企业主管部门提取的企业基金,50%用于奖励超额完成利润指标的企业;50%用于生产技术措施和本系统企业的集体福利设施。二是试行利润留成制度。1978 年试行企业基金制度时,国家已批准一些企业试行利润留成。利润留成制度是允许企业按规定将一部分利润留归企业支配,是对传统的统收统支制度的变革。

试行企业基金制度和实行利润留成制度后,扩大了企业的自主财权,使企业在国家统一计划下,能在一定范围内自主地从事生产经营活动。据不完全统计,在 1978—1982 年的五年间[1],全国国有企业因提取企业基金和各种利润留成而增加的财力约 400 多亿元,而当时每年财政收入也不过 1000 多亿元。企业自主财权的扩大,调动了企业和职工的积极性,增强了职工的责任感,对搞活经济、促进发展起了积极的作用。

1979 年以来,对企业的一系列放权让利举措,不同程度地打破了统收统支制度,扩大了企业自主权和机动财力,并使企业的经营成果同职工的物质利益直接挂钩,但弊端也很明显:(1)"一户一率",程序烦琐,上缴利润的弹性较大,往往发生地方、企业与国家争利的扯皮现象。(2)频繁变动,国家和企业的分配关系不能相对地稳定下来,企业心中无数,不能作出长期安排。而且,主动权仍掌握在政府手中,企业自主权依然受限。为革除这些弊端,从 1983 年起开始了两步"利改税"改革。"利改税"是将国有企业上缴利润改革为按照国家规定的税率和税额缴纳税款,税后利润归企业支配,逐步把国家与国营企业之间的分配关系通过税收固定下来。1982 年通过的《关于第六个五年计划的报告》提出:"在今后三年内,对价格不作大的调整的情况下,应该改革税制,加快以税代利的步伐","这项改革需要分别不同情况,有步骤地进行。对大中型国营企业,要分两步走"。[2]

1983 年开始了第一步"利改税"改革。1983 年 4 月国务院批转了财政部拟订的《关于国营企业利改税试行办法》,决定从 1983 年 1 月 1 日起,在全国范围内对国营企业实行"利改税"第一步改革。第一步"利改

---

① 王丙乾:《中国财政 60 年回顾与思考》,中国财政经济出版社 2009 年版,第 362 页。

② 《关于第六个五年计划的报告》,http://www.gov.cn/test/2008 - 03/11/content_916744.htm。

税"改革的主要内容是:(1)凡有盈利的大中型企业(包括金融、保险组织)其实现的利润按55%的比例税率交纳所得税。税后的利润,在国家和企业之间进行分配,一部分按照国家核定的留利水平留给企业,另一部分上交国家。上交国家的部分根据企业的不同情况,分别采取递增包干上交、固定比例上交、定额包干上交和交纳调节税四种办法。(2)凡有盈利的国营小型企业,根据实现的利润按八级超额累进税率交纳所得税,税后利润,原则上留归企业自主支配。但对税后利润较多的企业,国家可以收取一定的承包费,或者按固定数额上交一部分利润。(3)营业性宾馆、饭店、招待所和饮食服务公司,都交纳15%的所得税,国家不再拨款。(4)企业税后留利要建立新产品试制基金、生产发展基金、后备基金、职工福利基金和职工奖励基金。(5)国营企业归还各种专项贷款时,经财政部门审查同意后,可用交纳所得税之前该贷款项目新增的利润归还。(6)军工企业、邮电企业、粮食企业、外贸企业、农牧企业和劳改企业,暂不实行利改税办法。

第一步"利改税"采取了"税利并存"的办法,实施的税种比较单一,难以充分发挥税收调节经济的杠杆作用,税后利润的分配办法仍然比较复杂,国家与企业之间的分配关系没有定型。

在第一步"利改税"完成后,国家立即启动了第二步"利改税",就是要向完全"以税代利"的方向改革。1984年9月,国务院发布《国营企业第二步利改税试行办法》。"利改税"第二步改革主要内容是:(1)将国营企业应当上交的财政收入改为向国家上交产品税、增值税、盐税、资源税、所得税、调节税、房产税、土地使用税、车船使用税和城市维护建设税等11个税种;(2)改革利润分配办法,税后利润归企业自主安排使用。第二步"利改税"无论在广度和深度上都比第一步"利改税"前进了一大步,是新中国工商税制的一次全面改革。两步"利改税"改革,基本理顺并规范了政府与企业的分配关系。

1984年年底,党的十二届三中全会审议通过《中共中央关于经济体制改革的决定》,标志着以城市为重点的经济体制改革全面展开。这个文件首次提出我国社会主义经济是公有制基础上的、有计划的商品经济,突破了把计划经济和商品经济对立起来的传统观点,是对马克思主义政治经济学的重大创新和贡献。邓小平同志认为,全会"写出了一个政治经济学的初稿,是马克思主义基本原理和中国社会主义实践相结合的政治经济学"①。文件提出的企业所有权同经营权可以适当分开等观点,为下一步深化国有企业改革提供了指导。实行两步"利改税",扩大企业财权,增强企业活力,促进了经济发展和财政收入的增长。但是,由于当时价格还没有理顺,企业内部机制还不完善,55%的国营大中型企业所得税税率定得高了一些,"一户一率"的调节税不太合理,企业税收负担偏重,不利于生产发展。为了深化企业改革、增强企业活力,1986年12月,国务院决定"推行多种形式的承包经营责任制,给企业以充分的经营自主权"。承包经营责任制是通过国家财政与国营企业签订承包合同,明确经济责任的一种经营方式。它进一步明确了企业的经济责任,扩大了企业的财力,使权、责、利紧密结合起来,调动了企业和职工的积极性。

1987年开始,按照企业的不同情况,分别实行多种形式的承包经营责任制。承包经营责任制对企业和职工利益的激励作用比较强。但是,承包中也出现了一些问题,如承包基数定得不合理,承包办法不够科学,核定的承包目标偏低,使新增利润大部分留归企业,国家财政收入不能随企业利润增长而相应增长;收入分配过分向企业和个人倾斜,向非生产性建设倾斜;以包代管;一些企业包盈不包亏,行为短期化,没有解决企业自负盈亏问题;等等。

1987年,财政部在总结历次改革的经验教训,以及在大量测算工作的基础上,提出了税利分流方案。1990年,在七届全国人大三次会议上的政府工作报告明确提出,要"进行税利分流,税后还贷,税后承包的试点"。1991年8月,财政部和国家体改委联合下发《国营企业实行"税利分流、税后还贷、税后承包"的试点办法》。

税利分流本身不是减税让利,而是促进企业转换经营机制,把企业改革引导到产权明晰化、竞争规范化的方向上,对整个经济的效益和发展起

---

① 《邓小平文选》第三卷,人民出版社1993年版,第83页。

促进作用。税利分流改革使国家与企业的利润分配格局趋向合理稳定，对其他体制改革也起到了积极促进作用。

三、对地方放权让利

传统的计划经济体制下，财政体制也表现出高度集权的特点。在中央统一领导下，地方财政作为中央财政计划的执行单位而存在，地方利益主体地位未受重视，地方政府失去了理财的主动性和积极性。虽然在部分时期也对地方政府下放了一些财权和财力，做过一些调整，但是都是在特定情况下、在集权体制下的有限放权。改革开放后，中央对财政体制进行了改革，希望通过对地方放权让利，激活地方财政，发挥中央、地方两个积极性。

1980年2月，国务院发布《关于实行"划分收支，分级包干"财政管理体制的通知》，决定从1980年起，实行"划分收支，分级包干"体制。具体办法是，收入实行分类分成，包括中央固定收入、地方固定收入、固定比例分成收入和调剂收入。支出范围按企事业单位的隶属关系划分，地方预算支出首先用地方的固定收入和固定比例分成收入抵补，有结余的上缴中央，不足的从调剂收入中解决，并确定相应的调剂分成比例。收入不足以平衡地方预算支出的，由中央按差额给予定额补助。中央与地方对收入的各项分成比例或补助定额确定后，原则上五年不变，地方在划定的收支范围内可以多收多支、少收少支、自求平衡。此前，传统体制一般被称为"共吃一锅饭"，地方吃中央"大锅饭"，所以人们把1980年的体制形象地称作"分灶吃饭"。"划分收支，分级包干"体制明确各级政府在财政管理方面的权力和责任，从"共吃一锅饭"走向到"分灶吃饭"。地方财政收支平衡也由过去的"千家花钱，一家平衡"改变为"各家花钱，自求平衡"。这次改革扩大了地方财权，有效地调动了地方政府的积极性，但中央财政直接收入少，回旋余地小，而且统支的局面没有被打破，中央负担较重。地方为增加财源，容易"画地为牢"，深挖地方财源，搞重复建设；倾向于藏富于企，对全国财政收入造成很大影响。1982年后，对"分灶吃饭"体制进行了一些调整。

两步"利改税"之后,根据新的形势,国务院决定从 1985 年起实行"划分税种、核定收支、分级包干",进一步完善"分灶吃饭"的财政体制。即按税种将收入分为中央固定收入、地方固定收入、中央和地方共享收入;按隶属关系划分为中央财政支出和地方财政支出,对不宜实行包干的专项支出,由中央专项拨款安排;按基数核定的地方预算收支,凡是固定收入大于支出的,定额上解中央,固定收入小于支出的从中央和地方共享收入中确定一个分成比例留给地方,地方固定收入和中央地方共享收入全留地方后仍不足以抵补支出的,由中央定额补助;分配办法一定五年不变,地方多收多支、少收少支、自求平衡。新的财政管理体制在总结经验的基础上,在继续坚持"统一领导,分级管理"原则的基础上,存利去弊,扬长避短,进一步明确各级财政的权利和责任,做到权责结合,充分发挥中央和地方两个积极性。

1986 年年底,中央在国企改革中推行了多种形式的经营承包责任制,赋予了经营者更大的经营自主权,被称作"大包干"。1988 年 7 月 28 日,国务院发布了《关于地方实行财政包干办法的决定》,在原定财政体制的基础上,对包干办法做了进一步改进,实行了多种形式的包干制,如"收入递增包干""总额分成""总额分成加增长分成""上解递增包干""定额上解""定额补助"等(见表 9-1)。这一体制又被称为"财政大包干"。

表 9-1　多种形式财政包干体制一览

包干方式	内　容	实行省、自治区、直辖市
收入递增包干	以 1987 年决算收入和地方应得的支出财力为基数,参照各地近几年的收入增长情况,确定地方收入递增率(环比)和留成、上解比例	北京市 4% 和 50%; 河北省 4.5% 和 70%; 辽宁省(不包括沈阳和大连)3.5% 和 58.25%; 沈阳市 4% 和 30.29%; 哈尔滨市 5% 和 45%; 江苏省 5% 和 41%; 浙江省(不包括宁波市)6.5% 和 61.47%; 宁波市 5.3% 和 27.93%; 河南省 5% 和 80%; 重庆市 4% 和 33.5%

续表

包干方式	内　容	实行省、自治区、直辖市
总额分成	根据前两年的财政收支情况,核定收支基数,以地方支出占总收入的比重,确定地方的留成和上解中央比例	天津市46.5%；山西省87.55%；安徽省77.5%
总额分成加增长分成	在"总额分成"办法的基础上,收入比上年增长的部分,另定分成比例,即每年以上年实际收入为基数,基数部分按总额分成比例分成,增长部分除按总额分成比例分成外,另加"增长分成"比例	大连市27.74%和27.26%；青岛市16%和34%；武汉市17%和25%
"上解额递增包干"	以1987年上解中央的收入为基数,每年按一定比例递增上交	广东省14.13亿元和9%；湖南省8亿元和7%
"定额上解"	按原来核定的收支基数,收大于支的部分,确定固定的上解数额	上海市105亿元；山东省(不包括青岛市)2.89亿元；黑龙江省(不包括哈尔滨市)2.99亿元
"定额补助"	按原来核定的收支基数,支大于收的部分,实行固定数额补助	吉林省1.25亿元；江西省0.45亿元；福建省0.5亿元(1989年开始执行)；陕西省1.2亿元；甘肃省1.25亿元；海南省1.38亿元；内蒙古自治区18.42亿元；广西壮族自治区6.08亿元；贵州省7.42亿元；云南省6.73亿元；西藏自治区8.98亿元；青海省6.56亿元；宁夏回族自治区5.33亿元；新疆维吾尔自治区15.29亿元；湖北省、四川省分别由武汉市、重庆市从其收入中上交本省一部分,作为中央对地方的补助。两市上交本省的比例分别为：武汉市4.78%、重庆市10.7%

资料来源：楼继伟、刘尚希：《新中国财税发展70年》,人民出版社2019年版,第103页。

　　"分灶吃饭"体制是改革开放后在调整政府间财政关系方面走出的关键一步,财力分配由"条条"为主转向以"块块"为主,两级财政各有自己的收支范围,各负其责,责、权、利结合,扩大了地方财权,有效地调动了地方政府的积极性。

第三节　税收体系重构适应经济多元化发展

税收作为经济杠杆,在经济生活中发挥着重要作用。在传统的计划经济体制下,被过度简化的税制显然不能适应改革开放后经济多元化发展的需要。尽快重构税收体系,是改革开放之初的一个迫切要求。

一、涉外税制建设先行一步

实行对外开放政策以后,很重要的一项工作就是引进国外资金和先进技术,这就必须有一套完整的涉外税制来配套,建立涉外税收制度就成了税制改革的突破口。1979 年召开的全国税务工作会议,提出涉外税制建设先行一步。

为了和国际上的税收制度接轨,我国从 1979 年开始即着手调查研究,借鉴国外税收的一些基本概念和理论,以所得税为重点,拟定有关涉外税收法规,并参照国际惯例,以法律的形式公布。1980—1981 年,先后经过五届人大三次、四次会议审议,通过颁布了《中华人民共和国中外合资经营企业所得税法》《中华人民共和国个人所得税法》《中华人民共和国外国企业所得税法》。1991 年 4 月,七届全国人大四次会议通过并公布了《中华人民共和国外商投资企业和外国企业所得税法》,实现了外商投资企业和外国企业在所得税制度上的统一。这部税法的颁布是涉外企业所得税制基本完善的标志。此后,我国逐步建立和完善了涉外税收机构,同一些国家签订了避免双重课税协定和其他单项税收协定,涉外税收从立法到执法,走上了正常发展的轨道。

在流转税方面,改革开放初期暂时沿用 1958 年全国人民代表大会常务委员会原则通过的《工商统一税条例(草案)》。由于当时国内流转税只有工商税,而工商税是由国务院决定的,没有经过全国人大立法,所以采用了 1958 年全国人大通过的工商统一税。另外,工商统一税税率低于工商税,采用从低的原则,也是为了吸引外资。

在财产和行为税方面，则是沿用 1951 年政务院发布的《城市房地产税暂行条例》和《车船使用牌照税暂行条例》。1988 年，国务院发布了《中华人民共和国印花税暂行条例》，内外资均适用。

此外，还恢复和完善关税制度。新中国成立初期就成立了统一全国海关机构和业务的海关总署，建立了独立自主的新中国海关，颁布并实施了《中华人民共和国暂行海关法》和《中华人民共和国海关进出口税则》。但是长期以来关税的作用没有得到很好发挥，"文化大革命"期间甚至停止征收关税。改革开放后，为适应开放需求，我国于 1980 年恢复征收关税，并着手完善关税制度。1985 年 3 月 7 日，我国发布了修改后的《中华人民共和国进出口关税条例》，补充完善了关税管理，作为稽征关税新的法律依据。1987 年 1 月，六届全国人大常委会第十九次会议通过了《中华人民共和国海关法》，其中关于关税的规定，确立了中国关税制度的基本内容，为健全和完善中国的关税制度提供了法律依据。1985 年 3 月起，我国开始实施以《海关合作理事会税则商品目录》和《中华人民共和国进出口关税条例》为基础的进出口税则，大幅度降低部分商品的进口关税税率，平衡了税率结构，减少了征收出口关税的商品品种。1992 年 1 月起，我国开始实施以国际上通行的《商品名称及编码协调制度》为基础的进出口税则。

1978—1992 年，经过十多年的努力，我国从所得税到流转税、财产税，从税法到细则，初步建立起一套比较完整的涉外税收制度。改革开放初期，我国迅速建立起涉外税制，具有重大意义。一是有利于在对外经济交往中维护我国主权和经济利益，更好地处理国家与国家之间、国家与涉外企业之间的税收分配关系。二是有利于我国充分运用各种税收优惠措施更好地吸引外资、引进先进技术，发挥外资生产经营者的积极性，加快中国经济建设步伐。三是有利于通过税收征管对外国投资者的生产经营、经济核算等加强监督，可以促进涉外企业健康发展，引导其为我国的经济建设服务。四是有利于为下一步国内税制改革积累经验，为即将进行的国企利润分配关系以至国家与企业分配关系的综合改革奠定基础。此外，在经济特区实行了更加优惠的涉外税收政策，以利于更好吸引外资,引进技术,扩大对外经济交往。

二、全面改革工商税制

在建立涉外税制的同时,国内税制改革的调查与试点工作也在紧锣密鼓地展开。1979 年开始在部分地方开展了税制改革试点,并在 1981 年提出了工商税制改革的总体设想。1981 年 9 月,国务院批转了财政部《关于改革工商税税制设想的报告》,明确了工商税制改革的指导思想。1984 年 10 月,随同第二步利改税,工商税制全面改革展开。1984 年工商税制全面改革从根本上改变了中国税制的面貌,由原来的单一税制进入多层次、多环节、多税种的复合税收体系。

一是建立新的流转税体系。1984 年 9 月,六届全国人大常委会第七次会议根据国务院的建议,决定授权国务院在实施国营企业第二步利改税的同时,改革工商税收制度,拟定有关税收试行条例草案。经国务院决定,将原工商税按性质划分为产品税、增值税、营业税、盐税四种税。1984 年 9 月,国务院发布《中华人民共和国产品税条例(草案)》《中华人民共和国增值税条例(草案)》和《中华人民共和国营业税条例(草案)》,均自 1984 年 10 月 1 日起试行。至此,新的流转税体系基本建立起来。从 1985 年开始,先后选择了纺织品通用机械、日用电器、电子产品等产品试行增值税,不断扩大增值税的征收范围。1989 年 3 月,对已经实行增值税的工业企业从事的工业性加工、修理、修配业务,由征收营业税改为征收增值税。经过改革,征收增值税和产品税的范围发生了很大变化,产品税的税目由 270 个减少到 96 个,增值税由过去的几个行业几个产品试行,发展到除卷烟、酒、石化、电力等产品以外的大部分工业产品。由于增值税范围的扩大,大大缓解了流转税重复征税的矛盾,促进了经济体制改革和国民经济发展,增值税也成为我国税收体系中的重要税种之一。

二是建立健全所得税制。这包括征收国营企业所得税、完善集体企业所得税制度、开征城乡个体工商业户所得税、开征私营企业所得税。1983 年 4 月,对国营大中型企业(包括金融、保险)实现的利润按 55% 的税率征收所得税。1984 年 9 月,国务院发布《中华人民共和国国营企业所得税条例(草案)》和《国营企业调节税征收办法》,盈利的国营大中型企业按照55%的固定比例税率缴纳所得税后,按照核定的调节税税率计算缴纳调节税。1989年3月,财政部、国家体改委发布《关于国营企业实行税利分流的试点方案》,规定所有盈利的国营企业一律改按35%的比例税率缴纳所得税,取消调节税,推行多种形式的承包办法。1991年8月,财政部、国家体改委又发布《国营企业实行"税利分流、税后还贷、税后承包"的试点办法》,所得税率降低到33%。

进一步完善集体企业所得税制度。1985年4月,国务院发布《中华人民共和国集体企业所得税暂行条例》,适当调整了八级超额累进税率,降低了所得税负担。在对城镇集体企业所得税进行调整和改革的同时,也对农村乡镇企业(社队企业)征收所得税的办法和税收负担做了一系列重大调整和改革。1983年,国务院办公厅转发财政部《关于调整农村社队和基层供销社缴纳工商所得税税率的规定》,对农村社队企业和基层供销社所得一律改按八级超额累进税率征收工商所得税,停止执行原来实行的20%和39%的比例税率,并取消了社队企业所得税起征点。

开征城乡个体工商业户所得税。为鼓励扶持个体经济适当发展,从1980年起对个体工商业户所得税做了适当调整,由各地比照八级超额累进税率自定征收办法。1986年1月,针对各地做法不一、税负很不平衡、个体工商业户税收征管困难等问题,国务院发布《中华人民共和国城乡个体工商业户所得税暂行条例》,规定城乡个体工商业户所得税按十级超额累进税率征收。

开征私营企业所得税。1988年6月,国务院发布《中华人民共和国私营企业所得税暂行条例》,开征私营企业所得税,采用35%的比例税率。同时,国务院发布《关于征收私营企业投资者个人收入调节税的规定》,明确规定对私营企业投资者参加经营取得的工资收入征收个人收入调节税;对私营企业投资者将私营企业税后利润用于个人消费的部分,按40%的比例税率征收个人收入调节税;对用于发展生产基金的部分国家不再征税。

三、调整税收政策

党的十一届三中全会作出了把党的工作中心转移到社会主义现代化建设上来的重大决策,揭开了我国经济体制改革的序幕。中国在税收政策和税收制度上作出一系列重大调整措施,促进多元经济发展。

一是调整农业税负担。为了减轻农民税收负担,发展农村粮食生产和多种经营,增加农民收入,1979 年国家对低产缺粮地区规定了农业税的起征点,共计免征农业税 47 亿斤。1985 年起,又对贫困地区农业税实行减免。此外,对农村社队企业还适当提高了工商所得税的起征点,适当放宽了新办社队企业减税免税的年限,并且规定民族自治县(旗)和边境县的社队企业免征工商所得税五年。农业税起征点办法的实行,对减轻农民负担、恢复和发展农业生产起到积极作用。到 1983 年,农村经济状况与确定实行起征点办法时的情况相比发生了很大变化,一些原来在起征点以下的生产队由于生产的发展,人均收入和人均口粮超过起征点。此外,国务院还作出了关于农村社队企业减税、免税的规定,支持社队企业发展生产。

二是调整城镇集体经济和个体经济的税收负担。1978 年 12 月 28 日,财政部发出《关于对合作商店征收所得税不再采用加成征税的通知》,规定对合作商店征收所得税不再采用加成征税,对于有较大困难的还可适当减税。

1980 年 10 月 9 日,财政部发出《关于改进合作商店和个体经济交纳工商所得税问题的通知》,适当减轻了合作商店和个体经济的所得税负担,支持了集体经济和个体经济的发展。

1981 年 7 月 7 日,国务院发布《关于城镇非农业个体经济若干政策性规定》,要求在资金、货源、场地、税收和市场管理等问题上对城镇非农业个体经济给予支持和方便,对个体经营户从事社会急需而又紧缺的,可以酌情适当减税、免税。

1981 年 10 月 17 日,中共中央、国务院发布《关于广开门路,搞活经济,解决城镇就业问题的若干规定》,要求对个体劳动者的税收,要规定合理的税率，要从供产销渠道、银行贷款、经营场地、财政税收政策和开办经费等方面给予必要的支持和帮助。

1978 年 12 月 12 日，中共中央批转《全国知识青年上山下乡工作会议纪要》和《国务院关于知识青年上山下乡若干问题的试行规定》。规定对独立核算的知青场队和安置知青为主的农业、工业、林业、牧业、副业和渔业基地，在 1985 年以前不缴税，不上缴利润，不负担农产品统购和派购任务。财政部据此先后发出了《关于为城市上山下乡知识青年办的知青场、队及生产基地免税问题的通知》《关于知青场、队免征农业税问题的通知》《对安置待业青年的城镇集体企业进一步减免税的通知》。

此外，财税部门还推出多项政策，促进专业化协作、鼓励对外贸易发展，支持新产品研发，积极配合了当时产业结构、产品结构调整。

第四节　财政改革多方位调整经济关系

在不断调整财政管理体制的同时，与财政管理体制相关的其他方面也相继进行了一系列的改革，根据新的经济形势的需要，多方位调整了经济关系。

一、建立国有资产管理机构

在传统的计划经济体制下，企业只是政府的附属机构，政府既是国营企业的所有者，又是企业经济的管理者。随着一系列放权让利政策的实施，国营企业开始向独立的市场化主体的方向发展，国有资产管理的问题也就凸显出来了。改革开放之初，1979—1980 年，国家就进行了大规模的清产核资，以摸清国资存量，为后来的国资管理进一步改革提供了基础。1980 年 6 月，财政部、国家经委颁布了《关于征收国营工业交通企业固定资金占用费的暂行办法》，同年 7 月，发布了《关于国营工交企业清产核资划转定额贷款和国拨流动资金实行有偿占用的通知》，开始试行国有资产有偿占有制度，改变了传统的国家的流动资金和固定资金无偿划拨给企业使用的办法，实行固定资产和流动资金的有偿占有制度。

1988 年 3 月,经全国人大七届一次会议批准,同意成立国家国有资产管理局。1988 年 9 月,正式挂牌成立,由财政部归口管理。国家国有资产管理局作为国家国有资产的代表者,行使国家赋予的国有资产所有者的代表权、国有资产的监督管理权、国家投资的收益权、资产处置权。

国家国有资产管理局成立后,立即组织了清产核资工作,摸清了国有资产的家底。制定出台了一系列法规,初步建立起国有资产管理体系,并积极探索了国有资产管理的组织形式和方法。

二、改革基建投资方式

政府投资体制也是体制改革的重要内容,原体制下无偿分配和使用资金的办法助长了部门、地方、企业争投资、争项目的倾向,造成固定资产领域长期以来存在"长(战线长)、散(资金分散)、乱(管理混乱)、费(损失浪费)、差(投资效果差)"问题,国家投资资金使用浪费严重,投资效益低下。

1979 年 8 月,国务院批转了国家计划委员会、国家建委和财政部《关于基本建设投资试行贷款办法的报告》,决定从 1979 年开始对国家预算内投资有偿还能力的基本建设项目,逐步由财政拨款改为中国人民建设银行承担此项改革任务。1979 年年底,建设银行根据国务院批准的《基本建设贷款试行条例》,制定了《基本建设贷款实施细则》,开始选择少量条件较好的项目进行试点。到 1980 年年底,已与电力、轻纺、建材、商业、煤炭、石油、交通、冶金、化工、旅游等 10 多个行业的 619 个项目签订了 32 亿元的贷款合同,当年贷款发放额为 15 亿元。经过试点,1980 年 11 月,国务院决定从 1981 年起,扩大拨款改贷款试行范围,凡是实行独立核算、有还款能力的企业,都应该实行基本建设拨款改贷款的制度。"拨改贷"改革对于突破计划经济体制发挥了积极作用,加强了财政资金使用单位的经济责任,促进了投资效益的提高。

继"拨改贷"之后,国家在基建投资领域又推进了建立基本建设基金制改革,并设立了国家专业投资公司,作为国家经营性项目投资主体,试行工程招投标制、承包制和监理制等,逐步完善新体制下的政府投资管理体系。

三、恢复国债发行制度

新中国成立后,曾有过短暂的公债发行历史,之后连续有 23 年没有发行国债,有 13 年是"既无内债,又无外债"。改革开放后,国家逐步恢复了国债制度,弥补财政赤字,并筹集国家建设所需的资金。1979 年 9 月 1 日,时任国务院副总理的谷牧访问日本,促成了中日第一笔为数 500 亿日元的贷款协议,年利 3%,还款期 30 年,打破了"不用西方国家政府贷款"的思想禁区。

1981 年 1 月 16 日,国务院会议通过了《中华人民共和国国库券条例》,决定从 1981 年开始,发行中华人民共和国国库券,结束了我国十几年来既无内债又无外债的历史。1982 年 1 月 8 日,国务院常务会议通过了《中华人民共和国 1982 年国库券条例》。此后,国库券制度不断改进,逐步规范便利,并实现了公债发行从行政手段向经济手段转变。

四、加强预算外资金管理

虽然计划经济时期,地方政府和国有企业也存在预算外资金,但很有限。随着经济体制的改革和生产事业的发展,特别是放权让利的影响,预算外资金有了很大发展。1984 年,预算外资金达到 1188.5 亿元,占到当年 GDP 的 16.5%。预算外资金对搞活企业,促进国民经济和社会发展发挥了积极作用,但由于财经纪律松弛,管理制度不完善,预算外资金的管理和使用存在很多问题。1983 年和 1986 年,国务院先后出台了《预算外资金管理试行办法》和《关于加强预算外资金管理的通知》,对规范预算外资金发挥了一定作用,但没有遏制住预算外资金增长的势头。1996 年国务院《关于加强预算外资金管理的决定》提出预算外资金要上缴财政专户,实行收支两条线管理。到 2010 年,财政部印发《关于将按预算外资金管理的收入纳入预算管理的通知》,要求从 2011 年开始将预算外资金管理的收入全部纳入预算管理,至此,预算外资金时代正式终结。

五、从综合平衡到宏观调控

在计划经济时期,我国经过多年探索,形成了以财政、信贷、外汇和物资"四大平衡"为基础的综合平衡的调节经济的办法,但是改革开放以来,大规模持续的放权让利,特别是包干制的实行,破坏了计划经济"四大平衡"的基础。我国开始探索财政立足于市场化改革的取向,综合运用税收、补贴、国债等多种政策工具来调节经济运行。

在经济体制改革全面推进的过程中,由于决策和领导部门在采取微观放活措施时,对国民经济进行宏观控制和调节的措施没有及时跟上,从1984年第四季度开始,通货膨胀开始明显上升,第四季度商品零售价格指数同比上涨4.2%;1985年零售物价指数同比上涨8.8%。信贷和工资总额的失控,使投资需求和消费需求出现"双膨胀"现象。1985年,社会消费品零售总额同比增长27.5%,扣除物价上涨因素,实际增长17.2%;全社会固定资产投资同比增长高达38.8%,均达到1978年以来的最高水平。

为控制经济过热,防止出现通货膨胀,财政主要采取的政策措施包括:(1)积极增加财政收入。一方面,财政和税务部门加强征管,把该收的钱收上来,确保财政收入及时足额组织入库。另一方面,财政积极支持企业提高经济效益,增强财政收入潜力。(2)严格控制财政支出,防止年终突击花钱。国务院先后发出《关于严格控制社会集团购买力的通知》和《关于节减行政经费的通知》,严格控制行政管理费的增长。财政支出增幅从1984年的20.7%下降到1986年的10%。同时,通过全面开展税收、财务、物价大检查,初步整顿了财经纪律。(3)建立综合财政信贷计划,积极引导,加强监督,防止发生财力分散使用、盲目建设、重复建设和某些资金在使用中失控。

经过一段时间的调整,1985年工业增速由上半年的23.1%回落到10.2%;固定资产投资增长过快势头得到初步控制,1986年全社会固定资产投资同比增长22.7%,比上年回落16.1个百分点;保证了财政收支平衡,1985年全国财政收支转为盈余5700万元;1985年金融机构贷款余额和货币供应量增速同比分别减慢 2.5 个和 24.8 个百分点。可惜当时经济的商品化和货币化程度还不高，各种政策工具尚不完善，金融还没能建立完善的手段和有效的机制，货币政策手段还不很明显，银行、财政、税收等工具未能形成有效配合，因而对经济的调控并未取得理想效果。1986 年，经济过热现象又开始出现。但是，从紧的财政政策与从紧的货币政策协调开始有了初步的配合和运用，也在一段时间抑制了经济过热局面，为探索运用财政政策工具调控经济运行积累了经验。

第十章 财政分权：

为社会主义市场经济体制奠基

1992 年,党的十四大正式确立社会主义市场经济体制的改革目标,1993 年,党的十四届三中全会提出财政改革的新要求。一方面,要以分税制改革为中心,初步搭建起适应社会主义市场经济体制的财税制度框架,推进社会主义市场经济体制基本框架的构建;另一方面,要注意克服市场经济消极的一面,加强和改善国家对经济的宏观调控。

第一节 社会主义市场经济体制向财政
提出新要求

党的十四大提出建立社会主义市场经济体制的改革目标,把社会主义制度与市场经济结合起来,将改革开放和社会主义现代化建设推入一个新的发展阶段。财政体制原有弊端在市场经济体制的视角下更加明显,党的十四届三中全会提出了实施分税制财政体制的要求。

一、社会主义市场经济体制改革目标的确立

20 世纪 80 年代末 90 年代初,在国内外形势十分复杂、世界社会主义出现严重曲折的严峻考验面前,中国共产党和中国政府作出进一步深化改革和扩大对外开放的重大决策,引导国民经济发展进入新的历史阶段。

1990 年 4 月 18 日,中共中央、国务院宣布在上海浦东实行经济技术开发区和某些经济特区的政策。1990 年 12 月 19 日,上海证券交易

所正式成立,开启新中国股票市场。1991 年年初,国务院确定进一步推进制度、养老制度、医疗制度改革。1991 年 5 月 1 日起,国务院启动粮食统销价格改革,为取消凭票定量供应创造条件。改革的市场化方向日益明确。

1992 年 1 月 18 日至 2 月 21 日,邓小平同志到武昌、深圳、珠海、上海等地视察并发表谈话。从理论上深刻回答了什么是社会主义和怎样建设社会主义的重大理论问题,指出:"计划多一点还是市场多一点,不是社会主义与资本主义的本质区别。计划经济不等于社会主义,资本主义也有计划;市场经济不等于资本主义,社会主义也有市场。计划和市场都是经济手段。"①邓小平同志南方谈话一举破除了长期束缚改革的意识形态障碍,极大地促进了广大干部和群众的思想解放,为长期以来的经济体制改革探索明确了方向,为党的十四大确立社会主义市场经济的目标奠定了理论基础。

1992 年 10 月 12 日,党的十四大召开,作出了具有深远影响的重大决定:"我国经济体制改革的目标是建立社会主义市场经济体制。"②江泽民同志在党的十四大报告中指出,建立的社会主义市场经济体制,就是要使市场在社会主义国家宏观调控下对资源配置起基础性作用,使经济活动遵循价值规律的要求,适应供求关系的变化;通过价格杠杆和竞争机制的功能,把资源配置到效益较好的环节中去,并给企业以压力和动力,实现优胜劣汰;运用市场对各种经济信号反应比较灵敏的优点,促进生产和需求的及时协调。

建立社会主义市场经济体制改革目标的确立,是对党的十三大提出的"政府调控市场、市场引导企业"改革目标的重大发展,为我国经济改革与发展指明了方向,也对财政改革提出了新的更高的要求,必须尽快建立符合社会主义市场经济体制的特点和运行规则的新的财税体制。

---

① 《邓小平文选》第三卷,人民出版社 1993 年版,第 373 页。
② 中共中央文献研究室编:《十四大以来重要文献选编》上,中央文献出版社 2011 年版,第 16 页。

二、原财税体制不适应建立社会主义市场经济体制的需要

多种形式的财政包干体制不能适应市场经济体制。包干制财政体制为了适应改革开放之初经济体制转型的需要,以放权让利为主线,极大地调动了地方和企业的积极性,成功打破了财权、财力高度集中的计划体制,对当时的社会发展、经济建设和人民生活的改善都起到过积极的作用,为后续改革提供了空间。但是,由于包干制多种形式并存,分配不统一、不规范、不稳定、不科学、计算复杂,随着市场经济因素的不断增加,这些非规范性特征与市场经济的法制性和规范性的内在要求、矛盾和冲突也不断扩大。财政包干体制很多是由中央与地方政府一对一谈判决定的,其中包含的讨价还价因素很多,对各省、自治区、直辖市没有一个统一的政策,体制不规范,各地区间的包干条件不一样,不能体现公平与效率原则。再加上基数核定方法不科学,以前期的既得财力为主确定基数带有很大的不确定性,存在弄虚作假的空间。包干制始终是一种过渡性的方式,不仅不能适应市场经济体制的需要,而且在实施过程中,其弊端也在日益凸显。

原有的税制不能适应建立社会主义市场经济体制的要求。1978—1993年,我国经过一系列的改革,虽然突破了以往税制改革片面强调简化税制的偏颇,重视发挥税收组织收入和宏观调控的作用,但是过渡性特征还很明显,特别是与社会主义市场经济体制的要求还不相适应。一是针对特定商品设定税率,如产品税有285个税目,43档税率,不仅税目繁多,征管困难,而且不能适应市场经济下新产品层出不穷的现实需要。二是对同一课税对象不适当地设置了多个税种,如按经济成分设多个企业所得税,各有不尽相同的税率、优惠办法和征收制度,地区之间也有差异,出现税负不平,影响了公平竞争。三是内外资企业和居民分别实行两套税制,矛盾日益突出,不适合市场经济条件下进一步对外开放的形势的要求。四是为了调节收入,因事设立的工资调节税、奖金税等,很不规范。五是在包干体制下,按属地原则划分流转税,地方财政收入与工商企业的

税收紧密联系,造成地方保护与市场分割,阻碍统一市场的形成,抑制了市场主体的活力,而且也不利于产业结构的优化,造成产业结构趋同和资源的浪费。

三、包干体制带来财政风险亟待破解

改革开放以来,长时间的放权让利虽然有效调动了各方积极性,但是由于国家财力分配过于向地方倾斜,中央财政的困难日益增加。从1985—1992年,中央财政收入占全国财政收入的比重(不含债务收入)由1985年的38.4%、1986年的36.7%下降为1992年的28.1%和1993年的22.0%。中央财权集中程度不仅比单一制国家低很多,甚至比联邦制国家还低。多种形式的地方大包干体制致使财政收入占国内生产总值的比重和中央财政收入占全国财政收入的比重同时下滑,造成了中央政府调控能力的弱化和中央财政的被动局面。1993年的财政赤字达到近300亿元,而当时中央财政收入900亿元出头,赤字占中央收入的1/3,中央财政难以为继,甚至不得不向"富裕"的地方政府借钱。"两个比重"的持续下降严重威胁国家的统一与安全,严重损害了中央政府的政治控制力,这对改革开放伟业的持续推进造成巨大风险。

（单位：%）

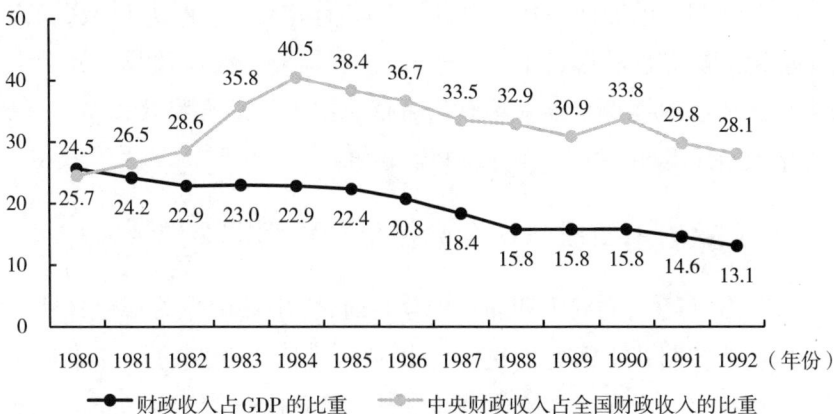

图10-1　1980—1992年"两个比重"情况

资料来源:李萍:《中国政府间财政关系图解》,中国财政经济出版社2006年版,第20页。

四、多元利益主体格局的形成

改革开放改变了高度集权的体制,催生了多元的利益主体,如中央、地方、企业、社会团体、个人等。财政改革的过程,既是各种关系调节的过程,也是将原来集中的权力和利益向这些利益主体下放的过程。如果考虑到同期地方预算外财力的猛增,地方实际可支配财力就更加可观。国家通过基金制度、利润留成、利改税、包干制、税利分流等改革,持续调整着国家与企业的关系。随着私营经济的放开,外企的进入,国家与企业的关系更加复杂。国家通过家庭联产承包责任制、工资上调、副食补贴、个税制度等改革拉开了国家与个人关系的调整。在这些调整中,有的延续此前计划经济时期行政性分权,有的已经有市场化的经济性分权。如何在市场经济体制框架下,理顺中央与地方、国家与企业、国家与个人的关系是建立市场经济体制必须完成的任务。

党的十四大前已经启动了粮油统销制度、住房制度、社会保险制度和医疗制度的改革,将国家和个人的关系调整引向了深水区,其基本方向都是市场化,由此前的国家全包改为国家、集体和个人共同负担。国有企业改革经过长期的探索,也到了收官阶段。党的十四届三中全会通过的《中共中央关于建立社会主义市场经济体制若干问题的决定》,明确了建立现代企业制度的方向。1993 年 12 月 29 日,第八届全国人民代表大会常委会第五次会议就通过了《中华人民共和国公司法》,使我国社会主义市场经济体制的微观基础重塑有法可依。中央和地方财政关系的调整,各界也取得了共识——建立分税制财政体制。

五、党的十四届三中全会提出分税制改革的要求

1993 年 11 月,党的十四届三中全会通过《中共中央关于建立社会主义市场经济体制若干问题的决定》,将党的十四大确定的经济体制改革的目标和基本原则加以系统化、具体化,是建立社会主义市场经济体制的总体规划。建立社会主义市场经济体制,就是要使市场在国家宏观调控下对资源配置起基础性作用,需要推行财税体制、投融资体制、金融体制、

外汇体制、外贸体制等多个领域整体性改革，这些改革构成了社会主义市场经济体制的基本框架，财税体制是其中的中间环节。

党的十四届三中全会吹响了分税制改革的号角，内容包括以下三个重点：一是把现行地方财政包干制改为在合理划分中央与地方事权基础上的分税制，建立中央税收和地方税收体系。维护国家权益和实施宏观调控所必需的税种列为中央税；同经济发展直接相关的主要税种列为共享税；充实地方税税种，增加地方税收入。通过发展经济，提高效益，扩大财源，逐步提高财政收入在国民生产总值中的比重，合理确定中央财政收入和地方财政收入的比例。实行中央财政对地方的返还和转移支付的制度，以调节分配结构和地区结构，特别是扶持经济不发达地区的发展和老工业基地的改造。二是按照统一税法、公平税负、简化税制和合理分权的原则，改革和完善税收制度。推行以增值税为主体的流转税制度，对少数商品征收消费税，对大部分非商品经营继续征收营业税。在降低国有企业所得税税率、取消能源交通重点建设基金和预算调节基金的基础上，企业依法纳税，理顺国家和国有企业的利润分配关系。统一企业所得税和个人所得税，规范税率，扩大税基。开征和调整某些税种，清理税收减免，严格税收征管，堵塞税收流失。三是改进和规范复式预算制度。建立政府公共预算和国有资产经营预算，并可以根据需要建立社会保障预算和其他预算。要严格控制财政赤字，中央财政赤字不再向银行透支，而靠发行长短期国债解决，统一管理政府的国内外债务。

第二节 划时代的分税制财政体制改革

建立社会主义市场经济体制目标确立后，财政体制改革再次成为突破口的先行者，分税制财政体制改革的成功奠定了社会主义市场经济体制的基础，对此后的金融体制、外贸体制、社会保障体制等各领域改革的突破都起到了带动和支持作用，被称为我国财政体制改革的里程碑。

一、分税制的提出与试点

20 世纪 80 年代中期,在包干体制改革与调整过程中,已经有了推进分税制的改革动议。1987 年 10 月召开的党的十三大报告,就提到要"在合理划分中央和地方财政收支范围的前提下实行分税制"。1990 年,《关于制定国民经济和社会发展十年规划和"八五"计划建议》中提出,要在"八五"期间,有计划地实施分税制。但是,分税制并没有提到议事日程,还在不断完善财政包干制。

1990 年,财政部提出"分税包干"的体制方案。同年 3 月 20 日,七届全国人民代表大会第三次会议的政府工作报告提出在继续实行财政包干体制的情况下,区别不同地区和不同情况,适当提高地方上交国家财政的数额……积极进行分税制的试点。1991 年 4 月,第七届全国人民代表大会第四次会议通过的《国民经济和社会发展十年规划和第八个五年计划纲要》中指出:"八五"期间,在继续稳定财政包干体制的同时,有条件的城市和地区应积极进行分税制改革的试点工作。

1992 年 6 月 5 日,财政部颁布《关于实行"分税制"财政体制试点办法》,决定在浙江省(不含宁波市)、辽宁省、新疆维吾尔自治区、天津市、湖北省武汉市、山东省青岛市、辽宁省大连市、辽宁省沈阳市和四川省重庆市 9 个地方进行分税制试点。基本内容如下:

一是明确划分中央和地方的财政收支。将各种收入划分为中央财政固定收入、地方财政固定收入、中央和地方共享收入;支出划分为中央财政支出、地方财政支出,其范围与财政包干体制基本一致。共享收入采取中央和地方"五五"分享的办法(民族地区"二八"分享)。

二是确定补助或上解。试点地方的收支基数,以 1989 年的决算数为基础,进行必要的因素调整后加以确定。凡地方财政固定收入加上分享收入大于地方财政支出基数的部分,一律按 5% 的比例递增包干上解;凡地方财政固定收入加上分享收入小于地方财政支出基数的部分,由中央财政给予定额补助;对少数民族地区,给予适当照顾。

虽然分税制体制仅在少数省、自治区、直辖市试点,但是其意义是重大而深远的,这标志着我国财政体制的改革迈出了重要一步,为 1993 年设计分税制改革方案积累了经验。然而,这次分税制试点还在很大程度上带有旧体制的痕迹,存在收入划分不尽合理、事权划分不够明确、缺乏配套措施等问题,虽然已经具备了分税特征,但还属于不完全的分税制,所以也被称为"分税包干制"。

二、分税制财政体制改革的主要内容

1993 年 12 月 15 日,国务院发布《关于实行分税制财政管理体制的决定》,决定从 1994 年 1 月 1 日开始在全国范围内实施。其主要包括以下内容:

一是根据中央与地方政府事权划分各级财政支出范围。1994 年分税制改革确定中央与地方支出划分的基本原则是:中央财政主要承担国家安全、外交和中央国家机关运转所需经费,调整国民经济结构、协调地区发展、实施宏观调控所必需的支出以及由中央直接管理的事业发展支出。地方财政主要承担本地区政权机关运转所需支出以及本地区经济、事业发展所需支出。经过划分,中央财政支出主要有 13 个方面,地方财政主要有 14 个方面(见表 10-1)。

表 10-1　1994 年中央与地方支出划分表

中央财政支出	地方财政支出
1. 国防费	1. 地方行政管理费
2. 武警经费	2. 公检法支出
3. 外交和援外支出	3. 部分武警经费
4. 中央级行政管理费	4. 民兵事业费
5. 中央统管的基本建设投资	5. 地方统筹的基本建设投资
6. 中央直属企业技改和新产品试制费	6. 地方企业技改和新产品试制费
7. 地质勘探费	7. 支农支出
8. 由中央财政安排的支农支出	8. 城市维护建设支出
9. 国内外债务的还本付息支出	9. 地方文化支出
10. 中央本级负担的公检法支出	10. 地方教育支出
11. 中央本级负担的文化支出	11. 地方卫生科技支出
12. 中央本级负担的教育支出	12. 价格补贴支出
13. 中央本级负担的卫生科技支出	13. 其他支出

资料来源:楼继伟、刘尚希:《新中国财税发展 70 年》,人民出版社 2019 年版,第 141 页。

二是按照财权与事权相统一的原则划分中央和地方收入。将维护国家权益、实施宏观调控所必需的税种划分为中央税;将适宜地方征管的税种划分为地方税;将与经济发展直接相关的主要税种划为中央与地方共享税。在1994年分税制收入划分中,中央财政固定税收有7种,地方财政固定税收有18种,中央与地方共享税收有3种(见表10-2)。

表10-2 1994年中央与地方税收划分表

中央固定税收	地方固定税收	中央与地方共享税收
1.关税 2.海关代征的消费税和增值税 3.消费税 4.中央企业所得税 5.地方银行和外资银行及非银行金融企业所得税 6.铁道部门、各银行总行、各保险公司等集中交纳的营业税、所得税、利润和城市维护建设税 7.中央企业上交的利润 8.外贸企业的出口退税	1.营业税(不含铁道部门,各银行总行,各保险公司集中交纳的营业税) 2.地方企业所得税(不含地方银行和外资银行及非银行金融企业的所得税) 3.地方企业上缴利润 4.个人所得税 5.城镇土地使用税 6.固定资产投资方向调节税 7.城市维护建设税(不含铁道部门,各银行总行,各保险总公司集中交纳的部分) 8.房产税 9.车船使用税 10.印花税 11.屠宰税 12.农牧业税 13.农业特产税 14.耕地占用税 15.契税 16.遗产和赠予税 17.土地增值税 18.国有土地有偿使用收入	1.增值税 中央分享75% 地方分享25% 2.资源税 海洋石油资源税归中央,此外资源税归地方 3.证券交易税 中央分享50% 地方分享50%

资料来源:楼继伟、刘尚希:《新中国财税发展70年》,人民出版社2019年版,第143页。

三是在认可既得利益的前提下确定中央财政对地方税收返还数额。税收返还制度是分税制改革设计方案的一个重大创新,遵循了渐进改革的原则,在保证地方原体制既得利益的前提下,逐步增加中央财政收入。这一举措得到了地方支持,是分税制得以按时、顺利实施的重要一步。实行按税种划分收入的办法后,原属地方支柱财源的"两税"收入(增值税收人的 75% 和消费税)上划到中央,成为中央级收入,如果中央不采取相应补偿措施,必然影响地方财政的收支平衡,不利于新旧体制的平稳转换。

中央财政对地方税收返还数额以 1993 年为基期,按照当年地方实际收入以及税制改革和中央地方收入划分情况,核定当年中央从地方净上划的收入数额,作为中央对地方的税收返还基数,基数部分全额返还地方。

为了尽量减少对地方财力的影响,调动地方政府的积极性,国务院还决定,不仅税收返还基数全额返还地方,1994 年以后还要给予一定的增长。增长办法是:从 1994 年开始,税收返还与消费税和增值税(75%部分)的增长率挂钩,每年递增返还。关于税收返还的递增率,国务院《关于实行分税制财政管理体制的决定》规定,按当年全国增值税和消费税平均增长率的 1:0.3 系数确定。1994 年 8 月,根据各方面的意见和要求,为了更充分地调动各地区组织中央收入的积极性,将税收返还的递增率改为按各地区分别缴入中央金库的"两税"增长率的 1:0.3 系数确定,即各地区"两税"每增长 1%,中央财政对该地区的税收返还增长 0.3%。

四是妥善处理原体制中央补助、地方上解以及有关结算事项。为顺利推行分税制改革,1994 年实行分税制以后,原体制的分配格局暂时不变,过渡一段时间再逐步规范。即原实行递增上解的地区,仍按原规定继续递增上解;原实行定额上解的地方,仍按原确定的上解额,继续定额上解;原实行总额分成的地区和原分税制试点地区,暂按递增上解办法,即按 1993 年实际上解数,并核定一个递增率,每年递增上解。1995 年对上述办法又进行了调整,规定从 1995 年起,凡实行递增上解的地区,一律取消上解递增,改为按各地区 1994 年实际上解额定额上解。

三、配套改革措施

一是分别设立中央和地方两套税务机构。1993 年以前我国只有一套税务征收机构,中央税收主要依靠地方税务机构代为征收。这种办法容易造成收入征管职责和权限划分不清,既不利于保障中央财政收入,也不利于调动地方组织收入的积极性。在分税制财政体制改革中,决定将原来一套税务机构一分为二,一个归属由中央直接管理的国家税务局系统,另一个归属地方政府管理的地方税务局系统,与分税制的收入划分办法相配套。国家税务局和海关系统负责征收中央级固定收入和中央地方共享收入,包括消费税、铁道营业税、各银行总行和保险总公司营业税、海洋石油资源税、关税、海关代征消费税和增值税、地方和外资银行及非银行金融企业所得税、中央企业利润、增值税、证券交易税、中央企业所得税等其他各项中央预算固定收入;地方税务局负责征收地方级固定收入,包括营业税(除中央的营业税外)、资源税(除海洋石油资源税)、地方企业所得税、地方企业利润、地方其他各项税收等其他地方固定收入。

二是建立过渡期转移支付制度。转移支付制度是分税制财政体制的重要组成部分,也是现代市场经济国家普遍用来调节中央和地方财政关系的手段。但在 1994 年分税制财政体制运行之初,财政部门认为当时建构完全标准化的转移支付制度条件还不成熟,于是决定按照"总体设计、分步实施"的原则逐步规范,先建立过渡期转移支付,逐步过渡到完全标准化的转移支付制度。过渡期转移支付制度作为 1994 年分税制改革的配套措施,经国务院批准后于 1995 年开始实施。过渡期转移支付制度的指导思想:一是不调整地方既得利益,中央财政从收入增量中拿出一部分资金,逐步调整地区利益分配格局;二是兼顾公平和效率,转移交付力求公正、合理、规范,同时,适当考虑各地的收入努力程度;三是转移支付有所侧重,重点缓解地方财政运行中的突出矛盾,体现对民族地区的适度倾斜。

过渡期转移支付,按照规范的办法,均衡拨款参照各地方政府的"标准收入"和"标准支出"确定。但是,由于各税种税基的基本数据难以取得,大部分收入项目的"标准收入"测算比较困难。因此,过渡期转移支付按照"财力"低于"标准支出"的差距作为确定转移支付的基础,同时适当考虑各地的收入努力程度。收入努力程度不足的地区,其"财力"低于"标准支出"的差距,通过强化征管、合理利用税基等途径增加收入予以弥补,仍有缺口的,其财力不足额则作为计算转移支付的依据。为了保证有限的转移支付资金首先用于最困难的地区,凡人员经费与公用经费财力占比低于80%的地区,暂不作为过渡转移支付对象。

"标准支出"确定的基本思路是:选择对地方财政支出影响较为直接的客观因素(含标准财政供养人口、标准支出、收入努力不足额、人员经费和公用经费占既有财力比重等),根据经验数据,运用多元回归的方法,建立标准支出模型。

过渡期转移支付制度除了对全国30个地区按统一因素、统一公式计算转移支付外,还针对民族地区的财力状况,建立了对民族地区的政策性转移支付,以解决民族地区当时突出的矛盾。少数民族地区财源基础薄弱,人均财政收入水平低,加之主要分布在西部边远地带,自然条件较为艰苦,不仅财政支出成本高,而且财政收入自给率低。为贯彻《中华人民共和国民族区域自治法》,切实帮助解决民族地区的困难,将8个民族省区和民族省区之外的民族自治州纳入政策性转移支付的范围,选用"财政供养人口人均财力""财政供养人口""1979年以来的财力递增率"三项综合性指标,增加对民族地区的政策性转移支付。

此后,转移支付制度不断改进和完善,逐步减少了财政资源分配的随意性,向着规范、公平、有效和透明的方向发展,对调节地区差异、推进基本公共服务能力均等化、保障地方政府运转财力,发挥了极为重要的作用。

三是预算改革迈出关键步伐。分税制改革方案对预算编制办法提出调整方案,并明确提出硬化预算约束的要求。在实行分税制之后不久,预算改革也迈出了标志性的一步。1994年3月,我国第一部《预算法》正式颁布实施,1995年11月,《预算法实施条例》发布实施。预算法及实施条例的颁布,强化预算管理,增强预算透明度,加强预算管理监督,把政府预算纳入法制化轨道。《预算法》是财政基本法,规定了政府预算管理权限的划分、国家预算编制和执行的程序与方法,是其他财政法规得以确立的依据,而且在整个国家的政治、经济、社会生活中具有重要的地位和作用,有经济宪法之称。《预算法》的颁布在我国财政法治化道路上具有重要意义。

此外,分税制改革的其他配套改革措施还包括建构适应分税制需要的国库体系、建立并规范国债市场等,以及根据建立现代企业制度的基本要求改革国有企业利润分配制度,合理调整和规范国家与企业的利润分配关系。

四、分税制财政体制改革的历史意义

1994 年的分税制财政体制改革是我国社会主义市场经济制度建设的里程碑。朱镕基同志曾指出,对 1994 年财税体制改革取得的成功,怎么评价都不过分。"这次改革取得了很大成功,初步规范了国家、企业、个人以及中央和地方的分配关系,调动了中央和地方两个积极性,建立了财政收入稳定增长的机制。"①

一是分税制规范了国家与企业之间的收入分配关系,并初步建立了市场经济下的政府与市场关系框架。实行分税制后,规范了国家与企业之间的收入分配关系,并纳入社会主义市场经济法制化的轨道,使企业不分经济性质与规模大小,无论行政级别,依法纳税,公平竞争。在政府与市场关系上,一方面,突出了市场在资源配置中的功能,为各种所有制企业共同发展奠定了制度基础。以产品税为主的流转税体系阻碍产业分工,鼓励大而全、小而全的企业,不利于专业化分工协作的企业。以所有制成分设计的所得税制阻碍不同所有制经济共同发展,也不利于各种所有制经济之间的合作与融合。在包干体制下,不少企业甚至行业整个不缴税,企业承包的办法是"一户一率",企业之间苦乐不均,公平竞争也无从谈起。而 1994 年分税制改革,打造了有利于公平竞争的财税制度,为市场微观主体在市场规则和体系下公平竞争提供了制度基础。同时,由于税种划分打破了长期以来"条块分割"的行政隶属关系控制体系,使包干制下出现的地方保护主义、经济封锁、市场分割等现象受到明显遏制和纠正,全国性的统一市场逐步形成,促进了社会主义市场经济的发展。另一方面,促进了政府职能的转变,清晰界定了政府作为出资人和社会公共

---

① 《朱镕基讲话实录》第四卷,人民出版社 2011 年版,第 457 页。

管理者两种不同的身份，尤其是对政府介入市场进行了规范，明确了政府的职责，对规范其他各种经济关系奠定了基础。

二是分税制为规范中央与地方的分配关系，充分发挥了中央与地方两个积极性，为国家发展提供了充足的动力，促进了国民经济和财政收入的"双速增长"，解决了两个比重过低的问题，而且推动了经济社会快速、健康发展。自实行分税制改革之后，我国财政收入保持了二十多年的高速增长。财政收入由1994年的5218亿元增长到2018年的183352亿元；中央财政收入由1994年的2906亿元增长到2018年的85447亿元。财政收入的高速增长为经济社会发展和保障民生提供了坚实的财力基础。

随着财政实力的增强和财力的适度集中，国家宏观调控能力明显增强，有力地支持了社会保障、科技教育、农业、基础设施等社会各项事业的发展，促进基本公共服务均等化。我国幅员辽阔，各地的资源禀赋、发展条件差异很大，经济发展水平参差不齐。市场机制不仅不能消除这些差距，而且有可能产生"马太效应"，拉大贫富差距，使穷的越穷、富的越富。分税制使中央财政能力得以提升，中央政府有了调节地方财力差距的能力，通过有效的转移支付，为缩小区域差异、实施基本公共服务均等化提供了条件和基础。这对维护国家统一，实现长治久安，具有决定性的作用。

在新一轮市场经济体制改革中，财税改革再次发挥了突破口的作用。分税制改革推动了政府角色按照市场经济发展的要求来转变。分税制改革的成功对金融体制、外贸体制、社会保障体制等各领域改革的突破都起到了带动和支持作用。

第三节 构建趋向中性化的税收体系

社会主义市场经济体制目标的确定对税制改革提出了新的任务和要求。由于原来税制存在很多问题，新一轮的税制改革实际上于1988年就开始准备了，到1992年党的十四大明确改革的方向和目标后，改革的速度也加快了。分税制财政体制改革要求按照事权与财权相结合的原则，按税种划分中央与地方的收入，原有税种设置和征收体制无法做到这一点，也要求在实行"分税制"财政体制改革之前，必须完成税收制度的全面改革。1993 年 10 月 31 日八届人大常委会第四次会议通过了《关于修改〈中华人民共和国个人所得税法〉的决定》的修正案，统一内外个人所得税。1993 年 11 月 25 日和 26 日，国务院总理办公会议和国务院常务会议先后审议通过国家税务总局草拟的《工商税制改革实施方案》和增值税、消费税、营业税、企业所得税、资源税、土地增值税六个税收暂行条例。有关法律、法规于 1993 年年底陆续公布，1994 年 1 月 1 日起执行。1993 年 12 月 25 日，国务院发布《关于实行分税制财政管理体制的决定》。"一法六条例一决定"法律法规性文件的出台，标志着新一轮税制改革的完成。

一、建立以增值税为主体的流转税制度

流转税改革是 1994 年税制改革的重点，以增值税为主体，消费税和营业税为补充。在保持总体税负不变的情况下，在生产企业普遍征收增值税，并实现价外计税的办法，部分产品开征消费税，对提供劳务、转让无形资产和销售不动产保留征收营业税，重新规定了营业税的征收范围和纳税人，合理地调整了营业税的税目。

增值税改革是流转税改革的核心。增值税制度 1954 年产生于法国。增值税与传统的流转税不同，不是对商品流转的全额征收，而只对其增值额征收，有利于解决传统流转税重复征收的问题，而且其具有普遍征收的特点，对资源配置影响小，有利于按照市场要求合理配置资源。当增值税在法国全国成功地推行之后，很快风靡全球，对世界经济产生了重大影响。我国的增值税制度是随着我国经济体制改革的不断进行确立和发展起来的。1979 年引进了增值税，1984 年第二步"利改税"时正式建立增值税制度，1993 年年底的税制改革，以增值税改革为核心，旨在建立新的规范化的流转税制格局。根据扣除方法不同，增值税大致可分为消费型、收入型和生产型增值税，基于当时的现实考虑，不得已选择了生产型增值

税。按照从总体上"不挤不让"的原则，将一般增值税税率设定为 17%，另设一个 13% 的优惠税率。

改革后的流转税制度，既充分体现了公平、中性、透明和普遍的原则，又有相应的调节措施，适应了市场经济体制改革的要求。

二、统一企业所得税制度

统一企业所得税制度的工作实际上分两步完成，从 1994 年 1 月 1 日起统一内资企业所得税，下一步再将内资企业所得税和外资企业所得税统一起来。统一内资企业所得税是取消传统按所有制形式设置所得税的做法，把原来的国营企业所得税、集体企业所得税和私营企业所得税合并为企业所得税，统一按 33% 的名义税率计征。同时，取消国营企业调节税，取消国营企业所得税前归还贷款的规定，取消国营企业上缴国家能源交通重点建设基金和国家预算调节基金的规定。

企业所得税改革规范了国家与企业的分配关系，促进企业在公平竞争环境下，转换机制，增强活力，真正走向市场。

三、简并个人所得税

个人所得税改革是将过去的个人收入调节税，适用于外籍人员的个人所得和城乡个体工商户所得税简并，建立统一的个人所得税。新的个人所得税法适用于有纳税义务的中国公民和从中国境内取得收入的外籍人员。个人所得税税率采取超额累进制，规定对不同的应税项目，分别适用不同的九级和五级超额累进税率以及统一的 20% 比例税率。对劳务报酬所得一次所得畸高的，还有加成征税的规定。统一采用"分项扣除、分项定率、分项征收"的计算征收办法。

四、开征农业特产税

将原来的农林特产农业税和原工商统一税中的农林牧水产品税目合并，改为农业特产税，将烟叶、牲畜产品列入农业特产税的征收范围，解决了部分产品交叉征税的问题。改革后，烟叶产品、园艺产品、水产品、林木产品、牲畜产品、食用菌、贵重食品 7 个税目的税率为 8%—31% 不等,其他产品的税率为 5%—20% 不等。

五、改革和调整其他税收制度

主要是开征土地增值税、提高土地使用税税额标准、扩大资源税征税范围、改革城市维护建设税、征收证券交易税,将特别消费税和燃油特别税并入消费税,盐税并入资源税。相应取消了集市交易税、牲畜交易税、烧油特别税、奖金税和工资调节税。取消了对外资企业、外籍人员征收的城市房地产税和车船使用牌照税,并将屠宰税、筵席税下放给地方。

1994 年新税制体系是新中国成立以来规模最大、范围最广泛、内容最深刻的一次税制改革。这次改革适应了中国改革开放以后出现的多种经济成分、多种经营方式、多种流通渠道和多种分配方式并存的经济状况,深入社会再生产的绝大部分环节,对社会生产、生活进行广泛的、有效的调节,初步统一了税法,实现了公平税负,为市场经济的发展创造了良好的税收环境。新税制的设计积极地借鉴了国外税制建设的有益经验,从而使中国税制进一步与国际税收惯例接轨,有利于促进对外开放的扩大和中外经济、技术交流与合作的发展。

这次改革总体上保持了原税负水平,没有增加企业的负担,没有引起物价大的波动,没有影响对外开放,没有给经济发展带来不利的影响,取得了突破性进展和历史性成功,对社会主义市场经济体制的建立和发展发挥了重要的作用。

第四节　分权改革奠定社会主义市场经济
　　　　　　体制之基

分税制改革不仅增强了国家宏观调控的财力基础,而且通过向市场分权,塑造独立的市场主体,开启了具有现代意义的宏观调控。

一、从放权迈向分权

早在计划经济体制运行之初,中央已经察觉到了高度集权的弊端,并努力加以修补和调整。1958 年,中央第一次对经济体制进行了改革,大规模地放权。但是,这次放权的尝试并不成功,不仅没有因为放权而理顺各种关系、节约交易成本,反而引发巨大经济风险。基建项目审批权下放后,地方立即大上、快上项目,使投资总额急剧膨胀,带来巨大风险。后来,许多项目难以为继,造成投资损失达 150 亿元以上,损失浪费严重。①1961 年 1 月,八届九中全会提出"调整、巩固、充实、提高"的"八字"方针,开始对经济进行调整,缩小投资规模,放慢发展速度,加强中央的集中统一,强调综合平衡,并开始注意运用经济杠杆的调节作用。此后,又有了一轮轮的放权,一轮轮的收权。当时向地方的放权是向层层的地方政府下放企业管理权、计划权,反而将原来的"全国一盘棋"分割成"各地一盘棋",造成严重的地区经济格局和地方保护主义,形成不惜代价的投资冲动,以致经济效率迅速下滑。在这样情况下的放,也就只能"一放就乱",地方盲目建设、重复建设在所难免。结果不得不上收,将企业管理权、计划管理权等上收,同时财政也上收管理权,这又损害了地方的积极性,"一收就死"再被批判,反过来再次下放,放乱收死,循环往复。

改革开放以来,突破了高度集权体制下的行政性放权,向农民下放耕种的自主权、向企业下放经营自主权、向地方下放财政自主权,通过放权让利满足了各利益主体的合理利益需求,形成了多元利益主体。但是行政性分权的弊端依然存在,助长了地方追求局部利益,各地滥行减免税、低水平重复建设、市场分割和地方保护主义,演化成"诸侯经济",割裂统一市场,妨碍竞争机制的充分发育和产业结构的优化。

分税制是财政体制改革的一次飞跃,是一次根本性的制度创新。不仅从行政性放权迈进行政性分权,形成了分级治理体系,更重要的是实现了经济性分权,通过向市场放权,完善了社会主义市场经济体制,减少了

---

① 董辅礽主编:《中华人民共和国经济史》(上卷),经济科学出版社 1999 年版,第 332 页。

对生产领域的控制,塑造独立的市场主体,消除了各类市场扭曲机制,为市场竞争营造了良好的环境。这正是改革目标明确和改革思路清晰后的重大举措。

二、促进市场调控方式发生根本性转变

党的十四大报告明确提出,经济体制改革的目标是建立社会主义市场经济体制,以利于进一步解放和发展生产力。建立社会主义市场经济体制,就是要使市场在社会主义国家宏观调控下对资源配置起基础性作用,使经济活动遵循价值规律的要求,适应供求关系的变化;通过价格杠杆和竞争机制的功能,把资源配置到效益较好的环节中去,并给企业以压力和动力,实现优胜劣汰;运用市场对各种经济信号反应比较灵敏的优点,促进生产和需求的及时协调。

在宏观调控方面,国家对经济的调控在市场经济方式下发生了转变,以计划手段为主的直接管理转变为以经济杠杆为手段的间接调控为主。财政调控是间接调控的重要政策工具。包干制包死了财政,中央财政收入逐年下降,而中央支出却未减少,致使中央财政困难,以致中央财政部不得不向地方财政借款,让地方财政为中央做贡献来弥补缺口,严重缩限了中央宏观调控的能力。政府对企业仍按照行政隶属关系实施控制和组织财政收入,很多国有企业的经营情况欠佳,而政府仍补偿经营亏损的企业,缺乏优胜劣汰的机制,无法调动和激发企业的活力,难以实现自主经营;中央调控手段单一,对上解地区基本上只是控制一个上解比例。对收不抵支的地区基本上只是运用无条件补助的形式,抑制了受补助地区发展的积极性。

在社会主义市场经济体制下,中央应具有较强的调控能力,而较强的调控能力又是建立在一定的财力和财权的条件上的。分税制改革为宏观经济调控和各项财政政策目标的实现奠定了坚实的财力基础。分税制和税制改革,不仅为市场经济所需要的现代意义上的宏观调控,提供了市场基础,而且打造了财税工具。从 1993 年起,具有现代意义的宏观调控开始"启航"。

三、实施适度从紧的财政政策

1992 年,邓小平同志南方谈话很快激发了地方、部门、企业和个人的积极性,我国开始进入新一轮的经济快速增长时期,一举扭转了 1989 年至 1991 年经济低速增长态势,国民经济发展进入了一个新的阶段。与此同时,中央政府也采取了扩张性货币政策,M_0、M_1、M_2 的增长分别高达 36.5%、35.7%、31.3%。很快掀起了开发区热、房地产热、债券热、股票热、期货热,经济发展在取得巨大成就的同时,也面临着巨大风险。

中共中央、国务院及时发现了上述问题,从 1992 年开始,一再提醒要注意防止新的经济过热。1992 年 10 月,中共中央召开经济情况通报会,向各地、各部门和军队的主要负责人通报了全国宏观经济中正在出现的新问题,提出防止经济过热现象。1993 年,经济过热现象并没有得到缓解。1993 年第一季度 GDP 增长 14.3%,6 月工业总产值增幅达 30.2%。

1993 年,中共中央决定加大力度,采取果断行动进行宏观调控。4 月,颁发了《关于制止乱集资和加强债券发行管理的通知》;5 月,颁发了《关于严格审批和认真清理各类开发区的通知》;6 月 24 日,出台了《关于当前经济情况和加强宏观调控的意见》,提出加强和改善宏观调控的 16 条措施,正式确定了实行适度从紧的财政政策和货币政策的基调。从内容上看,从紧的财政政策主要采取了以下几方面的措施:

一是清理税收优惠政策。强调依法治税,取消地方政府越权减免税和减免能源交通重点建设基金、预算调节基金(以下简称"两金")的政策;地方政府因擅自减免税而未完成"两金"上缴任务的,中央财政相应扣减地方"两金"分成收入;暂停审批临时性、困难性的减免税,减免税到期的,立即恢复征税;固定资产投资方向调节税不得减免;未经中央政府批准的各类经济开发区,不得享受国家级开发区的税收优惠政策;地方政府不得自行决定对企业承包流转税;加强对外商投资企业的税收征管,防止外商通过转移利润等方式进行逃税和避税的行为;清理关税和进口工商税的减免;改进出口退税征管办法,加强出口退税管理。整顿税收征管薄弱环节,大力清理拖欠税款,确保财政收入应收尽收;开展全国财税大检查,重点检查偷漏税、越权减免税和"两金"等问题。限期完成国库券发行任务,鼓励居民个人购买国库券,要求原专业银行、非银行金融机构积极做好代销工作,利用养老保险基金和待业保险基金结余购买国库券。

二是严格控制财政赤字。要求地方财政预算收支必须严格执行《国家预算管理条例》,不准打赤字;已打赤字的地区,要及时调整地方预算,确保全年财政收支平衡。1994 年 3 月,八届全国人大二次会议通过《中华人民共和国预算法》,规定中央政府经常性预算不列赤字,地方各级预算不列赤字。从 1994 年起,中央财政赤字主要通过发行国债的办法弥补,不再向我国人民银行透支或借款。1996 年 3 月,全国人大要求"九五"期间(1996—2000 年)逐步减少财政赤字,实现财政收支基本平衡。

三是严格控制社会集团购买力。1993 年下半年开始实行严格控制和精简各种会议的措施,地方和部门会议经费要在年初预算基础上压缩20%;严格控制实效不大的出国考察、招商引资、节日庆祝等活动;严格执行国家对企业工效挂钩的规定,禁止滥发补贴、实物和代币购物券,控制消费基金的过快增长。1994 年,明确要求合理控制和引导消费需求的增长。严禁用公款进行高消费和把公款转化为个人消费基金;适当控制工资增长速度,防止以侵蚀国有资产方式增加个人收入;坚决制止各种滥发奖金、津贴现象,及时纠正部分地方自行扩大调资范围、搭车出台新的补贴项目等做法。1995 年,继续控制消费基金过快增长,制止和纠正乱加工资、乱发奖金和津贴。为了切实抑制政府过快消费,财政部要求对社会集团购买力实行指标管理、专项审批、统计管理和监督检查等办法,有效地控制了社会集团购买力的过快增长。

四是清理压缩基本建设项目。严格控制投资规模,清理在建项目,从严控制新开工项目;停建缓建不符合产业政策、资金来源不落实、市场前景不好的项目,特别是高档宾馆、写字楼和度假村等;新上基本建设大中型项目须经中央政府批准后才能开工。在投资资金来源上,中央银行对固定资产投资贷款实行严格指令性计划控制,防止企业挪用流动资金贷款进行固定资产投资;加强对房地产市场的管理,制定房地产增值税和有关税收政策,坚决制止房地产的投机行为。1994年1月,国务院发布《关于继续加强固定资产投资宏观调控的通知》,提出要集中财力物力,保证重点建设;优先保证重点项目的收尾和投产;当年原则上不再批准新开工项目;加强资金源头控制,严格固定资产投资贷款管理;加强对资金市场的规范化管理;对在建项目进行普查和项目登记备案制度;加强对外商直接投资项目的引导和规范化管理。1995年,继续严格控制固定资产投资规模,清理在建项目。1996年,对固定资产投资实行项目资本金制度。

货币政策方面主要是严控信贷规模和大幅度提高贷款利率。此次宏观调控是运用财政货币的"双紧"政策,通过信贷、税收等经济手段,将经济过热的局面缓缓扭转过来。调控的重点虽然还是控制基建投资,但不再采用此前直接压缩投资和具体项目,而是通过严格控制银行信贷规模和开征高额的投资方向调节税等办法来间接调控。在此前提下,具体压什么、压多少,主要由各部门、各地方自行决策,以达到既压缩建设规模,又提高建设效果的双重目的。

1993—1997年实施适度从紧财政政策,取得了显著的反周期调节效果:一是经济增长仍然保持了较高的速度。1993年和1994年GDP分别增长13.5%和12.6%,1995年降至10.2%,1996年和1997年分别增长9.6%和8.8%。二是过度投资得到了控制。1995年、1996年和1997年全社会固定资产投资分别比上年增长17.5%、14.8%和8.8%,分别比1993年下降44.3个、47个和53个百分点。三是物价涨幅明显回落。全国居民消费价格指数涨幅由1994年的24.1%,逐年下降到1996年的8.3%和1997年的2.8%;全国商品零售价格指数涨幅由1994年的21.7%,下降到1996年的6.1%,到1997年已降至0.8%。四是经济效益不断提高,农村居民人均纯收入实际增长率,由1993年的3.2%,逐步提高到1996年的9%,成为1983年以来收入增幅最高的一年。城镇居民人均可支配收入增长率也持续保持了稳步提高的良好态势。五是财政收入持续增长。1995—1997年三年间的财政收入增加3433亿元,超过了以往五年计划内的增加额,明显增强了政府的宏观调控能力。

可以说,这轮调控既有效遏制了通货膨胀,又促进了经济适度增长,形成了"高增长、低通胀"的良好局面,国民经济运行进入新的增长期。这也是新中国成立后第一次避免了"大起大落"的成功"软着陆"。

第十一章　公共财政：
基于市场化改革的框架重构

1997 年,党的十五大提出党在社会主义初级阶段的基本纲领。1998 年 12 月 15 日,当时国务院主管财政税务工作的李岚清在全国财政工作会议上明确提出建立公共财政基本框架。2000 年 10 月,党的十五届五中全会通过的《中共中央关于制定国民经济和社会发展第十个五年计划的建议》提出:"逐步建立适应社会主义市场经济要求的公共财政框架。"我国财政改革进入一个新的发展阶段,预算管理制度改革迈出关键步伐,推动调整和优化支出结构,向基础设施建设、农业、教育、医疗卫生、社会保障、环境保护等领域倾斜,用于社会性、公共性支出的比重不断提高。

第一节　从建设财政走向公共财政

分权改革逐步形成了社会主义经济体制的框架,同时也推动财政从"生产建设财政"转向"公共财政"模式。财政与市场的关系发生了颠覆性变化,市场成为财政职能定位的一个基准。

一、公共财政目标的提出

1992 年,党的十四大确立了建立社会主义市场经济体制的改革目标,按照这一目标,国家财政进行了分税制等重大改革,初步理顺财政分配中的一些基本关系,但并没有解决全部问题,不仅在体制上只是建立了一个基本框架,还有很多制度需要完善,特别是游离于预算外的大量收费问题亟待解决,而且支出改革还没有启动。所以在分税制完成后,在怎样的框架推进财政改革就提上了议事日程。经过一段时间的探索,中央在1998年提出了公共财政基本框架的目标。

改革开放后,财政通过放权让利等一系列改革,不仅松动了计划体制,而且推进了多元利益主体的形成。在支出结构领域更多面向非生产领域投入,对教科文卫等事业的投入逐步加大,财政改革与发展的步子也基本踏在了公共化的印迹上,但是由于我们选择了渐进式的增量改革战略,旧体制的痕迹还很深,还没有改变过去计划体制下大包大揽的惯性思维。在市场经济体制确定后,按照"市场能干的,就交给市场"的原则,财政无论如何要从竞争性领域退出去。但当时政府依然包办了很多应由企业和市场从事的活动,国家财政仍然包揽了一些本应由市场功能承担的经营支出;仍然承担着一些有条件进入市场的经营性事业单位,如行政事业单位办的出版社、杂志社、培训中心等的经营支出;仍然在一定程度上承担着一些应由市场配置资源的领域。存在严重的"越位"现象。而另一方面,直接用于经济建设的财政投资支出占财政总支出的比重依然过高,这也就压缩了本应由财政供给资金的事业和项目的支出,如社会保障、基础教育、科研等方面的支出,存在严重"缺位"问题。有部分地方由于地方财力拮据,无力维持政府机构的正常运转,甚至出现欠发工资的现象。财政到底该做什么,不该做什么,迫切需要新的理论框架来厘清政府职责。

社会主义市场经济体制建立后,财政与市场的边界亟须界定和规范,各类主体之间的权利也迫切需要界定和规范,在自由竞争模式下各种新生风险层出不穷,财政的角色如何界定?而且财政本身在改革中也积累了大量问题,如预算管理方面,多头开户与分级拨付的支出方式,造成拨款环节过多,管理分散,截留、挤占、挪用财政资金的问题。这实际上也提出了财政的"治权"问题。财政从"放权""分权"走向"治权"是个渐进、继起、叠加的动态优化过程,在改革开放之初,打破所有者财政的局限,建立公平的竞争环境就开始提出"治权"的要求,此后分税制改革建立起了促进市场统一的基本框架,随着改革向深水区迈进,迫切需要财政建立新的定位。

1998年12月15日,在全国财政工作会议上,李岚清同志明确提出建立公共财政基本框架的四个要点:一是把保证公共支出作为财政的主要任务;二是依法促进公平分配;三是充分利用预算、税收和国债做好宏观经济调控,并做好财政转移支付工作;四是调节市场配置资源的偏差,体现国家产业政策,搞好对国有企业和国有资产管理。

李岚清同志在 2000 年省部级主要领导干部财税专题研讨班上的讲话中对公共财政出台背景有个解读:"我国现行财政支出范围是从计划经济体制下演变而来的,同建立社会主义市场经济要求相比,还有许多不相适应的地方。一方面,财政供给范围过大,包揽过多,特别是向竞争性生产领域的过多延伸,大大超出了职能范围,一些部门和地方拿财政资金去搞营利性、经营性投资,想去赚钱,结果往往赔了,反而使国家资金蒙受更大损失;另一方面,应由政府承担的一些社会公共需要的支出,因财力紧张而不能给予充分的保障,政府职能远没有到位。因此,按照公共财政的要求,调整和优化支出结构势在必行。"[1]在这次讲话中,他对公共财政建设的任务也有了更加明确的要求。

二、建立公共财政基本框架

1997 年 9 月 12 日至 18 日,党的十五大提出:从现在起到 21 世纪的前十年,是我国实现现代化建设第二步战略目标、向第三步战略目标迈进的关键时期。在这个时期,建立比较完善的社会主义市场经济体制,保持国民经济持续快速健康发展,是必须解决好的两大课题。为此,一定要牢牢抓住历史机遇,开拓前进,坚持社会主义市场经济的改革方向,使改革在一些重大方面取得新的突破,并在优化经济结构、发展科学技术和提高对外开放水平等方面取得重大进展。

党的十五大对财政改革提出新要求:要正确处理国家、企业、个人之间和中央与地方之间的分配关系,逐步提高财政收入占国民生产总值的比重和中央财政收入占全国财政收入的比重,并适应所有制结构变化和

---

① 李岚清:《建立与社会主义市场经济相适应的公共财政》,《学习时报》2000 年 4 月 17 日,第 29 期。

政府职能转变,调整财政收支结构,建立稳固、平衡的国家财政。党的十五大特别强调了完善分配结构和分配方式的问题,提出要"坚持按劳分配为主体、多种分配方式并存的制度",明确提出要"把按劳分配和按生产要素分配结合起来",要求"坚持效率优先、兼顾公平,有利于优化资源配置,促进经济发展,保持社会稳定"。在财政改革方面也将明确提出要将处理国家、企业、个人之间和中央与地方之间的分配关系提到了首要位置。

党的十五大还对完善宏观调控的方向进行了阐述,要求充分发挥市场机制作用,主要运用经济手段和法律手段。健全宏观调控体系要深化金融、财政、计划体制改革,完善宏观调控手段和协调机制。提出宏观调控的主要任务,是保持经济总量平衡,抑制通货膨胀,促进重大经济结构优化,实现经济稳定增长。并要求尽快建成统一开放、竞争有序的市场体系,进一步发挥市场对资源配置的基础性作用。

实施适度从紧的财政政策和货币政策,注意掌握调控力度。依法加强对金融机构和金融市场包括证券市场的监管,规范和维护金融秩序,有效防范和化解金融风险。党的十五大还对建立国有资产管理机制、建立社会保障体系、增加公共设施和社会福利设施、提高教育和医疗保健水平等诸多方面作出部署。党的十五大虽然还没有提出公共财政的概念,但是相关论述中已经蕴含了公共财政的方向。

1998年年底,全国财政工作会议提出建立公共财政基本框架的目标。2000年10月,党的十五届五中全会通过的《中共中央关于制定国民经济和社会发展第十个五年计划的建议》明确将建立公共财政初步框架作为"十五"时期财政改革的重要目标,逐步建立适应社会主义市场经济要求的公共财政框架。建立公共财政框架,规范财政支出内容,优化财政支出结构,作为我国财政改革的方向和目标日益清晰、明确。

第二节　从收入改革走向支出改革

1998年以来,按照公共财政的需要,我国逐步推行了部门预算、国库集中支付、"收支两条线"和政府采购制度,初步建立了公共财政基本框架。

一、部门预算改革

预算编制既是实施有效预算管理的前提和基础,也是决定政府部门职能和效用发挥的关键环节。实行部门预算改革前,我国传统的功能预算编制存在明显的缺陷:一是过于分散,一个部门同时编制多个预算,互相之间没有整合,部门规费等预算外收入没有纳入预算管理,整个部门没有一个完整的预算,收支盘子和家底不清;二是内容太粗,预算支出的具体内容不明晰、不清楚,内行说不清,外行看不懂;三是编制不规范,预算编制缺乏严格可操作性的标准和依据。由于这些问题的存在,也导致了预算执行的随意性较大,追加支出的现象较多,资金使用难以得到有效的监管。

针对以上问题,财政部在细化预算编制、加强预算管理方面进行了多种形式的探索,提出了细化政府预算编制,实施部门预算改革的初步构想。部门预算改革的主要目的是规范政府的财政分配行为,推动政府部门平等地获得财政性资金,以有效地保证履行自身职责的需要。其主要目标:一是通过增强预算的完整性和统一性,将一个部门的各种财政性资金(包括预算内外资金)全部在一本预算中编制,有利于防止政府部门乱收费,减少政府对市场的干预;二是通过细化预算编制,使任何一项支出的来龙去脉都要在预算中编列清楚,便于社会公众进行监督,有利于提高政府部门绩效;三是推动财政资金规范管理,无论是基本支出还是项目支出,都要严格地按支出标准编制到具体项目,财政部门按标准进行审核和拨付资金。

按照全国人大常委要求和国务院统一部署,1999年财政部发布《关于改进2000年中央预算编制的通知》,要求中央各部门采用部门预算的编制方法,所有的开支都要在预算中加以反映,预算中没有列出的项目不得开支,同时要求将各种收入(包括规费收入、行政事业性收费和其他收入)都要纳入预算管理。将原来按功能划分的教育事业费、农林水气象等事业费、税务等部门事业费、外交外事支出、农业事业费、其他文教事业费、卫生事业费、行政管理费、行政事业单位离退休经费,以及基本建设支出、科学事业费、企业挖潜改造资金的大部分细化到部门。

中央部门预算改革遵循"积极稳妥,充分试点,分步实施"的原则,2000年,实现了"一个部门一本预算"的框架,在形式和内容上初具综合预算雏形,所有中央一级预算单位当年都试编了部门预算,并选择了教育部、农业部、科技部、劳动和社会保障部四个部门的预算上报全国人大审议。2001年,在采用零基预算方法、用定员定额和规范的项目管理方式核定预算方面迈出了第一步,提交全国人大审议的部门预算由4个增加到26个,上报内容进一步细化,上报形式也有所改进。2002年,部门预算改革进入了实质性阶段。一是突破了传统的"基数"法编制预算的做法、尝试用"零基"预算方法编制预算。二是规范政府行为,实现真正的综合预算。结合深化收支两条线管理改革,选择了33个部门预算外收入纳入预算管理和实行收支脱钩试点,对税务和海关实行完全预算制,收支不挂钩,改变部门代行财政职能、进行二次财政分配的做法。与此同时,全国各地也积极推进部门预算改革,省级部门预算改革已经逐步推开,部分地市、县也实行了部门预算。

部门预算的实行增强了预算的规范透明度,不仅在财政规范化上具有历史意义,而且对促进国家各项事业发展、提高财政资金使用效益、防止腐败滋生都有极其重要的意义。

二、"收支两条线"管理改革

新中国成立后,鉴于财政困难状况,在一定程度上允许了预算外资金甚至制度外资金,用于补足事业发展的需要。在这部分资金的管理上,考虑到经济生活的实际情况,采取了一些权宜之计:一是对某些特定的专项收入,只能用于特定的专项支出,不得挪作他用。二是一些特殊部门的经费支出与其取得的收入挂钩,按其取得收入的一定比例提取支出经费。改革开放后,在放权让利导向下,预算外资金不断膨胀,甚至催生了地方和部门在利益驱动下乱罚款、乱收费、乱摊派,甚至非法将预算内资金划作预算外资金的现象。这些乱象不仅分散了国家财政资金,削弱了政府宏观调控能力,扰乱了市场经济秩序,加重了企业和人民群众的负担,又造成了私设小金库、贪污等问题。为此,中央决定明确对行政事业性收费和罚没收入等财政性资金实行收支两条线管理。"收支两条线"是指政府在对财政性资金的管理中,取得收入与发生支出相脱钩,即收入上缴国库或财政专户,支出由财政根据各单位完成工作任务的需要审核批准,对收入、支出分别进行核定的资金管理方式。

1990 年,党中央、国务院发布《关于坚决制止乱收费、乱罚款和各种摊派的决定》,第一次提出了"收支两条线",但当时的收支两条线改革规范的范围主要是集资资金。此后,党中央、国务院又先后下发了一系列文件,预算外资金的范围和收支两条线改革的内涵不断发展变化。1993 年财政部《关于治理乱收费的规定》和《关于对行政性收费、罚没收入实行预算管理的规定》,将收费资金实行"收支两条线"管理,对尚未纳入预算管理的行政性收费、专项收费及事业性收费实行财政专户储存。1993 年在党的十四届三中全会上,中央纪律检查委员会明确提出落实"收支两条线",并对此作出了重点部署,"收支两条线"管理制度改革全面推进。1996 年,国务院《关于加强预算外资金管理的决定》指出,预算外资金要上缴财政专户,实行收支两条线管理。2001 年,国务院办公厅转发了《财政部关于深化收支两条线改革,进一步加强财政管理意见的通知》,明确了"收支两条线"的改革步骤和措施,成为新时期加强财政资金管理方面的纲领性文件。

"收支两条线"改革具有重大的经济社会意义:一方面对促进政府职能转变、增加财政透明度、提高财政资金使用效益和规范收入分配等方面发挥着重要作用;另一方面有利于优化市场环境。通过明确界定财政收支范围,防止政府部门乱收费、乱减免等干预市场行为,促进建立平等有序的竞争环境。

三、国库集中收付制度改革

长期以来,我国在国库管理上实行分级分散收付制度。这种制度以预算单位设立多重存款账户为基础,在收入方面,项目由征收部门通过设立过渡存款账户收缴,收入退库比较随意。在支出方面,通过财政部门和用款单位各自开设的存款账户层层拨付。这种制度存在很多问题:一是支出过程脱离财政监督,挤占、挪用财政资金等问题非常严重;二是资金分散支付和储存,使用效率不高;三是财政资金运行的信息反映滞后;四是大量预算外资金未纳入财政预算统一管理等。这些问题不仅导致长期以来财政资金管理弱化,而且制约了其他改革措施的推行和成效的实现。

针对传统国库制度存在的问题,借鉴国外通行做法和我国成功经验,我国从 2000 年开始,启动了国库集中收付制度改革。国库集中支付就是参照国际惯例,建立一种对财政资金实行集中收缴和支付的管理制度,也称国库单一账户体系。其目的是要解决财政资金的支付方式问题。核心是通过国库单一账户体系对财政资金的运行进行管理,确保严格和规范地进行预算执行,确保财政资金安全、提高财政资金使用效率。

为推进国库集中收付制度改革,财政部于 2000 年 6 月设立了国库司。同年 8 月,财政部发布了《关于实行国库集中收付制度改革的报告》,决定对四川省、湖北省、山东省、河南省等 44 个新建的中央直属粮库项目资金进行财政直接拨付改革。2001 年 2 月,国务院同意实施《财政国库管理制度改革方案》,并确定在水利部、科技部、财政部、国务院法制办、中国科学院和国家自然科学基金会 6 个部门共 136 个预算单位进行试点。另外,根据国务院的要求,对部分国家储备粮库的建设资金和部分省的车辆购置税交通专项资金实行了财政直接拨付。2001 年 3 月,国务院印发了《国务院办公厅关于财政国库管理制度改革有关问题的通知》,同年 7 月又发布了《中央单位财政国库管理制度改革试点资金支付管理办法》《财政国库管理制度改革试点会计核算办法》和《中央单位财政国库管理制度改革试点资金银行支付清算办法》,进一步明确国库改革的操作程序。

2002 年,财政国库管理制度改革又向前迈了一大步:一是增加集中支付改革的试点部门。二是财政部、中国人民银行联合制定发布了《预算外资金收入收缴管理制度改革方案》和《中央预算单位预算外资金收入收缴管理改革试点办法》，实行预算外资金收入收缴管理制度改革。三是在安徽省、四川省、福建省、重庆市、辽宁省、黑龙江省、江苏省、山东省等地组织国库集中收付改革试点。

国库集中支付制度改革规范了预算执行的程序，加强了财政监督，提高了财政资金使用效率。

四、政府采购制度改革

在计划经济时期，政府所需物资主要通过国家计划配置。随着市场经济改革的推进，在政府采购时采取了各财政资金使用单位分散采购的方式。这种方式存在很多问题：一是单位采购粗放，财政资金使用效率不高；二是采购过程不透明，导致出现"吃回扣"等损公肥私的腐败行为，财政监督很难发挥作用；三是强化了地方保护主义，如地方政府常常强制各部门购置本地区产品，阻碍了市场竞争作用的发挥等。

在广泛深入调研西方国家公共财政支出管理以及国际机构采购规则的基础上，财政部于 1996 年提出推行政府采购制度改革的建议。1997年，向国务院提出制定政府采购管理条例的请示。与此同时，上海市、河北省、深圳市等地陆续开展了地方性的政府采购改革试点。1999 年 4月，财政部颁布了《政府采购管理暂行办法》，初步形成了我国政府采购的制度框架体系。1999 年 6 月，国务院办公厅印发了《关于在国务院各部门机关试行政府采购的意见的通知》，推动中央部门政府采购试点工作。2000 年，我国绝大部分地区颁布了地区性的政府采购管理办法。2000 年 6 月，财政部将政府采购的管理职能由预算司调整至国库司，并成立了政府采购处，进一步加大了政府采购工作推行力度。政府采购制度改革，优化了财政资金的配置，增强了财政透明度，强化了监督财政运行，起到了从源头上防治腐败的作用。

这一时期，财政部还推动了决算制度改革。从 1998 年度决算开始实施"统一报表"，即按照"统一设计、口径一致、集中布置、一表多用、数据共享"的原则，有计划地建立全国统一的决算报表体系。2000 年，财政部决定推行部门预算改革,"将单位全部收支编入一本预算",这为"单位全部收支编入一本决算"奠定了制度基础。决算制度改革有力地推动了预算编制和预算执行改进,从制度上强化了对政府行为的约束。

上述几项改革相辅相成,覆盖财政收支、预算分配、预算执行和政府采购资金使用等财政资金运行的各个环节,并将公平、公正、公开、透明等现代公共管理原则,贯彻到财政资金运行的各个环节,共同构筑了公共财政的管理框架。

第三节 推进税费改革

1994年分税制实施后,为保证新税制的顺利推行,采取了一些过渡性措施,同时对税收政策制度进行了补充调整。1998年后又持续进行了调整和完善,主要是调整和完善营业税、所得税和规范税收优惠政策,这一时期税收的改革重点是推进税费改革。

一、启动税费改革

随着我国经济体制改革的深入和政府职能的不断转变,国家财政包揽社会事务的格局逐步被打破,一部分事业在发展中开始引入市场机制,政府部门取得的收费收入越来越多,数额越来越大。据不完全统计,截至1998年,全国行政事业性收费和政府性基金约有6000多项,各种政府性基金有近500项。基本上所有政府部门都有收费(基金)项目,甚至一些部门中的每个职能单位都有收费项目,几乎每增加一项业务,都要以经费或资金不足为由要求收费。虽然中央一直想加强管理,多次发文要求制止乱收费、乱罚款和各种摊派,但是情况一直没有得到根本转变,这些混乱现象已经对中国的财政、经济、社会产生了严重的不利影响。从1996年开始,我国逐步拉开了治理整顿收费和进行税费改革的序幕。

1996年,国务院作出了《关于加强预算外资金管理的决定》,首次明确了预算外资金的财政属性,规定行政事业性收费要严格执行中央、省两级审批的管理制度。收费项目按隶属关系分别报国务院和省、自治区、直辖市人民政府的财政部门会同价格主管部门批准；确定和调整收费标准，按隶属关系分别报国务院和省、自治区、直辖市人民政府的价格主管部门会同财政部门批准；重要的收费项目和标准制定及调整应报请国务院或省级人民政府批准。省、自治区、直辖市以下各级人民政府及其部门无权审批设立行政事业收费项目或调整收费标准。同时规定，管理性收费、资源性收费、全国性的证照收费和公共事业收费，以及涉及中央和其他地区的地方性收费，实行中央一级审批。

1997年，中共中央、国务院作出了《关于治理向企业乱收费、乱罚款和各种摊派等问题的决定》，规定今后所有新增加向企业的行政事业性收费项目和标准，必须按隶属关系分别报财政部、原国家计委或省、自治区、直辖市人民政府审批，重要的报国务院审批。各省、自治区、直辖市人民政府审批的收费项目和收费标准，要分别征得财政部和原国家计委同意。

20世纪末期，我国拉开了进行税费改革的序幕。税费改革的基本目标是，通过对现有收费进行清理整顿，逐步理顺政府分配关系，建立适应社会主义市场经济发展要求的以税收为主、"使用者付费"与少量必要规费为辅的政府收入分配体系，从根本上规范税费体系，减轻企事业单位和人民群众负担。

税费改革的主要内容：一是清理整顿现有收费；二是将部分事业性收费转为经营性收费；三是将部分具有税收特征的收费改为税收，实行"费改税"。此外，对一部分附加在价格上难以实行"费改税"的政府性基金，如铁路建设基金、电力建设基金、邮电附加、城市公用事业附加等。

税费改革工作按照总体规划、分步实施的原则，首先在问题较多、影响较大的交通车辆和农村领域率先展开。1999年10月31日，第九届全国人民代表大会常务委员会第十二次会议通过了关于修改《中华人民共和国公路法》的决定。决定中规定：筹集公路建设资金，除了各级人民政府的财政拨款，包括依法征税筹集的公路建设专项资金转为财政拨款以外，可以依法向国内外金融机构或者外国政府贷款。国家采用依法征税的办法筹集公路养护资金，具体实施办法和步骤由国务院规定。依法征税筹集的公路养护资金,必须专项用于公路的养护和改建。国务院在制定将公路和车辆收费改为征税的实施办法的时候,应当取消各种不合理收费,确定合理的征税幅度,并采取有效措施,防止增加农民负担;同时防止增加车辆用油以外的其他用油单位的负担。2000年12月20日,国务院颁布《中华人民共和国车辆购置税暂行条例》,规定从2001年1月1日起取消车辆购置附加费,开征车辆购置税。车辆购置税的开征正式拉开了我国全面实施"费改税"的序幕。

二、农村税费改革

从1995年起,财政部在湖南省武冈等地区进行了农村费改税试点,将村级对农民收取的三项提留和乡镇的五项统筹收费等改为统一征收的"农村公益事业建设税"(非正式税收),其税负不得超过农民上年纯收入的5%。此外,还有河北省正定县等地的"公粮制"模式,即"取消定购、税费征实、明确权责、税卡规范";安徽省太和县等地的"税费合一"模式,即将农业税与其他统筹资金合并,统一向农民征收。到1998年,全国大约7个省的50多个县市进行了农村费改税试点。

20世纪90年代以来,我国清理整顿各项收费,用相应的税收取代一些具有税收特征的收费,建立适应社会主义市场经济的以税收为主、以收费为辅的政府收入体系,规范政府的收入分配行为,维护市场经济秩序,减轻相关主体的负担。1998年,党的十五届三中全会提出减轻农民负担要标本兼治,逐步改革农村税费制度。1998年9月,中央农村工作领导小组第三次会议,决定由财政部部长牵头,农业部部长、中央农村工作领导小组办公室主任参加,组成国务院农村税费改革工作小组。11月,国务院办公厅下发了《关于制定农村税费改革方案有关问题的通知》,正式成立了国务院农村税费改革工作小组及其办公室,负责制定农村税费改革方案,并要求各有关部门全力支持配合做好税费改革工作。1999年3月,工作小组向国务院上报了《关于农村税费改革有关重大政策问题的调研报告》,就乡镇政府职能定位和机构设置、农村税费改革的范围、改革农业税制、建立根治农村乱收费的约束机制四个方面的主要问题,汇报了各方面的共识和不同意见。12月6日至7日，国务院农村税费改革小组在北京召开了农村税费改革问题座谈会，听取了各省、自治区、直辖市对农村税费改革问题的意见。2000年1月，国务院原则通过工作小组提出的关于农村税费改革试点工作若干问题的意见，改革后新的农业税税率最高不超过7%，附加比例最高不超过20%，并决定先行试点，积累经验，完善政策，逐步推开。2月18日，中央政治局会议讨论通过了《中共中央、国务院关于进行农村税费改革试点工作的通知》，3月2日正式发布实施。为探索建立规范的农村税费制度和从根本上减轻农民负担的办法，中共中央、国务院决定开展农村税费改革试点。中央决定2000年先在安徽省以省为单位进行试点，其余省级单位可自主选择县（市）进行试点。

2000年农村税费改革试点的主要内容可以概括为"三取消、两调整、一改革"。"三取消"，即取消乡统筹费、农村教育集资等专门面向农民征收的行政事业性收费和政府性基金、集资；取消屠宰税；取消统一规定的劳动积累工和义务工。"两调整"，即调整农业税和农业特产税政策。农业税按照农作物的常年产量和规定的税率依法征收。常年产量以1998年前五年农作物的平均产量确定，并保持长期稳定。调整农业税税率，将原农业税附加并入新的农业税。新的农业税实行差别税率，最高不超过7%。"一改革"，即改革村提留征收使用办法。村干部报酬、"五保户"供养、办公经费，除了原来由集体经营收入开支的仍继续保留外，凡由农民上缴村提留开支的，采用新的农业税附加方式统一收取。农业税附加比例最高不超过农业税正税的20%。

2001年，除安徽省继续在全省进行农村税费改革试点外，仅有江苏省根据本省改革工作安排及财力情况，自主决定在全省范围实施了改革试点；此外还有除上海市、西藏自治区外的27个省份选择了102个县（市）进行了局部改革试点。2002年，国务院决定进一步扩大农村税费改革试点范围。根据各地财力情况，国务院确定两类试点省份：一类是新增河北、内蒙古、黑龙江、吉林、江西、山东、河南、湖北、湖南、重庆、四川、贵州、陕西、甘肃、青海、宁夏16个试点省、自治区、直辖市，中央财政向其分配专项用于税费改革的转移支付资金；试点省是进行全省试点还是局部试点，则由有关省级政府决定。另一类是上海、浙江、广东等沿海经济发达省（直辖市），它们不享受中央转移支付资金，报经国务院批准，可以自费进行扩大改革试点。2002年农村税费改革试点工作提出了实现"三个确保"目标，即确保农民负担得到明显减轻、不反弹，确保乡镇机构和村级组织正常运转，确保农村义务教育经费正常需要，并将"三个确保"作为衡量农村税费改革是否成功的重要标志。2003年，农村税费改革已在全国铺开。各地政府在农民负担监督管理方面探索出了一些有效方法：统筹城乡发展，把减轻农民负担的重点逐渐转到增加政府对农民的扶持上来；取消农业特产税，降低特产税税率，为农民减轻负担；实施负担监督和重点监控制度，有效地防止负担反弹情况出现。

农村税费改革，就是按照社会主义市场经济关于转变政府职能和建立公共财政的要求，对现行农业和农村领域的税费制度进行改革和完善，进一步规范农村分配制度，从根本上减轻农民负担，理顺国家、集体和农民之间的分配关系，带动和促进其他农村改革和农村工作。2000年试点以来，农民负担有了明显减轻。2003年，全面试点后农村税费改革全国共减轻农民负担137亿元。但还是存在很多问题，一是改革后的实际执行税率大多是8.4%，这与我国历史上的农业税率相比还是偏高的。二是税费负担依然不均衡。农村税费改革试点后，征收单一农业税的办法会造成税负不公，在减轻非农户和兼业农户负担的同时，加重了纯农户的负担。农民缴纳农业税的多少，与农民耕种的土地面积直接相关，"谁种地，谁负担"。这样势必出现人多地少负担就轻、人少地多负担就重的状况。2003年以后废除农业税费的呼声越来越大。

2003年10月14日，党的十六届三中全会通过《中共中央关于完善社会主义市场经济体制若干问题的决定》，提出"创造条件逐步实现城乡税制统一"。同年12月31日，中共中央、国务院又发出《关于促进农民增加收入若干政策的意见》，提出要巩固和发展税费改革的成果，进一步减轻农民的税费负担，为最终实现城乡税制的统一创造条件；逐步降低农业税税率。2005年12月29日，第十届全国人民代表大会常务委员会第十九次会议通过了关于废止《中华人民共和国农业税条例》的决定。农村税费改革小组于 2006 年 6 月更名为农村综合改革小组办公室,农村改革的内容和重点发生很大变化,改革步入了以乡镇机构改革、农村义务教育体制改革、县乡财政管理体制等各项配套改革为主要内容的农村综合改革的新阶段。实际上,农村综合改革在农村税费改革进行中已经开展,即农村税费改革的配套改革。

第四节　积极财政政策化解经济风险

在 1996 年成功实现经济"软着陆"后,继续实行适度从紧的财政政策,调整和优化经济结构,全面强化税收征管,进一步压缩财政赤字,控制债务规模。但是,1997 年 7 月 2 日,亚洲金融危机爆发,对我国经济增长与发展带来了巨大冲击和深远影响。

一、亚洲金融危机的爆发与影响

1997 年 7 月,亚洲金融危机首先从泰国引爆。泰国曾经在很长一段时间里保持着 8%以上的经济增长,但风险实际早就开始显露。当时,泰国外债已经超过 1000 亿美元,外汇收支逆差高达 GDP 的 8%,房地产、股票市场泡沫严重,国内通货膨胀不断加剧。1997 年 5 月,国际金融炒家开始对泰铢发起攻击,企图通过大量抛售泰铢,搅乱其金融市场,从中谋取暴利。7 月 2 日,泰国中央银行突然宣布泰铢实行浮动汇率制,取代泰铢对"一揽子"货币的固定汇率制,泰铢价格将"由市场机制和国内外货币市场供需情况决定"。这是泰国中央银行自 1984 年采用盯住汇率制度以来第一次让汇率自由浮动。当日,泰铢在国际市场上很快重挫近 20%。泰铢的贬值引起了东南亚各国货币贬值的骨牌效应。7 月 11 日,菲律宾中央银行突然宣布放宽菲律宾比索外汇交易区间,比索兑美元汇价单日重挫 11%。此后,马来西亚、印度尼西亚、新加坡等国相继加入货币贬值行列。8 月 28 日,东南亚汇市与股市已出现联动暴跌的恶性循环,股市更出现了恐慌性卖压:菲律宾股市狂泄 9.28%,印度尼西亚股市暴跌4.52%,马来西亚股市全面重挫,跌幅也在4%以上,泰国、印度尼西亚股市收盘指数已跌至历史最低点。一直到9月1日,东南亚股市仍狂泻不止。

在国际炒家一轮轮的攻击下,只有香港特区政府在祖国大陆的有力支持下,击退了进攻,捍卫住了港元,但股市和楼市还是受到很大冲击,出现滑坡式下跌。此次亚洲金融危机中,就连伦敦、巴黎、法兰克福、莫斯科、圣保罗、布宜诺斯艾利斯、墨西哥城的股市也都受到历史上罕见的大震动,并波及纽约和东京股市。受此影响,各国经济受到很大冲击,有的国家和地区还出现了政治动荡。在亚洲金融危机爆发不到1年的时间里,俄罗斯又连续发生4次金融危机,卢布暴跌。

在这场震动全世界的金融危机中,中国虽然没有受到直接冲击,但也给中国经济发展造成很大影响,GDP从1993年宏观调控后的13.5%回落到1997年的8.8%水平。1998年上半年增长率仅为7%,同比回落2.5个百分点,第一次出现断崖式下滑,经济陷入周期低谷。这个影响也逐步在多方面显露出来:

一是影响我国外贸出口。1998年第一季度我国出口增长12.8%,上半年外贸出口额为869.8亿美元,同比增长7.6%,大大低于1997年同期26.25%和1997年全年20.9%的增长速度。我国对东南亚各国的出口更是受到直接冲击。当时,中国向东南亚国家和地区的出口占中国总出口的6.5%,1997年双边贸易额突破200亿美元,占中国对外贸易总额的7%。这些国家的经济动荡对我国外贸发展和外资流入造成了前所未有的冲击。

二是影响我国引进外资。中国外经贸部的统计表明,由于受亚洲金融危机影响,1997年1月到11月中国吸引外资达470亿美元,比1996年同期下降了27%,其中新批外商投资企业下降了15%,合同外商投资金融下降27%,外商实际投资增长幅度仅为8.5%,以上数据都创近几年的新低。

三是消费需求增长趋缓。在居民收入增长缓慢的同时,由于住房、养老、医疗、教育体制等改革逐步推开,居民支出预期大幅度上升。受此影响,居民消费需求增长低迷,社会消费品零售总额增幅持续下降,由 1996 年的 20.1%下降到 1997 年的 10.2%,1998 年进一步下降到 6.8%。市场上供过于求的商品比重不断提高。据有关机构对 601 种主要商品的调查统计,1998 年上半年供大于求的商品占 74.2%,供求基本平衡的商品占 25.8%,没有供不应求的商品。

四是投资需求增长乏力。1998 年,受消费增速趋缓和金融体制改革滞后以及市场预期等因素的影响,各类投资主体行为开始发生变化,投资相对注重风险约束。企业由过去有钱就上项目,逐步转为更加注重投资项目的回报率。企业投资预期收益下降,投资风险增加,自主投资能力减弱。商业银行实行资产负债比例管理后,由过去敞开口子贷款转为注重风险约束。这些变化在一定程度上影响了投资预期和投资增长。1997 年全社会固定资产投资增长 8.8%,比上年回落 6 个百分点;1998 年 1—5 月同比增幅继续回落 1.7 个百分点。

五是物价水平持续走低。受消费需求不足和产品结构性过剩等因素的影响,1998 年以来我国主要物价指数呈现逐月下降的态势。一是作为价格先行指标的工业上游产品价格自 1997 年年中以来持续下降,工业品出厂价格指数在 1997 年 6 月由上涨转为下降 0.4%,此后降幅逐月扩大,1998 年 6 月降幅达 4.9%;原材料、燃料、动力购进价格指数在 1998 年 1 月开始下降,降幅为 0.4%,6 月降幅达 5.2%。二是全国商品零售价格总水平自 1997 年 10 月开始出现下降,降幅为 0.4%,到 1998 年 6 月降幅为 3%,持续下降了 9 个月;全国居民消费价格指数从 1998 年 2 月开始出现下降,降幅为 0.1%,6 月降幅达 1.3%,出现了一定程度的通货紧缩趋势。

二、从适度从紧转向积极财政政策

1998 年,党中央、国务院经过反复研究,审时度势、及时果断地作出了财政政策转型的决策,即由实施适度从紧的财政政策转为实施积极的财政政策,实质上就是适度扩张的财政政策,主要措施有:

一是增发长期建设国债,加强基础设施建设。1998 年 8 月 29 日,九届全国人大常委会第四次会议审议通过了中央财政预算调整方案,将中央财政赤字调整为 960 亿元,比上年扩大 400 亿元,增发 1000 亿元长期建设国债,同时配套增加 1000 亿元银行贷款,全部用于基础设施建设,这标志着积极财政政策正式启动。1998—2004 年共发行长期建设国债 9100 亿元,截至 2004 年年末,七年累计实际安排国债项目资金 8643 亿元,并拉动银行贷款和各方面配套资金等逾 2 万亿元,主要投向农林水利和生态建设、交通通信、城市、技术进步和产业升级和农网改造,以及教育、文化、卫生、旅游等基础设施建设。

二是调整税收政策,促进经济社会发展。从 1999 年下半年开始减半征收固定资产投资方向调节税,2000 年起暂停征收;从 1999 年起,对符合国家产业政策的技术改造项目国产设备投资按 40% 的比例抵免企业所得税;对居民储蓄存款恢复征收个人所得税;对金融保险业和证券交易印花税税率进行了适当调整;对涉及房地产的营业税、契税、土地增值税给予适当减免;多次扩大出口退税范围,提高出口退税率,使我国出口货物的平均退税率由原来的 8% 提高到 15% 左右,并从 2002 年起全面推行了"免、抵、退"税管理办法;为促进高新技术产业发展、西部大开发以及支持国有企业改革和下岗失业人员再就业,先后出台了相应的税收优惠政策;为适应加入世界贸易组织的新形势,按照世界贸易组织规则调整了关税等税收政策。

三是调整收入分配政策,培育和扩大消费需求。1999—2002 年,我国连续三次提高机关事业单位职工工资标准,实施了年终一次性奖金制度。同时,提高国有企业下岗职工等低收入人员的基本生活保障水平,提高企业离退休人员待遇,中央财政大幅增加对"两个确保"和城市"低保"的投入,加快了社会保障体系建设。1998—2002 年中央财政共安排资金 1937 亿元,增加了企业困难职工和城镇低收入者的收入。建立艰苦边远地区津贴补助制度,增加对中西部地区行政事业单位人员工资。此外,国家还通过退耕还林、调整农业结构、农村税费改革和按保护价收购农民余粮等措施,增加了农民收入。

四是完善非税收入政策,减轻企业和社会负担。按照党中央、国务院的部署,1998—2002 年共取消收费项目 1965 项,减轻企业和社会负担 1332 亿元。2000 年开始的农村税费改革试点到 2002 年扩大到 20 个省、自治区、直辖市,其他 11 个省份也在部分县市开展了试点工作。仅 2002 年中央财政用于支持农村税费改革的资金达 245 亿元。改革试点地区农村"三乱"得到明显遏制,农民负担减负率一般在 30%以上。

五是支持经济结构调整,促进国有企业改革。及时安排拨付补助资金,支持国有企业关闭破产工作。仅 2002 年中央财政就拨付关闭破产补助资金 129.58 亿元,安置职工 38 万人。积极参与电力、电信两大行业体制改革和民航企业联合重组,支持石油、石化、冶金、有色、汽车等行业的重组和改革。中央财政对重点企业集团实行所得税返还政策。支持"走出去"的外贸发展战略,启动对外承包工程保函风险专项资金,31 家企业通过保函资金为对外承包工程开具了 1.24 亿美元的保函,合同金额达 35 亿美元。

六是增加教育、科技、生态保护和环境建设等重点领域支出。中央本级支出中教育经费所占比例从 1998 年起连续五年每年都比上年提高 1 个百分点,实际增加 489 亿元,与此同时,地方财政本级支出中的教育经费所占比例每年也增加 1—2 个百分点。加大对基础研究、高技术研究、农业科研及其他重点社会公益科研等方面的投入力度,仅 2002 年就达到 273 亿元,比上年增长 22.4%。加大对环境保护和生态建设的支持力度,促进社会经济的可持续发展,5 年共从国债投资计划中安排 464.48 亿元环境污染治理资金,同时中央财政投入 702.85 亿元,用于天然林保护工程、京津风沙源治理工程以及退耕还林还草工程等国家重点生态建设工程。

三、积极财政政策的理论与实践意义

1998 年积极财政政策的出台,是真正市场经济意义上的财政政策,是中国财政政策的一次"分水岭",中国再次成功实行了新一轮宏观调控和改革,开启了国民经济和社会发展的新篇章。

从理论上讲,财政政策一般分为扩张性财政政策、紧缩性财政政策和中性财政政策。当时在决策时,选择了以"积极财政政策"取代"扩张性财政政策"显示了政治智慧,给了普通民众稳定的预期,更容易让普通民众接受。市场经济为人类经济活动提供了很好的优化资源配置的路径,但是这只"看不见的手"并非总能将经济调控得如人所愿,市场也会失灵;此时,政府这只"看得见的手"就显得必要,政府的积极作用更能显现。相机抉择必须把握好力度、节奏、时机和力度,不可滥用,一定要有科学的谋划思考,否则会适得其反,增加了世界的不确定性。

这次实施积极财政政策的实践证明,这一决策是及时和正确的,取得了巨大的政策效应。通过调控,不仅成功地应对了亚洲金融危机的冲击,改善了宏观经济运行环境,刺激了经济增长,也推动了经济结构优化,提高了经济增长的质量和效益。GDP 增速由 1998 年的 9.3% 上升到 2004 年的 10.1%,全社会固定资产投资增速由 1997 年的 8.8% 逐年上升到 2004 年的 26.6%,外贸出口增幅由 1998 年的 0.5% 上升到 2004 年的 35.4%。投资和出口的持续快速增长,有力地拉动了经济快速稳定增长,其中,积极财政政策发挥了重要作用。据有关部门测算,1998—2002 年,积极财政政策每年拉动经济增长 1.5—2 个百分点。

第五节 构建"两条保障线"

在公共财政改革中,推动调整和优化支出结构,财政支出更多地向基础设施建设、农业、教育、医疗卫生、社会保障、环境保护等方面倾斜,逐步矫正政府的职能"缺位",各级财政用于社会性、公共性支出的比重不断提高。其中,最重要的一环是建立新的社会保障制度和城镇居民最低生活保障线。

一、支持建立社会保障制度

在养老保险方面,财政支持养老保险制度个人账户改革试点工作。2000 年,《国务院关于印发完善城镇社会保障体系试点方案的通知》规定,从试点之日起,辽宁省参加企业基本养老保险职工的个人缴费比例由 5% 上调为 8%,个人账户规模由 11% 下调为 8%,中央财政与地方财政分别按照统筹资金缺口金额的 75% 和 25% 进行补助,着手解决当期补助对应的代际平衡问题。在医疗保险方面,1998 年 12 月,国务院发布《关于建立城镇职工基本医疗保险制度的决定》,明确了医疗保险制度改革的目标任务、基本原则和政策框架,1999 年该制度正式实施;在失业保险方面,自 1999 年 1 月《失业保险条例》发布以来,中国失业保险制度建设逐步走上了正轨。社会保障制度、社会救济制度等也逐步发展起来。

　　1998 年建立公共财政的目标确立后,相关改革的力度和步子明显加快,各级财政对社会保障制度的投入力度也明显增大。四本预算中社会保障支出①,从 1998 年的 2211 亿元,增长到 2002 年的 5590 亿元,增长了 2.53 倍②。各项社会保险的覆盖面不断扩大,社会保障的可持续性及保障水平不断提高。2000 年我国成立了全国社会保障基金,专门用于人口老龄化高峰时期的养老保险等各类社会保障支出的补充和调剂,它是国家社会保障储备基金。2001 年年底,全国社保基金的规模为 805.09 亿元,财政拨入全国社保基金累计 795.26 亿元;2002 年财政拨入资金净增加 415.76 亿元,全国社会保障基金总额达到 1241.86 亿元。③ 社会保障基金的成立和运行,为养老保险等各类社会保障提供了重要财力储备,极大地提高了我国社会保障制度的抗风险能力。

　　在加大投入的同时,财政部门也加快社会保险基金管理的制度建设。企业职工基本养老保险基金、失业保险基金、城镇职工基本医疗保险基金等各项社会保险基金,以及国有企业下岗职工基本生活保障和再就业资金等,按规定都必须存入财政部门在商业银行开设的社会保障基金财政专户,实行收支两条线管理,由财政部门依法监督管理。1999 年 8 月,财政部为规范社会保障基金财政专户管理,保证专户内社会保障资金安全

───────────

　　① 四本预算中的社会保障支出,即一般公共预算中的社会保障支出、社会保险基金预算中的社会保险基金支出和一般公共预算中社会保障支出对社会保险基金的补助支出。

　　② 楼继伟、刘尚希:《新中国财政发展 70 年》,人民出版社 2019 年版,第 164 页。

　　③ 全国社会保障基金理事会,http://www.ssf.gov.cn/cwsj/ndbg/。

与完整,制定了《社会保障基金财政专户管理暂行办法》,对各项基金的缴存、拨付和结余管理作出明确规定。另外,还要求财政部门建立健全财政专户内部管理制度,与经办机构、开户银行等建立经常性对账制度,确保资金无挤占、挪用等情况发生。在各级财政部门的努力下,社保专户管理不断完善和规范,制定了会计核算、财务管理、工作规程等一整套规章制度,保证了各项社会保障资金安全运行和国家各项社会保障制度的落实。

二、支持建立居民最低生活保障线

居民最低生活保障制度最初是为了配合 1998 年国有企业改革的需要,当时社会保障体系建设的主要内容之一就是建立和完善下岗职工基本生活保障的三条保障线,第一条是以企业再就业服务中心为基础的下岗职工基本生活保障制度,对国有企业下岗职工在未实现就业的特定期间内的基本生活提供保障;第二条是失业保险制度,对劳动者在失业期间的基本生活提供保障;第三条保障线是国家财政支持的城市居民最低生活保障制度,对因种种原因导致的家庭人均收入低于当地最低生活保障标准的城镇居民的基本生活提供保障。从 1998 年到 2002 年,各级财政共支出下岗职工基本生活保障资金 857 亿元。[1] 随着国有企业改革的不断深化,下岗分流职工增加,部分城镇职工家庭生活困难的问题日益突出。各城市陆续建立了最低生活保障制度,资金由国家财政拨付,民政部门负责实施。1993 年 6 月 1 日,上海市率先建立城市居民最低生活保障制度。在 1994 年召开的第 10 次全国民政工作会议上,民政部肯定了上海的经验,并提出了对城市社会救济对象逐步实行按当地最低生活保障线标准进行救济的改革目标。后来,在试点的基础上许多城市相继建立了最低生活保障制度。

1997 年,国务院下发了《关于在全国建立城市居民最低生活保障制度的通知》,决定在全国建立城市居民最低生活保障制度,并对保障对象

---

① 谢旭人主编:《中国财政改革三十年》,中国财政经济出版社 2008 年版,第 249 页。

的范围、保障标准、保障资金的来源和有关政策措施作出了明确规定。1999 年,为进一步规范城市居民最低生活保障制度,保障城市居民基本生活,国务院颁布了《城市居民最低生活保障条例》,实现了从制度上保障城市贫困人口基本生活的目标。

第十二章　财政治权：
促进社会公平与正义

2002 年,党的十六大提出全面建设小康社会的目标。2003 年,党的十六届三中全会提出进一步健全和完善公共财政体制的战略目标,逐步实现城乡统一、内外统一。财政改革逐步从放权、分权迈向治权,一方面约束公权,另一方面保障民权。国家的公共权力与民众的社会权利,成为财政的核心问题。这一时期,财政不断扩大社会性支出,促进实现基本公共服务均等化。运用财税手段解决"三农"问题,推动实现科学发展。同时也加快了财政自身的改革,在现代财政、法治财政和人本财政的理念下,不断强化财政治权的功能作用。

第一节　经济社会发展不协调引发多重风险

改革开放之后,经济有了较快发展,但是地区、城乡、行业、群体间发展的不平衡日益凸显,差距进一步拉大,各种风险也在加大,使共同富裕这一社会主义的本质要求受到严重挑战。新形势下实现什么样的发展、怎样发展等重大问题摆到了我们面前。

一、改革进入深水区的风险

2003 年,我国 GDP 突破 13 万亿元,全国财政收入突破 2 万亿元,全国财政收入占 GDP 比重达到 16%,中央财政收入占全国财政收入比重达到 54.6%。我国经济发展进入新的历史阶段,财政实力有了稳健增长,中央调控宏观经济的能力进一步得到增强。

但是也要看到,在经济实力显著增强的同时,我国生产力水平总体上还不高,自主创新能力还不强,长期形成的结构性矛盾和粗放型增长方式尚未根本改变;社会主义市场经济体制初步建立,同时影响发展的体制机制障碍依然存在,改革攻坚面临深层次矛盾和问题;人民生活总体上达到小康水平,同时收入分配差距拉大趋势还未根本扭转,城乡贫困人口和低收入人口还有相当数量;协调发展取得显著成绩,同时农业基础薄弱、农村发展滞后的局面尚未改变;社会主义民主政治不断发展、依法治国基本方略扎实贯彻,同时民主法制建设与扩大人民民主和经济社会发展的要求还不完全适应;社会活力显著增强,同时社会结构、社会组织形式、社会利益格局发生深刻变化,社会建设和管理面临诸多新课题;对外开放日益扩大,同时面临的国际竞争日趋激烈,发达国家在经济科技上占优势的压力长期存在,可以预见和难以预见的风险增多。2004年5月,胡锦涛同志在江苏省考察工作时,指出:"这是一个既有巨大发展潜力和动力又有各种困难和风险的时期,是一个既有难得机遇又有严峻挑战的时期。"

随着改革开放进入"深水区",赋予财政的使命和责任就更加重大,财政的职能逐步由经济视域走向社会视域,并向国家治理的视域迈进。

二、健全公共财政体制

2002年11月,党的第十六次代表大会召开,会议通过《全面建设小康社会,开创中国特色社会主义事业新局面》的报告,报告制定了全面建设小康社会的奋斗目标,指出21世纪前20年是一个必须紧紧抓住并且可以大有作为的重要战略机遇期。要集中力量,全面建设惠及十几亿人口的更高水平的小康社会,使经济更加发展、民主更加健全、科教更加进步、文化更加繁荣、社会更加和谐、人民生活更加殷实。这是实现现代化建设第三步战略目标必须经过的承上启下的发展阶段,也是完善社会主义市场经济体制和扩大开放的关键阶段。根据世界经济科技发展新趋势和中国经济发展新阶段的要求,21世纪头20年经济建设和改革的主要任务是,完善社会主义市场经济体制,推动经济结构战略性调整,基本实现工业化,大力推进信息化,加快建设现代化,保持国民经济持续快速健康发展,不断提高人民生活水平。

2003年10月,党的十六届三中全会明确提出,要"坚持以人为本,树立全面、协调、可持续的发展观",并将其确定为深化经济体制改革、统领经济和社会发展的指导思想和原则。会议通过《关于完善社会主义市场经济体制若干问题的决定》,提出完善社会主义市场经济体制的主要目标,是"按照统筹城乡发展、统筹区域发展、统筹经济社会发展、统筹人与自然和谐发展、统筹国内发展和对外开放的要求,更大程度地发挥市场在资源配置中的基础性作用,增强企业活力和竞争力,健全国家宏观调控,完善政府社会管理和公共服务职能,为全面建设小康社会提供强有力的体制保障"。

党的十六届三中全会对完善公共财政体制改革提出八个方面的要求:一是进一步健全国家计划和财政政策、货币政策等相互配合的宏观调控体系。即以国家计划明确的宏观调控目标和总体要求制定财政政策,要在促进经济增长、优化结构和调节收入方面发挥重要功能,并完善财政政策的有效实施方式。二是按照简税制、宽税基、低税率、严征管的原则推进税制改革。三是逐步降低农业税率,切实减轻农民负担,稳步推进农村税费改革,并创造条件逐步实现城乡统一税制。四是推进财政管理体制改革,健全公共财政体制,明确各级政府的财政支出责任。五是进一步完善转移支付制度,加大对中西部地区和民族地区的财政支持。六是深化部门预算、国库集中收付、政府采购和收支两条线管理改革。七是清理和规范行政事业性收费,凡能纳入预算的都要纳入预算管理。八是改革预算编制制度,完善预算编制、执行的制衡机制,建立预算绩效评价体系,实行全口径预算管理和对或有负债的有效监控。

2003年12月,全国财政工作会议提出了财政工作的基本思路,概括地说,就是要做大一个"蛋糕",即千方百计地促进经济发展,做大财政收入"蛋糕";用活两大存量,即用活国债投资存量和粮食风险基金存量;推进三项改革,即推进税制改革、农村税费改革和预算管理制度改革;完善四项制度,即重点支持完善收入分配、社会保障、教育和公共卫生四个方面的制度。

三、以科学发展观统领财政改革与发展

2005年,党的十六届五中全会通过了《中共中央关于制定国民经济和社会发展第十一个五年规划的建议》,第一次在中央文件层面明确了"科学发展观"的概念,并要求在今后的工作中"全面贯彻落实科学发展观"。2007年党的十七大召开,在党的十七大报告中,开创性地把一系列理论和实践要素有机统一起来:"科学发展观,第一要义是发展,核心是以人为本,基本要求是全面协调可持续,根本方法是统筹兼顾。"

2005年12月,全国财政工作会议针对党的十六届五中全会精神,在对财政工作准确定位的同时,对工作提出了更高要求。"财政是落实党和国家大政方针的物质基础、政策工具、体制保障和监管手段。2006年12月,全国财政工作会议提出公共财政制度是构建社会主义和谐社会十分重要的制度安排。财政部门要综合运用各种财税政策手段,加强和改善宏观调控,促进经济增长方式转变,努力实现科学发展,做大经济财政'蛋糕',全面支持用发展的办法解决构建社会主义和谐社会中的矛盾和问题;同时还要突出从完善制度、创新机制入手,以公共化为取向,以均等化为主线,以规范化为原则,加快完善公共财政制度,用改革的办法更好地为构建社会主义和谐社会服务。"

2007年12月,财政工作会议上提出要坚持增收节支、统筹兼顾、留有余地的方针,科学理财、民主理财、依法理财,加强和改善财政宏观调控,着力推进经济结构调整和发展方式转变;优化财政支出结构,着力保障和改善民生;深化财税改革,着力完善公共财政体系;加强财政科学管理,着力提高财政管理绩效。

2008年,财政部党组结合深入学习实践科学发展观活动,提出了建立健全有利于科学发展观的财政体制机制的总体思路和主要改革措施,提出构建有利于科学发展的财税制度,着力推进依法理财,加强科学管理,建立健全财政预算管理制度,提高财政管理绩效。

第二节 拓展财政的公共性

在科学发展观的引领下,公共财政的公共性逐步从市场含义的公共性拓展到社会含义的公共性,并向国家治理视域迈进。规范政府间财政分配关系,探索缓解县乡财政困难的办法,增强县乡政府履行公共职能和提供公共服务的财政支付能力;优化支出结构,加大社会性支出,促进和谐社会的建设;完善宏观调控职能,更加注重运用间接调控手段,促进市场公平竞争;加快财税法制建设,打造财政制度的笼子,约束公权。

一、规范政府间分配关系

2003 年以来,针对分税制财政体制中存在的不足,财政部门采取了一系列有针对性、可操作性的措施。

一是实施"三奖一补"缓解县乡财政困难的机制。2005 年,中央财政出台了"三奖一补"政策,并相应设立"三奖一补"转移支付,对财政困难县乡政府增加县乡税收收入和省市级政府增加对财政困难县财力性转移支付给予奖励,对产粮大县给予奖励,对以前缓解县乡财政困难工作做得好的地区给予补助。"三奖一补"政策是按照"以奖代补"的思路建立起来的新型激励机制,对财政困难县乡政府增加县乡税收收入和省市级政府增加对财政困难县财力性转移支付给予奖励,是为了充分调动地方各级政府缓解县乡财政困难的积极性和主动性。用较少的中央转移支付激励地方发展经济增收创收的积极性,同时支配、引导地方财政向支援困难地区倾斜,充分发挥"四两拨千斤"的效果。此后,又进一步建立了存量与增量结合、激励与约束并重的奖补机制。通过建立地方财政运行监控和支出绩效评价体系,准确、全面地掌握财政运行情况,科学、客观地评价地方缓解县乡财政困难的能力、努力程度和工作实绩。中央财政对地方上报数据资料、奖补资金分配和使用情况进行专项检查。对违反相关规定的地区扣减奖励补助资金,情节严重的,取消其享受奖补政策的资格。

二是探索乡财县管和省直管县改革。我国五级财政、五级政府的框架,与分税制在省以下的落实之间,存在不相容性。1994 年分税制财政管理体制改革以来,中央财政多次下达关于完善省以下财政管理体制的指导性意见。根据中央指导性意见,结合本地实际情况,各地不断调整和完善县乡财政体制,不少地方展开了以减少财政层级为导向的"省直管县"和"乡财县管"探索性改革。温家宝同志在 2005 年农村税费改革工作会议上指出"具备条件的地方,可以推进'省直管县'和'乡财乡用县管'的改革试点";党的十六届五中全会提出"完善中央和省级政府的财政转移支付制度,理顺省级以下财政管理体制,有条件的地方可实行省级直接对县的管理体制"。"省直管县"财政管理体制是指为了缓解县级财政困难,解决政府预算级次过多等问题,在现行行政体制与法律框架内,省级财政直接管理县(市)财政的一种财政管理方式。乡财县管的主要内容是:乡镇政府管理财政的法律主体地位不变,财政资金的所有权和使用权不变,乡镇政府享有的债权和承担的债务不变。属于乡镇事权范围内的支出,仍由乡镇按规定程序审批。县级财政部门在预算编制、账户设置、集中收付、政府采购和票据管理等方面,对乡镇财政进行管理和监督。乡镇政府在县级财政部门的指导下,编制本级预算、决算草案和本级预算的调整方案,组织本级预算的执行。其主要特点是"预算共编、账户统设、集中收付、采购统办、票据统管、县乡联网"。

三是进一步完善转移支付制度。1995 年开始实施过渡期转移支付后,随着经济社会形势的发展变化,不断调整和完善转移支付制度。2002年实施所得税收入分享改革后,建立了转移支付资金稳定增长机制,过渡期转移支付被称为一般性转移支付。2003 年以后,在保持已有转移支付制度框架的基础上,对转移支付制度进行了进一步的规范和完善:调整和完善财政转移支付结构,加大一般性转移支付力度,清理整合专项转移支付项目,将需要较长时期安排补助经费且数额相对固定的项目,划转列入一般性转移支付,提高一般性转移支付的规模和比例。加快财政转移支付法制建设,针对我国目前政府间转移支付制度的法制建设滞后、转移支付补助资金的使用及管理尚缺乏有效约束和效益评估的现状,通过法律形式规范和完善财政转移支付资金和项目资金安排,力求使财政转移支付资金和项目资金分配更加公平、合理、规范、高效。2009 年起,将中央对地方的转移支付简化为一般转移支付和专项转移支付。此后又根据宏观形势的变化,增加了转移支付总额,调整了民族地区转移支付政策,出台了重点生态功能区转移支付政策,实施义务教育经费保障机制改革转移支付,设立资源枯竭城市转移支付,实施事业单位绩效工资转移支付等。2013 年,中央对地方税收返还和转移支付达到 48019.9 亿元。

四是改革出口退税负担机制。从 1985 年开始实行出口退税政策以来,我国的出口退税负担机制经历了多次变革。1985—1988 年,中央外贸企业、工贸企业的退税革由中央财政负担,而地方外贸企业、工贸企业的退税则由地方财政负担。从 1988 年开始,所有的出口退税改由中央财政负担。1991 年之后,地方财政又负担了地方外贸企业 10% 的出口退税。1993 年,地方财政的负担比例提高至 20%。1994 年分税制改革时,出口退税改革由中央全部负担,并规定地方负担部分以 1993 年为基数专项上解,以后年度按此定额结算。1998 年以后中央负担不断加大。1999—2004 年中央财政收入年均增长率为 19.9%,而同期出口退税额年均增长率却达到了 37.3%,是财政收入增幅的 2 倍多。从 2004 年起,以 2003 年出口退税实退指标为基数,对超基数部分的应退税额,由中央和地方按 75∶25 的比例共同负担。自 2005 年 1 月 1 日起,进一步调整中央与地方出口退税分担比例,国务院批准核定的各地出口退税基数不变,超基数部分中央与地方按照 92.5∶7.5 的比例共同负担。

二、完善宏观调控职能

2003—2008 年上半年,针对经济增长偏快的问题,国家财政实行了具有中性特征的稳健财政政策。2008 年第三季度开始,为了应对国际经济危机和国内经济增长下滑偏快问题,国家财政重启积极财政政策。2008 年 11 月 5 日召开的国务院常务会议明确提出要实行积极的财政政策和适度宽松的货币政策。这两次财政政策充分体现了服务大局、灵活审慎的原则,调控水平明显提升。

一是加强和货币政策的联动配合。在宏观调控中，财政政策的作用更有针对性，更直接、更适宜对经济发展的薄弱环节实施"点调控"，而货币政策则在调节社会供求总量方面更具优势。在2003年以后的两次宏观调控中，财政政策注意加强和货币政策的协调配合，采取了多种搭配模式，不断提升宏观调控水平。

二是财政调控的主动性、及时性得到提高。1993年之后实施的四轮财政调控，在时机把握上越来越体现出启动适时、措施出台比较果断、调控力度适中的特点，财政调控的主动性和时效性大大增强，既有效抑制了通货膨胀或通货紧缩趋势，又保持了经济的平稳较快增长，避免了经济大起大落。2004年以来，我国经济开始走出通货紧缩的阴影，呈现出加速发展的态势，但也出现了部分行业和地区投资增长过快等问题，政府相机抉择，决定于2005年将积极财政政策转向趋于具有中性特征的稳健财政政策。2008年年中，在我国实施稳健财政政策过程中，美国"次贷"危机蔓延，美欧等国经济普遍出现负增长，且不断向其他国家和地区扩散。我国政府顺时应势，及时主动作出政策调整，再次体现了相机抉择的宏观调控原则。根据经济形势的变化，于2008年11月提出"出手要快，出拳要重，措施要准，工作要实"的工作部署，并果断实施"四万亿"的政府投资刺激计划。

三是财政调控的力度、空间明显增大。随着多项财政改革的逐步推进，我国财政宏观调控能力不断加强，无论是从总量上，还是结构上，调控的力度、空间逐步加大。2008年年底启动新一轮积极财政政策后，我国在2009年财政预算中首次安排了9500亿元的财政赤字，和以往相比，特别是1998年积极财政政策的力度无疑是大大增加了国债的规模，而且相当于2008年财政赤字的9倍。但是，由于经济、财政基础良好，从国际通用的两个指标来看，即财政赤字占GDP的比重和国债余额占GDP的比重，仍然表现安全，分别控制在3%和20%的国际警戒线之内。此外，从调控方式的选择上，新一轮的积极财政政策也更具选择性。政策内容不仅重视支出政策，同时在收入政策上也有了进一步加大力度的空间。

三、调整财政支出结构

随着中央"代表最广大人民的根本利益""以人为本""五个统筹""构建和谐社会"等执政理念的提出,财政也加快了调整和优化支出结构的步伐,持续加大社会性支出,向社会主义新农村建设倾斜,向社会事业发展的薄弱环节倾斜,向困难地区、基层和群众倾斜,并着力建立保障和改善民生的长效机制,财政支出结构持续优化,支出效益不断提高,促进了和谐社会建设。

2005 年,在财政支出总额中,经济建设费的占比位列第一,社会文教费占比位列第二,行政管理费占比位列第三,其他支出和国防费的占比位列第四、第五位。随着财政支出不断向"三农"、教育、社会保障和就业、医疗卫生等重点民生领域的倾斜,到 2012 年,国家财政支出结构已经有了很大变化。2012 年,国家财政支出总额为 125952.97 亿元,其中教育支出为 21242.10 亿元,占 16.86%,位居第一;排在第二位的是一般公共服务支出,总额为 12700.46 亿元,占 10.08%;排在第三位的是社会保障和就业支出,总额为 12585.52 亿元,占 9.99%。2012 年全国财政用在与人民群众生活直接相关的教育、医疗卫生、社会保障和就业、住房保障、文化方面的民生支出合计 52273.33 亿元,占财政支出的比重达到 37.97%;用在农业水利、公共交通运输、节能环保、城乡社区事务等方面与民生密切相关的支出合计 32212.62 亿元,占财政支出的比重达到 25.57%。两者加起来占财政支出的比重达到 63.54%。其他公共财政支出约为 41467.02 亿元,主要用于一般公共服务、公共安全、国防、外交、科技以及资源勘探电力信息、国债付息、金融监管等支出,这些方面的支出既是公共财政必须予以保障的,也是满足社会生产和人民群众生活所需要的。

四、加快财政法制建设

依法理财是公共财政管理的重要内容和手段,财政法律制度是公共财政活动和管理的基本依据。财政是约束公权的重要制度"笼子",依法理财的要义就在于约束和规范公权力,保障人民的利益。2003 年以后,我国财政法制建设与财政监督不断加强,对推进和深化财政改革起到了有力的支撑作用。

2003 年 1 月 1 日,政府采购法正式实施,标志着全国政府采购工作步入新的发展时期。其后,财政部相继出台了《政府采购货物和服务招标投标管理办法》《政府采购信息公告管理办法》《政府采购供应商投诉处理办法》《政府采购代理机构资格认定办法》《政府采购评审专家管理办法》《集中采购机构监督考核管理办法》等配套规章和规范性制度 30 多个,初步建立了以政府采购法为统领的政府采购法律制度体系。

2004 年,国务院召开第二次依法行政工作会议,印发了《全面推进依法行政实施纲要》(以下简称《纲要》),明确今后 10 年全面推进依法行政的指导思想和具体目标、基本原则和要求、主要任务和措施。财政部在 2005 年 4 月制定的《财政部门全面推进依法行政依法理财实施意见》(以下简称《实施意见》)提出,全面推进依法行政、依法理财,经过 10 年左右坚持不懈的努力,基本实现建设法治财政的目标。

以《企业所得税法》颁布为标志,经过几年的努力,我国的税收法律制度更加完善。2005 年 12 月,全国人大常委会通过《全国人民代表大会常务委员会关于废止〈中华人民共和国农业税条例〉的决定》,终结了延续 2600 年的种粮纳税的历史,促进了农民的收入增长。5 次修订《个人所得税法》,根据经济发展,合理调节国民收入。2007 年 3 月,全国人大通过《企业所得税法》,统一了内外资两套企业所得税制度。实行新的统一、规范的企业所得税制度,对建立平等竞争的市场环境,促进国民经济健康发展具有十分重要的意义。这期间,国务院还相继发布《车辆购置税暂行条例》《烟叶税暂行条例》,修订《车船税暂行条例》《城镇土地使用税暂行条例》《耕地占用税暂行条例》,废止《国务院关于对农业特产收入征收农业税的规定》《屠宰税暂行条例》等。

2004 年 11 月,国务院颁布《财政违法行为处罚处分条例》,将涉及财政资金收支活动的单位和个人均纳入其调整范围,进一步明确财政违法行为的主体、客体和法律责任。该条例的发布弥补了财政监督立法的不足，为执法机关对财政违法行为的处理、处罚、处分提供了法律依据，强化了执法手段。《财政违法行为处罚处分条例》，使财政监督的执法地位和执法手段得到强化，标志着财政监督事业在法制化进程中迈出了一大步。随后，财政部制定《财政检查工作办法》，进一步规范了执法程序。《财政违法行为处罚处分条例》和《财政检查工作办法》等行政法规和规章的颁布实施，为加强财政监督，维护健康的财政经济秩序提供了有效的法律保障。

财政部高度重视规章立法工作，以健全财政制度规范财政管理行为，以创新制度促进财政发展，以推行新制度构建财政管理新机制，相继颁布或修订发布了一批财政基础性规章制度。主要包括：《企业财务通则》《金融企业财务规则》《企业会计准则——基本准则》《行政单位国有资产管理暂行办法》《事业单位国有资产管理暂行办法》《财政部信访工作办法》《国家农业综合开发资金和项目管理办法》《国家蓄滞洪区运用财政补偿资金管理规定》《国际金融组织和外国政府贷款赠款管理办法》《财政机关行政处罚听证实施办法》等。

第三节　优化税制结构

2003年后，按照党的十六届三中全会提出的"简税制、宽税基、低税率、严征管"的要求，我国启动了新一轮的税制改革和税政建设，建立完善一个适应社会主义市场经济要求的税收体系框架，为企业创造公平竞争的税收制度，并逐步建立健全了一个与稳健财政政策相呼应的税收宏观调控机制，使税收宏观调控功能得到显著加强。

一、党的十六届三中全会提出税制改革的原则

2001年3月15日，九届全国人大四次会议批准《中华人民共和国国民经济和社会发展第十个五年计划纲要》，提出要深化财税体制改革，积极稳妥地推进税费改革，清理整顿行政事业性收费和政府性基金，建立政

府统一预算。健全税收制度,改革生产型增值税,完善消费税和营业税,逐步降低关税,逐步统一内外资企业所得税,建立综合与分类相结合的个人所得税制度,适时开征社会保障税和遗产税,完善地方税税制。依法加强税收征管,打击偷、漏、骗税的行为,清缴欠税,严禁越权减、免、退税。强化税收对收入分配的调节功能。合理界定中央和地方政府的事权范围,完善分税制和转移支付制度,加强财政再分配功能。保持财政收入稳定增长,提高国家财政收入占国内生产总值的比重和中央财政收入占全国财政收入的比重。综合运用计划、财政、金融等手段,发挥价格、税收、利率、汇率等杠杆的作用,加强和改善宏观调控。

2003 年 10 月,党的十六届三中全会通过的《中共中央关于完善社会主义市场经济体制若干问题的决定》,要求按照简税制、宽税基、低税率、严征管的原则,稳步推进税收改革,改革出口退税制度,统一各类企业税收制度。增值税由生产型改为消费型,将设备投资纳入增值税抵扣范围。完善消费税,适当扩大税基。改进个人所得税,实行综合和分类相结合的个人所得税制。实施城镇建设税费改革,条件具备时对不动产开征统一规范的物业税,相应取消有关收费。在统一税政前提下,赋予地方适当的税政管理权。创造条件逐步实现城乡税制统一。

其后,中央根据税制改革的进程和情况的变化,陆续对税制改革提出新的要求。2005 年 10 月,党的十六届五中全会通过的《中共中央关于制定国民经济和社会发展第十一个五年规划的建议》进一步明确了推进税制改革的总体思路和具体措施。2006 年的中央"一号文件"《中共中央、国务院关于推进社会主义新农村建设的若干意见》,作出了在全国范围内取消农业税,提高耕地占用税税率的改革决策。2006 年 10 月,党的十六届六中全会通过的《中共中央关于构建社会主义和谐社会若干重大问题的决定》提出了实行促进就业的财税金融政策,健全财力与事权相匹配的财税体制,完善有利于环境保护的财税政策等促进和谐社会建设的税收措施。2007 年 10 月,党的十七大报告提出了"实行有利于科学发展的财税制度,建立健全资源有偿使用制度和生态环境补偿机制"的新要求。

二、五次修订个人所得税法

个人所得税既是筹集税收收入的工具，又是调节个人收入分配的重要手段。现行个人所得税实行分类征收办法，将个人所得分为工资、薪金所得、个体工商户生产经营所得等 11 个应税项目，并相应规定了每个应税项目的适用税率、费用扣除标准及计税办法。1993 年实施的个人所得税法，规定工资薪金所得费用减除标准为 800 元／人／月。随着经济社会的发展，居民个人收入和物价水平的变化，原规定的费用减除标准已明显不相适应，需要适当调整。经过由全国人大预算工委主持举行听证会等程序，2005 年 10 月，十届全国人大常委会审议通过了国务院关于调整个人所得税工薪所得费用减除标准的议案，决定将工薪所得费用扣除标准由 800 元／人／月提高至 1600 元／人／月，并从 2006 年 1 月 1 日开始施行。2007 年 12 月 23 日，十届全国人大常委会又审议通过了国务院关于调整个人所得税工薪所得费用减除标准的议案，决定将工薪所得费用减除标准由 1600 元／人／月提高至 2000 元／人／月。为了增加居民收入，缓解物价上涨对储户收益的影响，2007 年 8 月 15 日，十届全国人大常委会审议通过了国务院关于减征利息税的议案，决定将居民储蓄存款利息个人所得税税率由 20% 调低至 5%。通过两次修订税法及个人所得税相关政策的调整，使个人所得税的负担水平更符合客观实际。

2011 年 6 月 30 日，十一届全国人大常委会第二十一次会议将工资、薪金所得扣除费用标准由 2000 元／人／月上调至 3500 元／人／月，同时对工资、薪金所得税率的级次级距由 5%—45% 的九级累进税率调整为 3%—45% 的七级累进税率，对个体工商户生产、经营所得税目的税率级次级距也进行了较大幅度调整。

三、统一内、外资企业所得税制

为适应改革开放和促进企业公平竞争的需要，根据党的十六届三中全会关于"统一各类企业税收制度"的精神，2004 年 2 月，财政部会同有关部门成立立法工作小组，启动统一内、外资企业所得税工作。在深入调查研究和广泛征求意见的基础上,形成了内、外资企业所得税"两法合并"的改革方案,主要内容体现为"四统一、一过渡":内外资企业适用统一的企业所得税法,实行法人税制;统一并适当降低企业所得税税率,将法定税率由33%降至25%;统一和规范税前扣除办法及标准;统一税收优惠政策,建立"产业优惠为主,区域优惠为辅"新的税收优惠体系;对新税法公布前已设立的老企业实行一定期限的税收优惠过渡措施。2006年8月23日,国务院第147次常务会议讨论通过《中华人民共和国企业所得税法(草案)》。2007年3月16日,全国人大十届五次会议审议通过了《企业所得税法》。为了确保企业所得税法的顺利实施,2007年11月28日国务院第197次常务会议通过了《中华人民共和国企业所得税法实施条例(草案)》。同时,财税部门根据企业所得税法及实施条例的规定,研究制定了税收优惠目录、过渡优惠办法等若干配套的政策措施。随着2008年1月1日该法的正式施行,我国结束了企业所得税法律制度内外资分立的局面。这项改革是我国税制现代化建设进程中的一件大事,是我国社会主义市场经济制度走向成熟的重要标志之一。

为统一内、外资企业的车船税制度,根据经济发展、物价指数上升和居民收入水平提高的客观实际,国务院修订了《中华人民共和国车船税暂行条例》。修订的内容包括缩小减免税范围,调整现行税目,适当提高税率标准并统一适用于内、外资企业等。新条例于2007年1月1日实施。

四、实行消费型增值税改革

我国1994年税制改革时选择实行生产型增值税,一方面是出于保证收入的需要,另一方面是考虑到当时投资膨胀、经济过热是社会经济中的主要矛盾,生产型增值税有利于抑制投资膨胀。但生产型增值税仍然存在重复征税的矛盾,对经济也带来明显的不利影响。为贯彻落实党中央、国务院关于振兴东北老工业基地的指示精神,自2004年7月1日起,对东北地区的装备制造业等八大行业进行了增值税转型改革试点,允许企业新购进机器设备所含的增值税进项税额予以抵扣。为落实党中央、国务院关于促进中部地区崛起的决定精神,从 2007 年 7 月 1 日起,又将增值税转型改革试点扩大到山西省、安徽省、江西省、河南省、湖北省和湖南省 6 个省的 26 个老工业基地城市的装备制造业、石油化工业、冶金业、汽车制造业、农业产品加工业、电力业、采掘业和高新技术产业 8 个行业。试点表明,转型办法基本成熟,运行平稳,政策效果初步显现。

自 2008 年 7 月 1 日起,增值税转型试点扩大到内蒙古自治区东部地区的 8 个行业和四川省汶川地震受灾严重地区。自 2009 年 1 月 1 日起,在全国所有地区、所有行业推行增值税转型改革,允许企业抵扣新购入设备所含的增值税,同时取消进口设备免征增值税和外商投资企业采购国产设备增值税退税的规定。但厂房等固定资产仍未纳入抵扣范围,增值税转型改革尚未完全实现。

增值税"扩围"改革,即营业税改征增值税的改革于 2012 年 1 月 1 日在上海的交通运输业和部分现代服务业开始试点;2012 年 9 月 1 日开始,改革试点在北京市、天津市、江苏省、广东省等 8 个省(直辖市)陆续推开。

五、废除农业税

为进一步减轻农民负担,增加农民收入,在农村税费改革取得阶段性成果的基础上,国务院决定,分期分批对全国免征农业税。2003 年,在安徽省率先实施免征农业税的改革试点。2004 年,在吉林省、黑龙江省进行免征农业税试点;2005 年,全国有 28 个省份免征了农业税。在税费改革过程中,8 个牧区也先后免征牧业税。2002 年,宁夏回族自治区暂停征收全区的牧业税。2004 年,陕西省、四川省免征牧业税。2005 年,内蒙古自治区、新疆维吾尔自治区、甘肃省、青海省全面免征农业税。2005 年 12 月 29 日,十届全国人大常委会第十九次会议决定,《中华人民共和国农业税条例》自 2006 年 1 月 1 日起废止。2006 年 2 月 17 日,国务院废止了 1994 年 1 月 30 日发布的《关于对农业特产收入征收农业税的规定》和 1950 年 12 月 19 日政务院发布的《屠宰税暂行条例》。至此,除烟叶税外,中国全面取消了农业税。这标志着在我国延续了 2600 多年农民缴纳

"皇粮国税"历史的终结。

在废除农业税的同时进一步完善耕地占用税和城镇土地使用税制度,加强对土地利用的税收调节。修订了《城镇土地使用税暂行条例》,进一步加强对土地的宏观调控。在全面取消农业特产税后,颁布并实施《中华人民共和国烟叶税暂行条例》,烟叶农业特产税适时并入工商税种,促进烟叶生产的可持续发展。

第四节　实行全口径预算管理

预算制度是约束公权的重要抓手。党的十六届三中全会提出实行全口径预算管理和建立预算绩效评价体系的目标,将预算改革推向公共治理层面。

一、预算管理制度改革

改革开放后,放权让利改革松动了传统的预算体制,在理顺中央与地方关系、国家与企业关系的同时也带动了预算管理体制改革。1992 年,党的十四大确定建立社会主义市场经济体制目标,也对预算管理体制提出改革要求,就是要从依附于计划的传统预算体制转变为在社会主义市场经济条件下配置公共资源的工具。20 世纪 90 年代初,为满足社会主义市场经济条件下不同资金管理的需求,进行复式预算探索,将国家预算分为经常性预算和建设性预算,并在中央和省两级试编复式预算。1993年,党的十四届三中全会通过的《中共中央关于建立社会主义市场经济体制若干问题的决定》明确规定,各级政府编制复式预算,随后颁布的《预算法》实施条例将其细化为政府公共预算、国有资本金预算、社会保障预算和其他预算。1994 年和 1995 年《预算法》及其实施条例先后颁布,标志着我国预算管理走向法治化轨道。1998 年全国人大常委会预算工作委员会正式成立,负责协助财政经济委员会承担全国人大及其常委会审查预决算方案、调整方案及监督执行职能,强化预算审查及监督。

随着 1998 年构建公共财政体制基本框架目标的提出,预算改革从收入端转向支出端。部门预算制度的建立将分散的资金分配权归集于财政部门,国库集中收付制度的建立将分散的账户和资金集中于财政部门,"收支两条线"制度的建立在规范政府性基金和收费项目的同时逐步将预算外收支纳入预算管理,政府采购制度的建立将各支出单位分散粗放的采购纳入统一规范的轨道。随后推进的政府收支分类改革,建立了一套既符合现实国情又顺应国际通行做法的收支分类体系,极大地提高了预算管理的科学性和透明度。

2008 年,《中华人民共和国政府信息公开条例》正式实施,预算公开逐渐起步。该条例要求县级以上各级政府及其部门在各自职责范围内确定主动公开的政府信息的具体内容,并重点公开财政预算、决算报告。2008 年 9 月,财政部发布《财政部关于进一步推进财政预算信息公开的指导意见》。2009 年,财政部首次公布了财政预算报告和中央财政收入预算表、中央财政支出预算表、中央本级支出预算表、中央对地方税收返还和转移支付预算表 4 张表格。2010 年,75 个中央部门公开了部门预算,2012 年,97 个中央部门公开了部门预算。

党的十六届三中全会提出了实行全口径预算管理和建立预算绩效评价体系的目标,将预算改革推向了公共治理层面,开始向"预算国家"迈进。财政改革也从放权、分权走向治权。财政治权,不仅在于保障民权,更在于约束公权。国家的公共权力与民众的社会权利,渐渐成为财政的核心问题。

二、政府收支分类改革

为完整、准确地反映政府收支活动,进一步规范预算管理、强化预算监督,经国务院批准,决定自 2007 年 1 月 1 日起全面实施政府收支分类改革。政府收支分类改革的指导思想是,适应市场经济条件下转变政府职能、建立健全公共财政体系的总体要求,逐步形成一套既适合我国国情又符合国际通行做法的、较为规范合理的政府收支分类体系,为进一步深化财政改革、提高预算透明度、强化预算监督创造有利条件。此后的2008 年收支分类科目根据预算管理的实际需要做了进一步修改和完善。

此次改革为以后部门预算的科学、透明奠定了坚实基础。改革主要包括三方面的内容：

一是对政府收入进行统一分类。对政府收入进行统一分类，全面、规范、细致地反映政府各项收入。首先，在原来一般预算收入、政府性基金预算收入、债务预算收入的基础上，扩大了政府收入的覆盖范围，将预算外收入和社会保险基金收入纳入了政府收支分类范畴。其次，按照科学标准和国际通行做法，将政府收入统一划分为税收收入、社会保险基金收入、非税收入、贷款转贷回收本金收入、债务收入以及转移收入等。最后，细化完善收入科目层次，把一些部门行政性收费纳入新的收入科目体系。

二是建立新的政府支出功能分类体系。建立新的政府支出功能分类体系，更加清晰地反映政府各项职能活动。按功能分类确立的新的支出体系不再按经费性质设置科目，而是按政府的职能和活动设置科目，政府各项职能活动和具体工作，可直接从预算科目上反映出来。按照政府支出功能需要具体设置了类、款、项三级支出科目。类级科目反映的是政府职能层面的支出；款级科目反映的是履行政府职能开展的某一方面的支出；项级科目反映的是构成支出的各项具体活动。如保障教育支出是政府职能所在，所以教育支出属于类级支出科目，普通教育支出是类级科目下的款级支出科目，普通教育下的小学教育支出就是项级支出科目。

三是建立新型的支出经济分类体系。建立新型的支出经济分类体系，全面、规范、明细反映政府各项支出的具体用途。新的支出经济分类是从具体的经济构成进行财政支出分类。比如，政府用于医疗卫生支出，是支持医院盖了病房楼、购买了大型医疗设备，还是发放了公共卫生机构的人员工资，通过经济分类就可以清晰地反映财政支出的具体资金流向。如果说政府支出的功能分类是反映政府支出"做了什么事"，政府支出的经济分类则是反映"怎么去做"的问题。新的政府收支分类改革结合财政信息系统的建设，就可以实现对任何一项财政收支进行"多维"精准定位，反映政府的每一笔收入是从何处来的，每一笔支出是哪个部门花的，做了什么事，是如何去做的，都会清清楚楚。这充分体现了公共财政框架下政府预算公开、公正、透明的基本要求。

三、实行全口径预算管理

党的十六届三中全会和党的十七大提出了"实行全口径预算管理"的改革目标,建立由公共财政预算、国有资本经营预算、政府性基金预算和社会保障预算组成、有机衔接的国家预算体系。

一是继续完善与规范部门预算编制管理。2000 年开始实行部门预算改革试点,实行"一个部门一本预算",即要求部门将所有的收入和支出按照统一规定的编报程序、格式、内容和时间编制成一本预算,增强了部门预算的完整性和统一性。至 2008 年中央财政对口的 163 个中央部门已全部实现了各项收支清晰、"一个部门一本预算"的改革目标。在此基础上,还要求部门将其所有的各项预算外资金收支、政府性基金收支、经营收支以及其他收支按照统一的编报内容和形式在一本预算中反映,体现"大收入、大支出"的原则,初步实现了综合预算。为规范部门预算管理程序,进一步完善部门预算编制规程(即"二上二下"编制规程),规定了预算编制、执行、调整的时间安排、具体职责、职责权限等,明确了部门和财政部、人大、审计以及财政部内部各部门司、主体司和预算司在部门预算测算和审核过程中的职责及工作程序。从 2011 年起,将中央部门预算外资金包括中央部门收取的主管部门集中收入、国有资产出租出借收入、广告收入、捐赠收入、回收资金、利息收入等全部纳入预算管理,全面取消预算外资金。同时,地方也在 2011 年 1 月以前将全部预算外收入纳入财政预算管理。

二是完善政府性基金预算。政府性基金预算是对依照法律、行政法规的规定,在一定期限内向特定对象征收、收取或者以其他方式筹集的资金,专项用于特定公共事业发展的收支预算。政府性基金预算应当根据基金项目收入情况和实际支出需要,按基金项目编制,做到以收定支。目前,政府性基金预算主要是通过出让土地、发行彩票、行政性收费等方式取得收入,专项用于支持基础设施建设和社会事业发展。从收入管理的角度看,我国政府性基金预算基本经历了清理规范基金收入和强化土地出让管理两个阶段。我国的政府性基金始于 20 世纪 80 年代,当时还只是少量设立政府性基金，随后十余年政府性基金的种类和规模快速增长，到90年代政府性基金设置已经显现过多过乱的问题。经过大力治理整顿，一大批不合法、不合理的基金被取消，一些重复设立的政府基金被减并。2000年8月，财政部将外交、工商、农业等部门的部分行政事业性收费、政府性基金纳入预算管理，此后范围不断扩大。2009年以后，为了全面推进预算制度改革，财政部门持续清理规范政府性基金项目。例如，取消到期或不适应管理体制要求的福建省铁路建设附加费、山西省电源基地建设基金和水资源补偿费、江苏省地方教育基金等项目。在清理和规范基金项目的同时，细化基金收支预算科目，清晰反映各项基金的支出结构与方向，完善相关基金的分配和使用办法。21世纪初，随着国有土地出让市场不断成熟，土地出让收入规模持续走高，逐渐成为政府性基金预算收入的重心。政府性基金预算相继改革完善了土地出让收入的预算管理制度，基金预算管理对象从早期按扣除征地补偿等成本性开支后的土地净收益，改为按土地出让价款全额纳入基金预算管理，全面加强了土地出让收支管理。

三是编制国有资本经营预算。国有资本经营预算是国家以所有者身份依法取得国有资本经营收益，并对国有资本收益作出支出安排的收支预算。建立国有资本经营预算制度是规范国家与国有企业分配关系的重要举措，是合理划分政府作为社会管理者和资本所有者对不同身份的必然要求。2007年以前，我国一直没有对国有资本经营情况编制单独的预算，相关的收支行为只是在一般公共预算中反映。随着社会主义市场经济体制的建立和不断完善，政府与市场的边界日益清晰，客观上要求建立有效的预算管理制度来反映国有资本经营收支状况。2007年9月8日，国务院出台了《关于试行国有资本经营预算的意见》，对国有资本经营预算的编制原则、收支范围、审批事项等作出了明确规定，标志着我国国有资本经营预算制度正式建立。2007年12月，财政部和国资委联合印发了《中央企业国有资本收益收取管理暂行办法》，明确国有资本收益具体包括五部分：国有独资企业按规定应当上缴国家的利润；国有控股、参股企业国有股权（股份）获得的股利、股息收入；转让国有产权、股权（股份）

获得的收入;国有独资企业清算收入(扣除清算费用),国有控股、参股企业国有股权(股份)分享的公司清算收入(扣除清算费用);其他国有资本收益。国有资本经营预算编制初期收入来源是试行范围内的中央企业上缴的税后利润。随后,纳入国有资本经营收益收取范围的中央企业逐步扩大。2007年试行范围为国资委监管的中央企业,2008年增加了中国烟草总公司,2009年增加了中国邮政集团公司,2011年增加了教育部、文化部、农业部、广电总局、贸促会等中央部门所属企业。

预算设立之初,采取区别不同行业适用不同比例的方式,将纳入试行范围的中央企业划分为四类。第一类为具有资源性特征的行业企业,包括烟草、石油石化、电力、电信、煤炭等垄断行业,国有资本收益收取比例为净利润的10%;第二类为一般竞争性行业企业,国有资本收益收取比例为净利润的5%;第三类为国家政策性企业,包括军工企业、转制科研院所,三年内暂缓收取;第四类为政策性企业,包括中国储备粮管理总公司和中国储备棉管理总公司,免收国有资本经营收益。国有资本经营预算设立之后,在继续实行差别化收取比例的基础上,自2010年后收取比例逐步提高。率先提高的是第三类企业,从2010年起按企业税后利润的5%收取。2011年起,第一类企业收取比例由10%提高至15%;第二类企业收取比例由5%提高到10%;第三类企业收取比例为5%。2019年纳入中央国有资本经营预算实施范围的中央企业税后利润的收取比例分为五类执行:第一类为烟草企业,收取比例为25%;第二类为石油石化、电力、电信、煤炭等资源型企业,收取比例为20%;第三类为钢铁、运输、电子、贸易、施工等一般竞争型企业,收取比例为15%;第四类为军工企业、转制科研院所、中国邮政集团公司、中国铁路总公司、中央文化企业、中央部门所属企业,收取比例为10%;第五类为政策性企业,免交当年应交利润。

虽然国有资本经营预算是四本预算中体量最小的,2018年全国国有资本经营预算收入只有2900亿元,支出只有2159亿元。但这本预算自设立以来为落实国家发展战略、解决国有企业历史遗留问题,推动国有经济优化布局和结构调整,以及调入一般公共预算用于保障和改善民生都起到了重要的推动作用。

四是编制社会保险基金预算。社会保险基金预算是对社会保险缴款、一般公共预算安排和其他方式筹集的资金，专项用于社会保险的收支预算。编制社会保险基金预算是为了全面反映社会保障资金收支规模和结构，规范社会保险基金收支行为，确保基金运行平稳有序。有别于其他三本预算，社会保险基金的收入不全是财政收入，除了来自一般公共预算的补助收入外，还包括参保主体的社会保险缴费。社会保险缴费虽然不是财政资金，但预算管理的属于公共资金范畴。社会保险基金预算从试编到险种全覆盖，再到向人大报送，预算编制方法逐步完善、执行管理不断强化、编制效率不断提升、预算透明度不断提高。2010年1月，国务院下发了《关于试行社会保险基金预算的意见》，决定在全国范围内建立社会保险基金预算制度。2012年，社会保险基金预算编报范围实现了全面覆盖。将企业职工基本养老保险、失业保险、城镇职工医保、工伤保险、生育保险、城居保、新农保、城镇居民医保和新农合等所有社会保险基金全部纳入了试编范围。2013年，财政部第一次向全国人大正式报送了全国社会保险基金预算，社会保险基金预算迈入制度化、规范化、科学化管理的新阶段。同年，一般公共预算、政府性基金预算、国有资本经营预算和社会保险基金预算一并提交全国人大审议，第一次实现了四本预算的全口径预算公开。

第五节 迈向基本公共服务均等化

基本公共服务均等化是作为构建公共财政框架建设的重要内容提出的，也是"坚持以人为本"的内在要求。基本公共服务均等化的提出，进一步突破了所有制财政的局限，财政不仅管城市投入，而且也要管农村投入，让公共财政的阳光照耀到农村，真正成为全民财政，让广大人民群众共享改革发展成果、同沐公共财政"阳光"。

一、基本公共服务均等化的提出

2005年10月，党的十六届五中全会关于"十一五"规划的建议，在谈到健全区域协调互动机制时，要求"健全扶持机制，按照公共服务均等化原则，加大国家对欠发达地区的支持力度"。

2006年，党的十六届六中全会提出把"完善公共财政制度，逐步实现基本公共服务均等化"作为保障社会公平正义、构建社会主义和谐社会的重要内容。要求"健全公共财政体制，调整财政收支结构，把更多财政资金投向公共服务领域，加大财政在教育、卫生、文化、再就业服务、社会保障、生态环境、公共基础设施、社会治安等方面的投入"。"尽快使中西部地区基础设施和教育、卫生、文化等公共服务设施得到改善，逐步缩小地区间基本公共服务差距。"

2007年10月15日至21日，党的第十七次全国代表大会在北京召开，通过了《高举中国特色社会主义伟大旗帜，为夺取全面建设小康社会新胜利而奋斗》报告，明确提出："缩小区域发展差距，必须注重实现基本公共服务均等化，引导生产要素跨区域合理流动""深化财税、金融等体制改革，完善宏观调控体系。围绕推进基本公共服务均等化和主体功能区建设，完善公共财政体系。"

党的一系列重要会议、重要文件提出并不断丰富和发展了基本公共服务均等化目标，进一步明确了在全面建设社会主义现代化国家的伟大征程中实现基本公共服务均等化的重要意义。财政工作部门对均等化的具体内容做了充实和积极落实，包括城乡间、地区间两个层面和社保、教育、卫生、文化生活等多个领域，并以此作为"十一五"时期财政运行的主要取向。在支出方向、支出规模上体现出了对城乡之间、区域之间公共服务均等化的关注。

在支持城乡之间基本公共服务均等化方面：一是不断加大对农村义务教育的投入力度，将其全面纳入公共财力的保障范围；二是统筹城乡社会保障体系建设，让公共财政的阳光照耀农村；三是实施农业补贴，多渠道增加农民收入；四是建立新型农村合作医疗体系、农村医疗救助制度、农村低保制度和农村基本养老保险制度；五是加大对农村环保设施、饮水安全、文化设施的投入。

在支持区域之间基本公共服务均等化方面，一是按照均等化的要求，逐步加大了对中西部地区的转移支付力度;二是加大了对省以下财力差异调节力度,增强基层政府提供公共服务的能力;三是配合国家发展战略,支持东北振兴和中部崛起,促进老工业基地发展;四是加大环保投入,支持地方节能环保治污项目。

二、增强基层政府的公共服务供给能力

基层财政是加强基层政权建设、维护社会稳定、提高基层政府基本公共服务能力的物质基础,也是区域间实现基本公共服务均等化的重要条件。提升基层财政基本公共服务供给能力,是推进基本公共服务均等化的重要任务。

2002 年 12 月,国务院批转印发了财政部《关于完善省以下财政管理体制有关问题意见的通知》,明确提出,凡属省、市(指地级市、州、盟,以下简称市级)政府承担的财政支出,省、市级财政应积极筹措资金加以保障,不得以任何形式转嫁给县、乡财政。省、市级政府委托县、乡政府承办的事务,要足额安排对县、乡财政的专项拨款,不留资金缺口,不得要求县、乡财政安排配套资金。属于共同事务,应根据各方受益程度,并考虑县、乡财政的承受能力,确定合理的负担比例,积极探索共同事务的经费负担办法。要求进一步规范省以下转移支付制度。省级财政要按照有关客观因素和开支标准,合理测算所属市级、县级机关事业单位工作人员工资和政权正常运转等基本财政支出需求。对县、乡财政收入不能满足基本财政支出需求部分,省、市级财政要通过增加一般性转移支付的方式逐步加以解决。

2002 年,我国实施所得税收入分享改革,在此基础上提出完善省以下财政管理体制改革。强化省级政府调节省以下财力分配的责任意识,增强省级财政对市县级财政的指导和协调功能,加大了省对一般性转移支付的力度,逐步形成了合理的纵向与横向财力分布格局,增强了基层政府行使职能的财力保障能力

2010 年,财政部出台了《关于建立和完善县级基本财力保障机制的意见》,提出建立和完善以"保工资、保运转、保民生"为目标的县级基本

财力保障机制。按照"明确责任、以奖代补、动态调整"的原则,对县级基本财力保障范围、标准以及财力缺口给出了具体的认定标准和计算口径。近年来,中央财政逐年加大资金支持力度,也带动了省级财政对区域内财政困难地区、基层财政的财力倾斜,有效增强了中西部欠发达地区县乡财政基本公共服务的保障能力。

三、让公共财政的阳光照耀农村

2003 年,政府将解决"三农"问题提升到统筹城乡发展的高度加以重视,财政部门提出"让公共财政的阳光照耀农村"的理念。随着 2006 年农业税的废除,农村税费改革进入农村综合改革阶段。农村综合改革的重点任务是乡镇机构改革、农村义务教育改革和县乡财政体制改革。其实,在农村税费改革阶段这些工作已经作为税费改革的配套措施展开。

一是建立农村义务教育经费保障。2003 年,《国务院关于进一步加强农村教育工作的决定》提出,要将农村教育作为教育工作的重中之重,新增教育经费主要用于农村。2006 年修订的《中华人民共和国义务教育法》明确规定,农村义务教育所需经费,由各级人民政府根据国务院的规定分项目、按比例分担。2007 年,党的十七大报告明确要求坚持教育公益性质,加大财政对教育的投入,扶持贫困地区、民族地区教育,重点提高农村教师素质。党的十七届三中全会《关于推进农村改革发展若干重大问题的决定》明确规定,大力办好农村教育事业,巩固农村义务教育普及成果。2006 年,国家按照"明确各级责任、中央地方共担、加大财政投入、提高保障水平、分步组织实施"的总体思路,提出将农村义务教育全面纳入公共财政保障范围,逐步建立中央和地方分项目、按比例分担经费的农村义务教育长效经费保障机制。农村义务教育经费保障机制改革自西向东依次推开。从 2006 年春季开学起,西部的 12 个省份、新疆建设兵团和中部地区享受西部政策的部分县市全面建立了农村义务教育经费保障机制,西部农村地区义务教育阶段学生免除学杂费,还补助学校公用经费、免费提供教科书、补助寄宿生生活费,建立了改造维修校舍经费保障长效机制。2006 年秋季,中部各省(自治区)相继建立经费保障机制,2007 年把"免杂费、免书本费、逐步补助寄宿生生活费"的惠民政策全面推广到中东部省份40万所农村中小学的近1.5亿名学生,实现了覆盖全国的农村义务教育经费保障机制。2006—2011年中央财政共安排农村义务教育改革资金3300亿元,为大约1.3亿农村义务教育阶段学生全部享受免学杂费和免教科书政策。同时,不断提高农村义务教育阶段学校生均公用经费基准定额,到2011年中西部地区已经达到年生均小学500元、初中700元的补助标准。2011年10月,国务院又启动了农村义务教育学生营养改善计划,中央财政每年安排160多亿元专项资金,为680个国家试点县的2600多万农村义务教育学生提供每天3元的营养膳食补助。各级财政在教师工资、学校公用经费、学生营养等方面为促进农村义务教育均衡发展逐步建立了全方位的经费保障机制。

二是建立新型农村合作医疗制度。2002年10月,《中共中央、国务院关于进一步加强农村卫生工作的决定》明确指出,要"逐步建立以大病统筹为主的新型农村合作医疗制度"。新型农村合作医疗是指由政府组织、引导、支持,农民自愿参加,个人、集体和政府多方筹资,以大病统筹为主的农民医疗互助共济制度。2003年,以大病统筹为主、农民自愿参加、多方筹资的新型农村合作医疗制度开始试点,着力解决农民"看病难""看病贵"问题,实现"病有所医"。初期新型农村合作医疗筹资水平为人均30元,其中个人负担10元,财政补助20元,其中地方财政负担10元,中央财政负担10元。新型农村合作医疗资金来源中财政补助占比逐年提高,2003年启动之初人均筹资30元标准中各级财政人均补助20元,到2011年人均筹资246.2元中各级财政人均补助200元,补助占比提高了15个百分点。据统计,自2003年新型农村合作医疗制度实施到2011年的9年间,各级政府对参保农民的人均补助标准增长了9倍,中央财政累计安排新型农村合作医疗补助资金1891亿元。截至2011年,新型农村合作医疗制度覆盖到全国2637个县(区、市),参加合作医疗保险的农村人口达到8.32亿人,新农合筹资总额达到2047.6亿元,人均筹资246.2元,补偿受益人次13.15亿。

三是建立完善以低保、养老、救助为重点的农村社会保障制度。随着公共财政保障基本公共服务均等化能力不断加大,作为增进人民福祉、化解个体风险的社会保障制度逐步覆盖农村是基本公共服务均等化建设的重要内容。2003 年以来,我国在农村社会保障方面的投入不断增大,农民社会保障严重不足的局面得到初步改善。2007 年,党的十七大提出要"加快建立覆盖城乡居民的社会保障体系,保障人民基本生活"。自 2007 年开始,我国逐步构建了以农村低保、养老、救助为重点的农村社会保障制度。2007—2011 年,全国财政共安排资金 1813.5 亿元,支持建立健全农村最低生活保障制度。农村最低生活保障制度设立 5 个年度后,2011 年我国农村最低生活保障制度覆盖了 5313.5 万人和 2662.6 万农户,比 2007 年制度建立之初分别增长 53.9%和 69.3%;月人均最低生活保障平均标准和月人均支出水平分别为 143.2 元和 96.4 元,比 2007 年分别增长 1 倍和 1.6 倍。2009 年,我国开始推行新型农村社会养老保险制度的试点,当年推出时覆盖面占 15%,到 2011 年全国有 27 个省、自治区的 1914 个县(市、区、旗)和 4 个直辖市部分区县开展国家新型农村社会养老保险试点,新型农村社会养老保险试点覆盖 60%的县市。2009—2011 年,全国各级财政共安排城乡居民社会养老保险补助资金 1047 亿元。在新型农村合作医疗平台上,我国逐步构建农村贫困居民医疗救助制度,实现"难有所助"。2003—2011 年,全国财政共安排农村医疗救助补助资金 434 亿元,建立了农村医疗救助制度。2011 年全年累计救助贫困农村居民 6297.1 万人次。其中,民政部门资助参加新型农村合作医疗 4825.3 万人次,人均资助参合水平 45.6 元;民政部门直接救助农村居民 1471.8 万人次,人均救助规模达到 635.8 元。

第四篇　现代财政和国家治理

　　党的十八大以来，以经济领域为主的改革过渡到全面深化改革，我国进入中国特色社会主义新时代。党的十八届三中全会通过的《中共中央关于全面深化改革若干重大问题的决定》明确提出："财政是国家治理的基础和重要支柱"，要求"深化财税体制改革，建立现代财政制度"。我国财政从财政放权、财政分权步入财政治权全面改革的新阶段。在习近平新时代中国特色社会主义思想的指引下，现代财政制度改革全面发力、多点突破、纵深推进，成为全面深化改革的重点，进一步强化和完善财政治权的功能作用，预算管理制度改革取得决定性成果，税收制度取得新进展，财政体制改革取得实质性突破，在政府与市场、国家与社会、中央与地方的关系治理方面实现重大制度性进步，为完善和发展中国特色社会主义制度、推进国家治理体系与治理能力现代化打下了坚实基础。

第十三章　现代财政：

全面深化改革的重点

在党的十八大以前,财税改革围绕市场解决缺位和越位问题,任务较为单纯;在此之后,则需要综合考虑各方面,统筹推进经济建设、政治建设、文化建设、社会建设、生态文明建设,协调推进全面建成小康社会、全面深化改革、全面依法治国、全面从严治党,财税改革面临的形势更复杂,任务更艰巨。党的十八届三中全会要求,到 2020 年,在重要领域和关键环节改革上取得决定性成果,形成系统完备、科学规范、运行有效的制度体系,使各方面制度更加成熟、更加定型。财税改革成为全面深化改革的重点,需要有效发挥财政在国家治理中的基础和重要支柱作用。

第一节　全面深化改革与国家治理的现代化

自改革开放以来,我国坚持以经济建设为中心,以基本确立社会主义市场经济体制框架为主要标志,经济体制改革取得了举世瞩目的成就,在富起来、强起来的征程上迈出了决定性的步伐。然而,改革开放终归是一场深刻而全面的社会变革,作为一项宏大而复杂的系统工程,经济体制改革不可能单兵突进,必然过渡到全面深化改革的新阶段。

一、全面深化改革的总体目标

事实上,任何一个方面改革滞后,都会制约和影响改革目标的实现。经济体制领域遇到的问题或阻力,是与政治、文化、社会、生态文明等领域的问题相互交织在一起的。有效解决改革开放中所积累的一系列不容回避的社会矛盾和问题,向全面深化改革。经济的现代化,对政治、文化、社会、生态文明、国防军队和党的建设等各个领域治理能力的提升提出了客观上的要求。正是在这一历史背景下,党的十八届三中全会确定了全面深化改革,实现国家治理体系与治理能力现代化的总目标。

2014年1月1日,习近平总书记在《人民日报》上首次阐述"国家治理现代化":"国家治理体系和治理能力是一个国家制度和制度执行能力的集中体现。国家治理体系是在党领导下管理国家的制度体系,包括经济、政治、文化、社会、生态文明和党的建设等各领域体制机制、法律法规安排,也就是一整套紧密相连、相互协调的国家制度;国家治理能力则是运用国家制度管理社会各方面事务的能力,包括改革发展稳定、内政外交国防、治党治国治军等各个方面。"①

2014年2月18日,习近平总书记在《人民日报》上撰文详细论述"国家治理现代化":"改革开放以来,我们党开始以全新的角度思考国家治理体系问题,强调领导制度、组织制度问题更带有根本性、全局性、稳定性和长期性。今天,摆在我们面前的一项重大历史任务,就是推动中国特色社会主义制度更加成熟更加定型,为党和国家事业发展、为人民幸福安康、为社会和谐稳定、为国家长治久安提供一整套更完备、更稳定、更管用的制度体系。这项工程极为宏大,必须是全面的系统的改革和改进,是各领域改革和改进的联动和集成,在国家治理体系和治理能力现代化上形成总体效应、取得总体效果。"②

从根本上讲,全面深化改革以促进社会公平正义、增进人民福祉为出发点和落脚点,突出问题导向,聚焦进一步解放思想、解放和发展社会生产力、解放和增强社会活力,加强顶层设计和整体谋划,增强改革的系统性、整体性、协同性,推动重要领域和关键环节改革走深走实。其中,财政改革具有夯基垒台、立柱架梁、系统集成的功能作用,在全面深化改革中承担着极其重要的职责和使命。

---

① 《习近平谈治国理政》第一卷,人民出版社2018年版,第91页。
② 《习近平谈治国理政》第一卷,人民出版社2018年版,第104—105页。

二、财政在国家治理中的基础和支柱作用

党的十八届三中全会《中共中央关于全面深化改革若干重大问题的决定》赋予财政"国家治理的基础和重要支柱"的地位和作用：财政是国家治理的基础和重要支柱，科学的财税体制是优化资源配置、维护市场统一、促进社会公平、实现国家长治久安的制度保障。必须完善立法、明确事权、改革税制、稳定税负、透明预算、提高效率，建立现代财政制度，发挥中央和地方两个积极性。①

现代财政制度与国家治理现代化有着密切关系。国家治理现代化必然要求和决定着财政现代化。推进国家治理现代化，就必须以建立现代财政制度作为基础和重要支柱。当财政从经济范畴跃升到国家治理范畴时，财税改革也随之从经济体制的组成部分跃升到国家治理体系的组成部分，要求财政在国家治理中有效发挥基础性和支柱性作用。

首先，财政是国家治理的基础。"财政制度安排体现政府与市场、政府与社会、中央与地方关系，涉及政治、经济、社会、文化和生态文明等各个方面。"②因为任何经济政策或公共政策，都需要相应财力支撑。财政收入筹措、支出拨付及政策实施，是最具综合性的基本政府职能，是实现国家治理的重要物质基础。在现代市场经济条件下，财税体制内嵌于市场经济体制，作为政治、经济、社会之间的连接纽带和经济体制改革与政治体制改革的交汇点，其自身的健康、稳定、平衡，运行过程的法制化、制度化、规范化水平以及其配置资源、稳定经济、收入分配等职能的发挥都关乎一个国家治理体系和治理能力的现代化水平。财税体制可以触及国家治理体系的方方面面，国家治理体系格局的任何变化都要求财税体制的同步变化。所有国家治理事务所涉及的利益关系最终也都要落实到政

---

① 《〈中共中央关于全面深化改革若干重大问题的决定〉辅导读本》，人民出版社2013年版，第19页。

② 《〈中共中央关于全面深化改革若干重大问题的决定〉辅导读本》，人民出版社2013年版，第169页。

府与市场、政府与社会、中央与地方等关系的调整上。所以说,财政是一项最具基础性的基本制度安排。

其次,财政是国家治理的重要支柱。国家治理的实现主要在于事权与财权的界定和支出责任与财力的配置两个层面。在我国全面深化改革的背景下,要实现政府职能转变,使市场在资源配置中发挥决定性作用以及保障和改善民生,就需要政府财政逐步从建设性领域中退出,以提供公共产品和公共服务为主,建设服务型政府,着力提升公共服务能力;要实现基本公共服务均等化、主体功能区建设以及建设美丽中国,就需要政府加大对欠发达地区和限制开发区、禁止开发区地方的转移支付力度;要改革收入分配制度,促进社会公平正义,就需要进一步完善税制结构,提高直接税的地位和比重,完善房产税、财产税等。若从调整行政管理体制着手,则意味着直接且正面地触动了各级政府之间和各个政府部门直接的权利归属和利益分配,实施难度和阻力显而易见。但若从调整财税管理体制着手,其影响则是间接的、迂回的,实施难度和阻力相对较小。因而,各项政府职能得以顺利履行、国家治理相关活动得以顺畅运行,依赖于清晰界定、科学划分与妥当配置事权、支出责任、财力。以财税体制改革作为突破口,更易于逼近政府职能格局的调整目标。财税体制是解决发展中问题的关键和国家治理的重要支柱。

最后,财政是提升国家治理能力的重要工具。在市场经济条件下,政府通过预算、税收、公债、补贴、投资等政策工具,促进公共资源配置更高效、更公平、更可持续,调节收入分配和维护社会公平,"熨平"经济周期波动和促进经济发展,保障社会和谐稳定,实现国家的长治久安。党的十八届三中全会提出,将预算审核的重点由平衡状态、赤字规模转向支出预算和政策拓展。政府预算是现代社会的国家治理体系框架中的一个重要载体,通过政府预算可以形成对政府支出规模和国家治理活动成本的有效控制。预算与税制及财政体制构成了国家治理体系的重要支柱。财政政策与制度的制定与实施均体现着国家治理的能力与水平。

第二节　市场与政府关系的再定位

改革开放以来，从承认、引入市场作用，到"使市场在国家宏观调控下对资源配置起基础性作用"①，到"使市场在国家宏观调控下对资源配置起基础性作用"②，到"在更大程度上发挥市场在资源配置中的基础性作用"③，到"从制度上更好发挥市场在资源配置中的基础性作用"④，再到"更大程度更广范围发挥市场在资源配置中的基础性作用"⑤，随着党对市场规律认识一次次升华，市场的力量一步步得到释放，社会主义经济体制不断完善，政府职能的越位、缺位问题逐步得到解决，市场资源配置的功能和条件逐步形成，社会各方面也有了相应共识。基于此，党的十八届三中全会提出"使市场在资源配置中起决定性作用和更好发挥政府作用"。⑥

一、有效市场与有为政府的结合

经济社会发展所面临的问题，不都是财政能够解决的，但或多或少都与财政有关联。财税改革触及的问题很多，几乎涉及各个方面利益关系的调整，但改革的主线和根本落脚点仍是资源配置问题，即正确处理好政府与市场的关系。财政作为政府履行基本职能的经济基础，政府治理和宏观调控首要的是运用财政工具，通过财政资源配置，使政府在市场监

---

① 中共中央文献研究室编：《改革开放三十年重要文献选编》下，中央文献出版社 2008年版，第 899 页。
② 中共中央文献研究室编：《改革开放三十年重要文献选编》下，中央文献出版社 2008年版，第 899 页。
③ 中共中央文献研究室编：《改革开放三十年重要文献选编》下，中央文献出版社 2008年版，第 1253 页。
④ 中共中央文献研究室编：《改革开放三十年重要文献选编》下，中央文献出版社 2008年版，第 1723 页。
⑤ 中共中央文献研究室编：《改革开放三十年重要文献选编》上，中央文献出版社 2014年版，第 15 页。
⑥ 中共中央文献研究室编：《改革开放三十年重要文献选编》上，中央文献出版社 2014年版，第 513 页。

管、社会保障、公共服务等方面承担责任,维护市场公平竞争。

社会主义市场经济体制改革目标确立以来,我国在加快转变政府职能、简政放权方面也取得重要进展,市场化程度大幅度提高,对市场规律的认识和驾驭能力不断提高,宏观调控体系更为健全。但我国的市场经济体制仍存在不少问题,特别是政府与市场的关系还有待进一步理顺,政府在有些方面管得还是过多、过细、过死,该管的也没有完全管住管好,该放的也没有彻底放开、放到位,影响经济发展活力和资源配置效率。这在财税体制上具体表现为,一些地方在税收、非税收和财政支出等方面出台的优惠政策五花八门,通过低地价甚至零地价供给、税收减免、财政补贴、信贷扶持等各种方式招商引资,虽然在一定程度上改善了当地的投资环境,实现了经济和财税收入的高速增长,促进了局部地区经济发展,但也带来不少问题:一方面削弱税收权威,破坏税制统一,形成政策"洼地",破坏公平竞争,扭曲市场信号和企业投资决策,损害市场机制运行;另一方面扰乱国家财经秩序、加大地方财政风险,影响政府宏观调控政策效果。

坚持社会主义市场经济改革方向,使市场在资源配置中起决定性作用和更好地发挥政府的作用,是解决现实经济问题的根本途径。这就要求财税体制更好地发挥其在资源配置、公共服务、分配调节、国家安全等方面的职能。财政改革主动带头,引领政府各个方面的改革,推进全面深化改革,有助于加快要素市场改革,让市场机制在土地、资源、能源等要素市场上真正发挥决定性作用;有助于加快转变政府职能,减少政府对企业投资活动的行政性干预,落实企业投资的自主权;有助于让政府肩负起市场经济体制下应有的职责和更好地发挥自身作用,即保持宏观经济稳定,加强和优化公共服务,保障公平竞争,加强市场监管,维护市场秩序,弥补市场失灵。

二、财政为防范化解风险注入确定性

"放眼世界,我们面对的是百年未有之大变局。"①国际上,欧美民粹主义抬头,逆全球化浪潮兴起,局部冲突和动荡频发,而经济复苏乏力,全球性问

---

① 《习近平谈治国理政》第三卷,人民出版社 2020 年版,第 421 页。

题加剧。从国内看，"我们现在所处的，是一个船到中流浪更急、人到半山路更陡的时候，是一个愈进愈难、愈进愈险而又不进则退、非进不可的时候"。①

改革开放以来，我国经济社会在快速发展的同时也积累了诸多风险。比如，政府职能过度，对市场的行政干预过多，对微观经济管得过多；大量产业补贴，导致价格扭曲，增加财政负担，造成补贴行业产能过剩，效率不高，浪费严重；部分地区基础设施建设过分超前，基建投资长期处于高增长、超前于消费增长，这带来了基础设施总体过剩以及债务率上升，一些铁路、公路路线和机场客运量不足，将长期难以收回成本，造成债务率上升；社会保险体系呈现高度碎片化特征，效率低，没有精算，每年都要靠财政补贴，在老龄化加剧的情况下，无论是社会养老保险还是社会医疗保险的压力都非常大，不可持续。

为打赢风险防控攻坚战，需要坚定不移地全面深化改革，特别是通过财政改革促进发展和化解风险。只有全面深化改革，才能有效化解各种新旧矛盾和潜在风险，为经济社会发展提供强大动力；唯有防范和化解风险，才能为全面深化改革营造和谐稳定的良好环境，确保经济社会发展行稳致远。通过减税降费、调整支出结构等政策措施，维持国内经济增速，稳住就业。支持民生改革，加大民生支出，运用再分配手段缩小收入差距，逐步缩小城乡之间、群体之间社会保障政策和待遇水平差异。强化预算约束作用，防止和纠正地方政府脱离实际出台支出政策。正确处理财政与金融的关系，通过财政与金融的密切配合来支持经济发展稳定，有效化解实体经济中小企业的"融资难、融资贵"等问题，坚决守住不发生系统性风险的底线。

第三节　实现高质量发展和构建新发展格局的要求

2011 年 2 月 14 日，日本内阁府公布的数据显示，去除物价变动因素

---

① 习近平：《在庆祝改革开放 40 周年大会上的讲话》，人民出版社 2018 年版，第 42 页。

且经季节调整后,2010 年日本名义 GDP 为 54742 亿美元,比中国少 4044 亿美元,中国经济首次超越日本。在成为世界第二大经济体之后,我国消费结构升级向行业产业结构转型升级提出新要求。与此同时,国际政治经济格局发生深刻调整。我国经济社会发展的条件和环境发生诸多重大转变。

一、经济"新常态"与高质量发展

2014 年 5 月,习近平总书记在河南省考察工作时首次提出经济新常态:"我国发展仍处于重要战略机遇期,我们要增强信心,从当前我国经济发展的阶段性特征出发,适应新常态,保持战略上的平常心态。在战术上要高度重视和防范各种风险,早作谋划,未雨绸缪,及时采取应对措施,尽可能减少其负面影响。"[1]

2014 年 11 月,习近平总书记在 APEC 工商领导人峰会上首次公开系统阐述了"新常态":"中国经济呈现出新常态,有几个主要特点。一是从高速增长转为中高速增长。二是经济结构不断优化升级,第三产业、消费需求逐步成为主体,城乡区域差距逐步缩小,居民收入占比上升,发展成果惠及更广大民众。三是从要素驱动、投资驱动转向创新驱动。"[2]

2015 年 11 月,习近平总书记主持召开中央财经领导小组第十一次会议时首次提出推进供给侧结构性改革:"推进经济结构性改革,是贯彻落实党的十八届五中全会精神的一个重要举措。要牢固树立和贯彻落实创新、协调、绿色、开放、共享的发展理念,适应经济发展新常态,坚持稳中求进,坚持改革开放,实行宏观政策要稳、产业政策要准、微观政策要活、改革政策要实、社会政策要托底的政策,战略上坚持持久战,战术上打好歼灭战,在适度扩大总需求的同时,着力加强供给侧结构性改革,着力提高供给体系质量和效率,增强经济持续增长动力,推动我国社会生产力水平实现整体跃升。"[3]

---

① 《习近平关于社会主义经济建设论述摘编》,中央文献出版社 2017 年版,第 73—74 页。
② 《习近平关于社会主义经济建设论述摘编》,中央文献出版社 2017 年版,第 74 页。
③ 《习近平关于社会主义经济建设论述摘编》,中央文献出版社 2017 年版,第 87 页。

在新常态背景下,经济发展的最基本特征是经济"增速换挡"回落,从过去10%左右的高速增长转为中高速增长。实际上,2010—2018年GDP增速从10.6%[①]降至6.6%。[②] 经济增速的回落,不是景气循环周期的下行区间,而是经济增长阶段的根本性转换。一方面是市场需求环境变化的反映。消费成为经济增长主动力,2018年我国消费率高达76.2%[③],资本形成率达32.4%[④];受2008年国际金融危机、中美贸易摩擦等影响,外需收缩,外贸出口低速增长常态化。另一方面是供给层面发生明显变化。随着工业化迅速推进,我国人口结构和经济结构均发生重大变化,劳动力、土地、矿产资源等传统要素供求关系发生改变。劳动力年龄人口2012年已经出现绝对下降,2018年年底60岁以上老人已占总人口的17.9%,65岁以上老人已占总人口的11.9%[⑤],均超过7%的国际警戒线。要素价格持续上升,原有竞争优势开始削弱,潜在经济增长率下降,经济从高速增长转向中高速增长。

改革开放以来,我国持续高速发展,创造了世界发展史上的奇迹,但也付出了较大代价,发展不平衡、不协调、不可持续性日益显现,质量和效益不高问题相当突出。党的十九大明确提出:"我国经济已由高速增长阶段转向高质量发展阶段,必须坚持质量第一、效益优先,以供给侧结构性改革为主线,推动经济发展质量变革、效率变革、动力变革,提高全要素生产率。"[⑥]随着支撑我国发展的要素条件发生深刻变化,高质量发展要求建立健全促进增长方式转变和产业结构升级的制度和政策。

---

① 资料来源:国家统计局官网,http://data.stats.gov.cn/easyquery.htm? cn = C01&zb = A0208&sj = 2010。

② 资料来源:国务院新闻办公厅官网,http://www.scio.gov.cn/xwfbh/gbwxwfbh/xwfbh/fzggw/Document/1646162/1646162.htm。

③ 资料来源:《2018年国民经济和社会发展统计公报》,国家统计局,2019年2月28日,http://www.stats.gov.cn/tjsj/zxfb/201902/t20190228_1651265.html。

④ 资料来源:《2018年国民经济和社会发展统计公报》,国家统计局,2019年2月28日,http://www.stats.gov.cn/tjsj/zxfb/201902/t20190228_1651265.html。

⑤ 资料来源:《2018年国民经济和社会发展统计公报》,国家统计局,2019年2月28日,http://www.stats.gov.cn/tjsj/zxfb/201902/t20190228_1651265.html。

⑥ 习近平:《决胜全面建成小康社会 夺取新时代中国特色社会主义伟大胜利——在中国共产党第十九次全国代表大会上的报告》,人民出版社2017年版,第30页。

二、加快构建新发展格局

20世纪80年代以来,人类社会进入全球化加速发展的重要时期。统筹国内国外两个市场、两种资源,是实现经济发展的重要指导方针。然而,全球化的道路从来不是一帆风顺的,"逆全球化"暗流涌动,但无法改变全球化的发展大势。面对百年未有之大变局,加快构建以内循环为主体、双循环相互促进的新发展格局,是我国唯一正确的选择。

为构建新发展格局,需要正确处理改革、发展和稳定之间的关系。改革是发展的动力,是实现长期稳定的基础;发展是改革的目的,是稳定最可靠的保证;稳定则是改革、发展的前提条件,也是发展的必然要求,而财政则是巩固改革发展、稳定三者关系的黏合剂、连接剂,须臾不可缺少。习近平总书记在庆祝改革开放40周年大会上的讲话中指出,"必须坚持辩证唯物主义和历史唯物主义世界观和方法论,正确处理改革发展稳定关系"。① 党的十八大以来,国内改革剩下的都是难啃的硬骨头,社会不稳定因素增多,发展速度下降,质量有待提升,改革、发展、稳定三者之间的关系发生了新变化。

要正确处理发展中的矛盾问题,必须善于寻找改革发展稳定的最佳结合点和有效平衡点,把握稳增长、调结构、治污染、惠民生、防风险的平衡。坚持深化改革,把顶层设计和基层探索紧密结合起来,注重改革的系统性、整体性、协同性,在改革的方式上,要循序渐进,从易到难、从小到大、从外围到核心、从增量到存量不断推进,使改革既能有力促进经济又好又快发展,又能得到社会普遍理解和支持。加快建立现代财政制度,优化要素配置和调整产业结构提高供给体系质量和效率,激发市场活力,促进协调发展。通过税收、转移支付等再分配政策工具,保障和改善民生,缩小贫富差距,维护社会稳定。树立大国财政战略意识,积极塑造国际政治经济新秩序,推动建立人类命运共同体。

党的十八大以来,党中央高度重视发展数字经济,实施网络强国战略

---

① 习近平:《在庆祝改革开放40周年大会上的讲话》,人民出版社2018年版,第36页。

和国家大数据战略,拓展网络经济空间,支持基于互联网的各类创新,推动互联网、大数据、人工智能和实体经济深度融合,建设数字中国、智慧社会,推进数字产业化和产业数字化,打造具有国际竞争力的数字产业集群,我国数字经济发展较快、成就显著。特别是新冠肺炎疫情暴发以来,数字技术、数字经济在支持抗击新冠肺炎疫情、恢复生产生活方面发挥了重要作用。从根本上讲,数字技术、数字经济可以推动各类资源要素快捷流动、各类市场主体加速融合,帮助市场主体重构组织模式,实现跨界发展,打破时空限制,延伸产业链条,畅通国内外经济循环。数字经济具有高创新性、强渗透性、广覆盖性,不仅是新的经济增长点,而且是改造提升传统产业的支点,成为构建现代化经济体系的重要引擎,在构建新发展格局中塑造国家竞争新优势。

三、建立现代财政制度的艰巨任务

高质量发展和构建新发展格局向寻找并培育壮大经济增长新动力新动能提出了紧迫要求。"实践告诉我们,伟大事业都基于创新。创新决定未来。建设世界科技强国,不是一片坦途,唯有创新才能抢占先机。"[①]当前我国自主创新能力还不强,一些关键技术和核心技术仍然受制于人,缺乏拥有自主知识产权的产品和品牌,在世界产业链中还处于中低端,产品附加值和市场竞争力较低。新兴产业和服务业受市场环境不完善、领军人才和技术支撑不足等因素制约,短期内还难以形成拉动力。紧紧抓住新一轮科技革命和产业变革带来的重大机遇,经济发展动力从传统增长点转向新模式、新业态、新动力,要求深化财税制度改革,推动实施创新驱动发展战略。

在构建新发展格局的背景下,经济转向中高速增长导致财政收入较低增长常态化,财政收入对 GDP 的弹性系数将回归到 1 左右。同时,减税降费规模加大向财政提出了更高要求。"十三五"期间我国新增全年

---

①　习近平:《为实现我国探月工程目标乘胜前进　为推动世界航天事业发展继续努力》,https://www.ccps.gov.cn/xtt/201902/t20190221_129565.shtml。

减税降费规模累计达 7.6 万亿元左右。此外,区域税收优惠政策过多过滥,成为财政收入增长的不稳定因素。除行政、国防、社保等刚性支出需求较大外,保障和改善民生、推动经济发展方式转变,以及支持城镇化健康发展、应对人口老龄化挑战、深入推进体制改革等,都要求加大财政投入力度,财政面临的增支压力非常大。基于此,财政当妥善应对收支压力增长等现实困难,更多采取改革的办法推进供给侧结构性改革。

党的十八届三中全会提出"使市场在资源配置中起决定性作用和更好发挥政府作用",同时用两大章节专门阐述财税改革的主要任务。随后,中央陆续提出"经济新常态"和"供给侧结构性改革"。"供给侧结构性改革,重点是解放和发展社会生产力,用改革的办法推进结构调整,减少无效和低端供给,扩大有效和中高端供给,增强供给结构对需求变化的适应性和灵活性,提高全要素生产率。"①改革的办法就是提供政策环境,从而要素流动无障碍,企业自主决定配置资源,调整经营方式无障碍,政府公共服务聚焦于减少管制,保护环境,产权、司法公正。这都与党的十八大提出的政府与市场作用的论断是相通的。

为实现高质量发展和构建新发展格局,一系列财税改革陆续推出。"营改增"打通全行业抵扣链条,企业得以优化生产营销和专业化布局;消费型增值税改革体现了其对技术进步的支撑作用;企业所得税改革提高了对研发和投资的支持;个人所得税改革实施后进一步促进了公平;清理政府涉企收费,降费带来制度性交易成本的降低。财政支出方面,支持劳动力自由流动,实现医保、社保、义务教育等可携带,打通城乡等;全力支持司法体制改革,足额增加相关的中央财政支出,这既是"事权与支出责任划分"的任务,也是司法公正的任务;涉农调整由财政部在 2013 年主动提出,得到了各部门和国务院领导的高度评价。

建立现代财政制度,对于实现"两个一百年"奋斗目标及中华民族伟大复兴的"中国梦"具有多方面的历史意义,它为国家治理体系的现代化提供有力保障、为建设法治化国家开辟道路、在全面深化改革中发挥基础

---

① 《习近平谈治国理政》第二卷,外文出版社 2017 年版,第 252 页。

性作用,并有效提升中国参与全球治理的能力。建立现代财政制度不是一朝一夕能够完成的任务,需要持之以恒地开展下去,要以先进的理论指导财政治理,以改革的手段完善财政体系,以制度的现代化保障财政绩效,扎实做好每一步的改革工作。

第十四章　财政治理：

"一体两翼"的现代化方案

党的十八届三中全会以后，现代财政的基本理念得到确立，税收制度改革、预算制度改革、事权和支出责任划分改革都在有序推行。党的十九大作出从 2020 年至 21 世纪中叶的"两步走"战略，为加快建立现代财政制度、深化财税体制改革绘制了"蓝图"。党的十九届四中全会审议通过了《中共中央关于坚持和完善中国特色社会主义制度　推进国家治理体系和治理能力现代化若干重大问题的决定》，要求完善政府预算制度，健全充分发挥中央和地方两个积极性体制机制，形成稳定的各级政府事权、支出责任和财力相适应的制度，为改革我国财政治理体系、提升治理能力提供了"一体两翼"的现代化方案。

第一节　税收法定与税收制度改革

税收法定是税收立法和税收法律制度的一项基本原则，也是我国宪法所确立的一项重要原则。十二届全国人大三次会议通过了修改《立法法》的决定，明确规定"税种的设立、税率的确定和税收征收管理等税收基本制度"只能由法律规定。"落实税收法定原则"是党的十八届三中全会提出的一项重要改革任务。

一、全面落实税收法定原则

根据党的十八大和十八届三中、四中全会精神，为全面落实依法治国基本方略，加快建设社会主义法治国家，按照中央全面深化改革领导小组的统一部署,全国人大常委会法工委牵头起草了《贯彻落实税收法定原则的实施意见》。实施意见对现行15个税收条例修改上升为法律或者废止的时间作出了安排,要求在2019年完成全部立法程序,2020年完成"落实税收法定原则"的改革任务。将这个实施意见落实好,有利于推动我国宪法确立的税收法定原则的贯彻落实,进一步规范政府行为,推动完善我国税收法律制度,使其在国家治理中发挥更加积极、有效的作用,为实现国家治理体系和治理能力现代化提供更坚实的制度保障。改革开放以来,我国税收立法进程见表14-1。

表 14-1　税收立法时间

立法时间	税种	进　程
1980 年 9 月 10 日	个人所得税	第五届全国人民代表大会第三次会议通过《中华人民共和国个人所得税法》; 根据 1993 年 10 月 31 日第八届全国人大常委会第四次会议《关于修改〈中华人民共和国个人所得税法〉的决定》第一次修正; 根据 1999 年 8 月 30 日第九届全国人大常委会第十一次会议《关于修改〈中华人民共和国个人所得税法〉的决定》第二次修正; 根据 2005 年 10 月 27 日第十届全国人大常委会第十八次会议《关于修改〈中华人民共和国个人所得税法〉的决定》第三次修正; 根据 2007 年 6 月 29 日第十届全国人大常委会第二十八次会议《关于修改〈中华人民共和国个人所得税法〉的决定》第四次修正; 根据 2007 年 12 月 29 日第十届全国人大常委会第三十一次会议《关于修改〈中华人民共和国个人所得税法〉的决定》第五次修正; 根据 2011 年 6 月 30 日第十一届全国人大常委会第二十一次会议《关于修改〈中华人民共和国个人所得税法〉的决定》第六次修正; 根据 2018 年 8 月 31 日第十三届全国人大常委会第五次会议《关于修改〈中华人民共和国个人所得税法〉的决定》第七次修正
2007 年 3 月 16 日	企业所得税	第十届全国人民代表大会第五次会议通过《中华人民共和国企业所得税法》; 根据 2017 年 2 月 24 日第十二届全国人大常委会第二十六次会议《关于修改〈中华人民共和国企业所得税法〉的决定》修正

续表

立法时间	税种	进　程
2011 年 2 月 25 日	车船税	第十一届全国人大常委会第十九次会议通过《中华人民共和国车船税法》，自 2012 年 1 月 1 日起施行；根据 2019 年 4 月 23 日第十三届全国人大常委会第十次会议《关于修改〈中华人民共和国建筑法〉等八部法律的决定》修正
2016 年 12 月 25 日	环境保护税	第十二届全国人大常委会第二十五次会议通过《中华人民共和国环境保护税法》，自 2018 年 1 月 1 日起施行；根据 2018 年 10 月 26 日第十三届全国人大常委会第六次会议《关于修改〈中华人民共和国野生动物保护法〉等十五部法律的决定》修正
2017 年 12 月 27 日	烟叶税	第十二届全国人大常委会第三十一次会议通过《中华人民共和国烟叶税法》，自 2018 年 7 月 1 日起施行
2017 年 12 月 27 日	船舶吨位税	第十二届全国人大常委会第三十一次会议通过《中华人民共和国船舶吨税法》，自 2018 年 7 月 1 日起施行
2018 年 12 月 29 日	车辆购置税	第十三届全国人大常委会第七次会议通过《中华人民共和国车辆购置税法》，自 2019 年 7 月 1 日起施行
2018 年 12 月 29 日	耕地占用税	第十三届全国人大常委会第七次会议通过《中华人民共和国耕地占用税法》，自 2019 年 9 月 1 日起施行
2019 年 8 月 26 日	资源税	第十三届全国人民代表大会常务委员会第十二次会议通过《中华人民共和国资源税法》，自 2020 年 9 月 1 日起施行
2020 年 8 月 11 日	城市维护建设税	第十三届全国人民代表大会常务委员会第二十一次会议通过《中华人民共和国城市维护建设税法》，自 2021 年 9 月 1 日起施行
2020 年 8 月 11 日	契税	第十三届全国人民代表大会常务委员会第二十一次会议通过《中华人民共和国契税法》，自 2021 年 9 月 1 日起施行
2021 年 6 月 10 日	印花税	第十三届全国人民代表大会常务委员会第二十九次会议通过《中华人民共和国印花税法》，自 2022 年 7 月 1 日起施行

二、深化税收制度改革

党的十八大之后，"营改增"成为我国税收制度改革的重点。此外，还推行了消费税、个人所得税、资源税、环保税等改革。

（一）增值税改革

为消除增值税重复征税等问题，从 2004 年至 2009 年逐步推进生产型增值税向消费型增值税转变的改革试点。2004年7月1日,先从东北3省的装备制造业等6个行业和军品、高新技术产品开始扩大进项税额抵扣范围。到2009年,全国普遍推行增值税转型改革。

为实现增值税全覆盖、抵扣链条完整及减轻税负,从2012年1月1日起开始推行"营改增"。先是在上海,为使试点行业总体税负不增加,按照试点行业营业税实际税负测算结果,选择了11%和6%两档税率,分别适用于交通运输业和部分现代服务业,开展试点。2013年8月1日后扩大到全国,并将广播影视服务业纳入试点范围。2014年试点范围继续扩大到全国的铁路运输、邮政业和电信业,进一步延伸了增值税链条。2016年5月1日后,营业税走下历史舞台。2017年7月1日起,将增值税税率由四档减至三档。2018年3月21日,增值税税率再做调整,原适用16%税率的,税率调整为13%;原适用10%税率的,税率调整为9%。纳税人取得不动产或者不动产在建工程的进项税额不再分2年抵扣。"营改增"对深化财税体制改革、推动构建统一简洁税制和消除重复征税、有效减轻企业和群众负担、拉长产业链条扩大税基、促进专业化分工、落实创新驱动发展战略、促进新动能成长和产业升级、增加就业等,起到了一举多得的作用,既为当前发展提供了有力支撑,也为经济保持中高速增长、迈向中高端水平增添了强劲动力,是我国税制走向完善的关键一步。

(二)消费税

我国消费税的雏形始于1951年1月政务院颁布的《特种消费行为税暂行条例》。经过时代的变迁与经济的发展,特种消费行为税被简并、后于1966年9月停征。1994年,《中华人民共和国消费税暂行条例》颁布,自此奠定了我国消费税法律制度的基础。2006年,我国对消费税税制进行改革。2008年、2009年对汽车和成品油税目进行相关调整。

为适应新形势发展的要求,党的十八届三中全会对消费税改革作出总体部署,《中共中央关于全面深化改革若干重大问题的决定》提出"调整消费税征收范围、环节、税率,把高能耗、高污染产品及部分高档消费品纳入征收范围"。按照这一部署,2014年取消了对气缸容量在250毫升

(不含)以下的小排量摩托车、汽车轮胎、车用含铅汽油及酒精 4 种产品征收消费税。汽油税目不再划分二级子目,统一按照无铅汽油税率征收消费税。取消了酒精消费税,"酒及酒精"品目相应改为"酒",并继续按现行消费税政策执行。从 2015 年开始将电池、涂料纳入消费税征收范围,在生产(进口)环节征收,适用税率均为 4%。自 2016 年 10 月 1 日起,取消对普通美容、修饰类化妆品征收消费税,消费税征收目录中的"化妆品"税目名称调整为"高档化妆品",降低高档化妆品税率,税率调整为15%。先后 3 次提高成品油消费税单位税额,汽油、柴油消费税单位税额分别累计提高 0.52 元/升和 0.4 元/升。将卷烟批发环节从价税率由 5% 提高至 11%,并按 0.005 元/支加征从量税。对零售价格在 130 万元及以上的乘用车和中轻型商务客用车在零售环节加征消费税,税率为 10%。这些改革举措的实施,进一步增强了消费税对高档消费和环境保护的调节功能,对转方式、调结构、促发展起到了重要作用。

(三)个人所得税

我国个人所得税自 1980 年开征,在此后很长的一段时期,月均收入能够达到 800 元个人所得税费用扣除标准的中国公民少之又少。2005年 8 月 23 日,十届全国人大常委会第十七次会议决定将费用扣额从 800元调至 1600 元,对个人所得税法作出重要修改。2011 年 6 月 30 日关于修改《个人所得税法》的决定表决通过。首次调整税率结构,提高低阶层的支配收入,同时扩大了税率级距。总的来说,2011 年的个税改革在可支配收入的增长方面发挥了积极的作用。2017 年 5 月,中央全面深化改革领导小组第三十五次会议审议通过了《个人收入和财产信息系统建设总体方案》,为个税改革铺垫。自 2017 年 7 月 1 日起,我国开始将商业健康保险个人所得税税前扣除试点政策推至全国。2018 年我国开始了第四次重大个税改革。将个税起征点调升至 5000 元/月;扩大 3%、10%、20%三档低税率的级距,缩小 25%税率的级距;工资薪金、劳务报酬、稿酬和特许权使用费四项劳动性所得首次实行综合征税,将分类征收过渡为"小综合"所得征收,此项政策被认为是我国个税改革现代化进程的一大突破;2018 年 12 月,国务院印发《个人所得税专项附加扣除暂行办法》,增加了专项附加扣除项目,包括子女教育、继续教育、大病医疗、住房贷款利息、住房租金和赡养老人六项,多管齐下地减轻中等收入国民的税收负担。个税朝着逐步建立综合与分类相结合的税制改革方向迈出关键一步。

(四)资源税

为促进资源合理开发利用,遏制资源乱挖滥采,自 1984 年起,我国开始采用普遍征收、从量定额计征的方式征收资源税。1994 年,我国对资源税进行改革,国务院重新颁布了《资源税暂行条例》,进一步扩大征收范围。为适应经济发展和构建资源节约型社会的要求,2010 年 6 月 1日,我国率先在新疆维吾尔自治区开展原油、天然气资源税从价计征改革,拉开了新一轮资源税制度改革的序幕。清费立税,原本由中央和地方分享的资源收费合并到资源税中,全部作为地方收入,是资源税改革的一个重要内容。虽然减少了中央的财政收入,对中央层面调配财政收入的能力有所影响,但实行资源税的分享,有助于实现财政收入分配的公平性,保持资源的可持续利用,实现国家可持续发展的目标。2011 年 11 月1 日,油气资源税改革推广至全国范围,同时,统一内外资企业的油气资源税收制度,取消对中外合作油气田和海上自营油气田征收的矿区使用费,统一征收资源税。自 2014 年 12 月 1 日起,在全国范围内实施煤炭资源税从价计征改革。自 2015 年 5 月 1 日起,比照煤炭资源税改革原则和方法,在全国范围实施稀土、钨、钼 3 个矿产品目资源税从价计征改革。自 2016 年 7 月 1 日起,全面推开矿产资源税从价计征方式,清理规范涉及矿产资源的收费基金。2018 年 3 月 30 日,国家税务总局研究制定《资源税征收管理规程》,进一步规范资源税征收管理,优化纳税服务,防范涉税风险。资源税改革将资源税与资源价格直接挂钩,建立了税收自动调节机制,通过清费立税理清了资源税费关系,解决了税费重叠、以费挤税问题,资源税费负担总体下降,也促进了资源节约和合理利用。

(五)环境保护税

经过 10 年酝酿,两次审议及多次修改,2016 年 12 月 25 日,《环境保护税法》经十二届全国人大常委会第二十五次会议审议通过,于 2018 年1 月 1 日起开始实行。其总体思路是由费改税,即按照"税负平移"原则,实现排污费制度向环保税制度的平稳转移。2017 年 12 月 25 日,国务院发布《环境保护税法实施条例》。为进一步明确征收管理细则与应税污染物适用,2018 年 10 月 25 日,财政部、税务总局、生态环境部印发《关于明确环境保护税应税污染物适用等有关问题的通知》。《环境保护税法》是党的十八届三中全会提出"落实税收法定原则"要求后,我国制定的第一部单行税法,也是一部体现"绿色税制"、推进生态文明建设的税法。它的实施不仅消除了"排污费"地方灵活性大、执法力度小的弊病,而且从政策层面发挥了引导绿色发展的杠杆作用,促使企业和机构主动自发升级污染治理、强化治污减排责任,充分发挥税收对生态环境保护的促进作用,为推进我国生态文明建设提供了全新动力。

(六)地方税

党的十八届三中全会通过的《中共中央关于全面深化改革若干重大问题的决定》提出:深化税收制度改革,完善地方税体系。《中华人民共和国国民经济和社会发展第十三个五年规划纲要》明确将完善地方税体系作为深化财税体制改革、建立健全现代财税制度的关键性问题之一,并要求进一步深化税制改革。党的十九大报告明确指出:"深化税收制度改革,健全地方税体系。"地方税改革的方向是,调整税制结构,培育地方税源,加强地方税权,理顺税费关系,逐步建立稳定、可持续的地方税体系。

"结合财政事权和支出责任划分、税收制度改革和税收政策调整,考虑税种属性,在保持中央和地方财力格局总体稳定的前提下,科学确定共享税中央和地方分享方式及比例,适当增加地方税种,形成以共享税为主、专享税为辅,共享税分享合理、专享税划分科学的具有中国特色的中央和地方收入划分体系。因地制宜、合理规范划分省以下政府间收入。"①积极稳妥推进健全地方税体系改革。一是完善地方税种。根据税基弱流动性、收入成长性、征管便利性等原则,合理确定地方税税种。在目前已实施的城镇土地使用税、房产税、车船税、耕地占用税、契税、烟叶

---

① 《财政部部长肖捷:推进房地产税立法和实施》,http://www.xinhuanet.com//politics/2017-12/20/c_1122137601.htm,2017-12-20。

税、土地增值税等为地方税的基础上,继续拓展地方税的范围,同时逐步扩大水资源费改税改革试点,改革完善城市维护建设税。二是扩大地方税权。在中央统一立法和税种开征权的前提下,根据税种特点,通过立法授权,适当扩大地方税收管理权限,地方税收管理权限主要集中在省级。三是统筹推进政府非税收入改革。加快非税收入立法进程。深化清理收费改革,继续推进费改税。在规范管理、严格监督的前提下,适当下放部分非税收入管理权限。

按照党的十八届三中全会的要求,房地产税立法已经提上日程,进入2019年全国人大立法程序,统一立法,授权实施。房地产税将成为地方税重要税种。

三、健全税收征收管理

2015年1月,国务院法制办公室发布了关于《中华人民共和国税收征收管理法修订草案(征求意见稿)》公开征求意见的通知。2015年10月,中央全面深化改革领导小组第十七次会议审议通过《深化国税、地税征管体制改革方案》。该方案提出6大类31项具体举措,要求理顺征管责任划分、创新纳税服务机制、转变征收管理方式。这拉开了税收管理领域既有重大现实意义又有深远历史意义的改革大幕,为发挥国税、地税各自优势,不断推进税收征管体制和征管能力现代化,进一步增强税收在国家治理中的基础性、支柱性作用指明了努力方向。2015年12月,国家税务总局发布了《关于加强国家税务局、地方税务局互相委托代征税收的通知》,对国税、地税如何委托代征税收合作进行了规范。通过税收征管改革,以期早日建成与国家治理现代化相匹配的现代税收征管体制。

第二节　预算法定与现代预算制度的建立

预算始终是财政体制的核心,预算法是预算管理的根本遵循。我国首部《预算法》于1994年3月22日在八届全国人大二次会议上通过,1995年1月1日正式实施。《中华人民共和国预算法》(以下简称《预算法》)的颁布与实施,是新中国预算史上具有"分水岭"意义的重大事件。《预算法》规范了各级政府在预算编制、审查执行、监督等环节预算上的职责和权限,明确了各级人大对本级以及下一级预算的审批、修正权限,使政府预算行为纳入法制轨道,推动预算管理更加制度化、规范化和科学化。然而也应看到,尽管在加强预算制度建设方面取得长足进展,但距离现代预算制度还有相当大的差距。

一、《预算法》的修订过程

随着我国市场化改革进程的不断深化,预算制度开启了以公共化为导向的全口径改革。因此,在《预算法》实施两年后,1997年全国人大即动议修改。但直到2004年第十届全国人大常委会将修订《预算法》列入立法规划,《预算法》修订工作才正式启动。2006年,全国人大预算工委牵头起草预算法修正案第一稿。2012年6月,迎来二审。2013年8月,原定三审的预算法修正案草案"缺席"十二届全国人大常委会第四次会议。党的十八届三中全会后,四审稿于2014年8月经十二届全国人大常委会第十次会议顺利审议并表决通过。历经三届人大、四易其稿、征求30余万条意见后,跨越10年的修法进程终于完成。

表 14-2 《预算法》的制定、修订进程

时间	进 程
1994 年 3 月 22 日	第八届全国人大二次会议通过首部《预算法》,1995 年 1 月 1 日正式实施
1997 年	全国人大动议修改
2004 年	第十届全国人大常委会将修改预算法列入立法规划,正式启动修订
2006 年	全国人大预算工委牵头起草预算法修正案第一稿
2009 年	第十一届全国人大常委会将修改预算法列入立法规划,重启修法;由全国人大常委会预工委和财政部共同组织起草
2011 年	11 月,国务院第 181 次常务会议讨论通过了预算法修正案草案;12 月,第十一届全国人大常委会第 27 次会议对草案进行初审
2012 年	6 月,二审;7 月,草案通过中国人大网向社会公开征求意见,收到相关意见建议共计 330960 条

时间	进　程
2014 年	4 月,三审;8 月 11 日,全国人大常委会法工委举办预算法立法前评估会议,邀请全国人大代表、中央部门、地方人大及财政部门以及有关专家学者就预算法实施后的影响进行评估;8 月 26 日,第十二届全国人大常委会第 10 次会议对四审稿进行分组审议;8 月 31 日,四审稿表决通过
2015 年	自 1 月 1 日起,新《预算法》正式施行

二、2014 年《预算法》的基本要求

2014 年 8 月 31 日,第十二届全国人民代表大会常务委员会第十次会议通过《关于修改〈中华人民共和国预算法〉的决定》,并于 2015 年 1 月 1 日起实施,这是我国《预算法》在出台 20 年之后的首次修改。1994 年颁布的《预算法》已无法适应新时代发展要求,要使我国预算管理更好地服务于国家治理体系和治理能力现代化建设,有必要对《预算法》进行全方面的修改。

新修订的预算法要求实行全口径预算管理,政府全部收支预算都接受人民的监督。如第四条明确规定"政府的全部收入和支出都应当纳入预算";第五条规定"预算包括一般公共预算、政府性基金预算、国有资本经营预算、社会保险基金预算"。实施全口径预算管理,财政收支都纳入预算篮子内,规范了政府的财政收支活动。

新修订的预算法的颁布首次从法律上正式授予了地方政府举债融资的合法权利。根据新预算法和国发〔2014〕43 号文的规定,经国务院批准,省级政府必须且只能够在国务院规定的限额内通过发行地方政府债券的方式来举债融资,市县级政府通过省级政府代理发行的地方债券来举借债务。进而规定地方政府债务必须纳入预算管理,不能在预算之外随意举债,反映了我国"开前门、堵后门、筑围墙"的改革思路,严格规范地方政府债务的管理,防范化解地方债务风险。

三、建立现代预算制度的主要举措

(一)健全政府预算体系

新《预算法》将一般公共预算、政府性基金预算、国有资本经营预算、

社会保险基金预算均纳入预算管理范围。2014年11月,财政部发布《财政部关于完善政府预算体系有关问题的通知》中提出,要加大政府性基金预算、国有资本经营预算与一般公共预算的统筹力度,加强一般公共预算各项资金的统筹使用。真正实现财政收支等于政府收支,彻底解决由于部分收支游离于预算管理之外而造成财政资源配置低效率,甚至腐败等问题,以消除预算监管的"死角",提高预算管理的统一性和刚性,完善政府预算体系。

(二)全面推进预算公开

为加强预算公开制度建设,2007年1月17日,国务院第165次常务会议通过《政府信息公开条例》。2014年10月,国务院印发《关于深化预算管理制度改革的决定》。2016年2月,中央办公厅、国务院办公厅联合印发《关于进一步推进预算公开工作的意见》。至此,初步形成以新《预算法》《政府信息公开条例》为统领,以《关于深化预算管理制度改革的决定》和《关于进一步推进预算公开工作的意见》等重要文件为指南的预算公开制度体系。扩大预算公开的内容,除涉及国防安全的事项外,所有政府预算都要向社会公开。实现中央政府预算体系公开全覆盖、公开内容更加细化。

(三)建立跨年度预算平衡机制

《预算法》第十二条提出:"各级政府应当建立跨年度预算平衡机制。"2014年12月,《国务院办公厅关于进一步做好盘活财政存量资金工作的通知》进一步提出,要"编制三年滚动预算"。完善收入预算管理,预算审核重点由平衡状态、赤字规模向支出预算和政策拓展,将收入预算从约束性转为预期性。强化根据政策和实际需求编制支出预算的政策导向,各级政府不得向预算收入征收部门和单位下达收入指标,避免为完成收入预算而征收过头税费、虚收空转等行为,同时严格规范超收收入使用管理。"税收任务""时间过半,任务过半"等提法退出历史舞台。充分发挥预算稳定调节基金的调控作用,中央和地方政府相继建立预算稳定调节基金,视预算平衡情况,在安排下年度预算时调入使用,或用于弥补短收年份预算执行收支缺口。推进中期财政规划管理,分析预测重大财政收支周期情况,研究规划期内一些重大改革、重要部署和重大项目的政策目标、运行机制和评价办法,并做好收支测算;凡涉及财政政策和资金支持的部门及行业规划,与中期财政规划相衔接。以上一系列举措确保财政的可持续性,促进经济和社会的健康发展。

(四)规范地方政府债务

建立科学、规范的地方政府债务管理体系,是现代预算制度改革的一项重要内容。2014 年 3 月,财政部印发《地方财政管理绩效综合评价方案》。此次方案的一大亮点是加强债务管理。2014 年 10 月,国务院出台《关于加强地方政府性债务管理的意见》,在解决了"怎么借""怎么管""怎么还"问题的同时,明确提出妥善处理存量债务的一系列举措,清理规范融资平台,逐步建立起规范的举债制度和置换债制度。2015 年之后,国务院开始以债务置换的方式处理 2014 年年底的 14.34 万亿元,包括地方融资平台等在内的地方政府负有偿还责任的存量债务,化解地方债务潜在风险。2016 年,财政部印发了《地方政府一般债务预算管理办法》和《地方政府专项债务预算管理办法》,对一般债务和专项债务进行管理。2017 年以来又根据新的形势,制定了《地方政府土地储备专项债券管理办法(试行)》,发布《关于坚决制止地方以政府购买服务名义违法违规融资的通知》,防控地方债风险。同时,地方政府融资模式也开始向市场化、规范化和透明化模式转变。

(五)完善财政转移支付制度

完善转移支付制度改革以整合转移支付资金为突破口。2013 年 8 月,国务院批准在黑龙江"两大平原"启动支农资金整合试点,将中央财政安排的 3 大类 77 项涉农资金全部纳入整合范围,涉及 20 多个中央部门。整合后中央各部门的资金审批权下放到地方。在财政资金体量日益庞大的背景下,这一改革试点意义深远,传递出国家大力清理归并专项转移支付的改革信号。2014 年《预算法》修订后,国务院紧接着出台了《关于深化预算管理制度改革的决定》,对完善转移支付制度改革作出了详细部署。随后又先后发布了《国务院关于改革和完善中央对地方转移支付制度的意见》《革命老区转移支付资金管理办法》等文件。

(六) 推进全过程预算绩效管理

实施预算绩效管理是现代预算制度改革的根本目标。绩效管理的探索和试点始于21世纪初。党的十六届三中全会明确提出建立财政资金绩效评价体系。自2003年起财政部陆续印发《中央级行政经费项目支出绩效考评管理办法（试行）》等多项规章。2013年，财政部出台了"预算绩效评价共性指标体系框架"，标志着我国预算绩效管理制度的进一步完善。新《预算法》突出了"绩效原则""绩效评价结果""绩效目标管理"等内容。为了进一步贯彻新《预算法》，加强预算绩效管理，财政部发布了《财政部关于贯彻实施修改后的预算法的通知》。2014年，国务院办公厅发布《关于进一步做好盘活财政存量资金工作的通知》。这是国务院首次全面部署盘活财政存量资金，标志着财政存量资金管理改革进入实质性操作阶段。在过去十多年开展财政资金绩效评价的基础上，各级财政部门加快建立健全预算绩效管理机制，全面推进预算绩效管理工作，强化支出责任和绩效意识，加强绩效评价结果应用，将评价结果作为编制年度预算草案、调整支出结构、完善财政政策和科学安排预算的重要依据。2018年9月，《中共中央国务院关于全面实施预算绩效管理的意见》颁布，明确了全面实施预算绩效管理的指导思想和基本原则，为构建和完善全方位、全过程、全覆盖的预算管理体系指明了发展方向，预算绩效管理改革进入新的更高的发展阶段。

第三节　推进事权与支出责任划分改革

事权与支出责任划分改革早在1993年已被提出，但受当时条件限制，最终未能推行。对于事权与支出责任划分改革的思考，却并没有停止，从"事权和财权相一致"，到"事权和财力相一致"，再到"事权和支出责任相匹配"，事权与支出责任划分改革正式启动。

一、财权与事权相匹配

1993 年,党的十四届三中全会通过的《中共中央关于建立社会主义市场经济体制若干问题的决定》第一次提出"事权"的概念,提出"把现行地方财政包干制改为在合理划分中央与地方事权基础上的分税制",并提出分税制要坚持"财权与事权相匹配"的原则。时任财政部部长刘仲藜在 1994 年接受采访时曾谈论起这一问题:

"按照中央和地方政府的事权,划分各级财政的支出范围。中央财政主要承担国家安全、外交和中央国家机关运转所需经费,调整国民经济结构,协调区域经济发展,实施宏观调控等方面的政策性支出以及由中央直接管理的事业发展支出。具体包括:中央统管的基本建设投资,中央直属企业的技术改造和新产品试制经费,地质勘探费,支农支出,国防费,武警经费,外交和援外支出,中央级行政管理费,以及应由中央负担的公检法支出和文化、教育、卫生、科学等项事业费。地方财政主要承担本地区政权机关运转以及经济事业发展所需的支出,具体包括地方统筹的基本建设投资,地方企业的技术改造和新产品试制经费,支农支出,城市维护和建设费,地方文化、教育、卫生、科学等各项事业费和行政管理费,公检法支出,民兵事业费,价格补贴支出以及其他支出。

中央和地方收入划分方面,按照税制改革后的税种设置,将与维护国家权益和实施宏观调控所必需的税种列为中央税;将与地方经济和社会事业发展关系密切、适宜地方征管的税种划为地方税;将与经济发展直接相关的主要税种划为中央与地方共享税。据此原则划分,属于中央的固定收入包括:消费税,关税,海关代征消费税和增值税,中央企业所得税,铁道、银行、保险等部门交纳的收入(包括营业税、所得税和利润)。属于地方的固定收入包括:营业税(不含银行、铁道、保险总公司交纳的部分),地方企业所得税(其中地方金融企业所得税上交中央),城镇土地使用税,个人所得税,固定资产投资方向调节税,城市维护建设税,房产税,车船使用牌照税,印花税,屠宰税,农牧业税,耕地占用税,契税,遗产税和赠与税、房地产交易增值税,国有土地有偿出让收入等。今后,根据地方经济发展和税源变化情况,还将不断充实地方税税种,使地方税收入稳定增长。中央与地方共享收入包括:增值税、资源税、证券交易税。增值税中央分享75%,地方分享25%;资源税可按不同的资源品种划分,大部分资源税作为地方收入,个别品种如海洋石油资源税等列作中央收入;对新开征的证券交易税,因中央只在少数城市设立证券交易所,中央地方拟五五分享。"①

不同于刘仲藜的表述,财权与事权相结合还有另一种理解,即中央和地方按照各自所承担的事权自行保证履职财力,从而不顾税种的事权属性,任意划分税种收入归属。为防止这种认识偏差,后来提出了财力与事权相适应,从而适应了地方合理取得共享收入和专属收入外,通过上级财政补助满足财力的制度安排。

二、事权与支出责任相适应

党的十八届三中全会通过的《中共中央关于全面深化改革若干重大问题的决定》指出:"适度加强中央事权和支出责任,国防、外交、国家安全,关系全国统一市场规则和管理等作为中央事权;部分社会保障、跨区域重大项目建设维护等作为中央和地方共同事权,逐步理顺事权关系;区域性公共服务作为地方事权。中央和地方按照事权划分相应承担和分担支出责任。中央可通过安排转移支付将部分事权支出责任委托地方承担。对于跨区域且对其他地区影响较大的公共服务,中央通过转移支付承担一部分地方事权支出责任。""保持现有中央和地方财力格局总体稳定,结合税制改革,考虑税制属性,进一步理顺中央和地方收入划分。"党的十九大报告进一步提出,"要建立权责清晰、财力协调、区域均衡的中央和地方财政关系",不仅将完善中央和地方财政关系提升为加快建立现代财政制度的首要任务,而且在改革目标方面确定了更为清晰、具体的要求;央地关系在财税体制改革中居于"牵一发而动全身"的核心地位,

---

① 刘荣荣、李庆华:《加快财税改革,促进国民经济持续快速健康发展——访财政部部长刘仲藜》,《党校论坛》1994年第1期。

也体现了党中央对此问题的高度重视和敢于啃硬骨头的坚定信心。

财政事权实际反映中央、地方政府职能,具有高阶属性,不是纯粹的财政问题,而是复杂的政治问题。党的十八届三中全会规定事权与支出责任相适应,在以前两个提法的基础上,提炼了其中的合理部分,表述更为科学。一是事权划分与税种收入归属彻底分开,从而使中央和地方分税打开了按税种属性划分的依据。二是进一步明确支出责任的意义。谁的事权由谁承担支出责任,共同事权共担支出责任。三是明确了中央具有跨区域调节的责任,基本公共服务在地域之间均等化,要素自由流动的市场经济环境下,跨域衔接公共服务,是中央专属事权。中央开展财政转移支付工作和跨域行政协调是必需的。

进一步理顺中央和地方收入划分,主要是在保持中央和地方收入格局大体不变的前提下,合理调整中央和地方收入划分、遵循公平、便利、效率等原则,考虑税种属性和功能,将收入波动较大、具有较强再分配作用、税基分布不均衡、税基流动性较大的税种划为中央税,或中央分成比例多一些;将地方掌握信息比较充分、对本地资源配置影响较大、税基相对稳定的税种,划为地方税,或地方分成比例多一些。收入划分调整后,地方形成的财力缺口由中央财政通过转移支付方式解决。当然,地方税种缺失,不得不用过分的分享税种收入替代,如增值税大比例分享。但这是不得已而为之的,而这个问题要靠加快税制改革来解决。

此外,合理划分各级政府间事权与支出责任,要充分考虑公共事项的受益范围,信息复杂性和不对称性以及地方的自主性、积极性。根据上述原则,将国防、外交、国家安全、关系全国统一市场规则和管理的事项集中到中央,减少委托事务,通过统一管理,提高全国公共服务水平和效率;将区域性公共服务明确为地方事权;明确中央和地方的支出责任。中央可运用转移支付机制将部分事权的支出责任委托地方承担。按照党中央、国务院决策部署,积极开展国际比较研究,认真梳理成熟市场经济国家政府间事权和支出责任划分情况,组织有关部门就部门领域事权和支出责任划分进行研究,提出初步思路。

2016 年 8 月,国务院发布《关于推进中央与地方财政事权和支出责任划分改革的指导意见》,明确了改革的总体要求,提出划分中央与地方事权和支出责任的原则和主要内容。该指导意见是国务院第一次比较系统地提出从事权和支出责任划分,即政府公共权力纵向配置角度推进财政体制改革的重要文件,是当前和今后一个时期科学、合理、规范划分各级政府提供基本公共服务职责的综合性、指导性和纲领性文件。根据指导意见要求,推进外交、教育、医疗卫生等分领域财政事权和支出责任划分改革。2018 年,国务院发布了《基本公共服务领域中央与地方共同财政事权和支出责任划分改革方案》,对基本公共服务领域中央与地方共同财政事权和支出责任划分改革进行了部署,中央财政事权由中央承担支出责任,地方财政事权由地方承担支出责任,中央与地方共同财政事权分情况划分支出责任。

事权与支出责任划分改革是一项基础性、系统性工程,涉及各个部门、各个领域,有大量的具体事务需要协调处理,未来仍需要进一步攻坚克难,以实体化、法制化、高阶化为重点着力推进这项改革取得全面进步。

第十五章　人本财政：

顺应社会主要矛盾转化的民生探索

"我们的人民热爱生活，期盼有更好的教育、更稳定的工作、更满意的收入、更可靠的社会保障、更高水平的医疗卫生服务、更舒适的居住条件、更优美的环境，期盼孩子们能成长得更好、工作得更好、生活得更好。人民对美好生活的向往，就是我们的奋斗目标。"[①]2012 年 11 月 16 日，习近平总书记在十八届中央政治局常委同中外记者见面时的这段讲话，朴实亲切、饱含深情，温暖了亿万人民的心。正确处理国家与社会的关系，有效保障人民群众的各项权益，财政必须始终坚持以人为本，把人民对美好生活的向往作为奋斗目标，提高保障和改善民生水平，发展成果更多更公平惠及全体人民，把实现全体人民共同富裕摆在更加重要位置上，最为广泛有效地调动全社会积极性、能动性，通过 14 亿多人共同努力，一起迈入现代化。

第一节　新时代社会主要矛盾的转化

民生是一个古老的概念，从字面上讲，是指人民的生活生计问题，包括衣、食、住、行、用，生、老、病、死等方面。在我国，改善民生一定要通过个人努力来实现，用习近平总书记的话讲，"幸福都是奋斗出来的"，通过个人和政府等多方面的合力，不断增强人民群众的获得感、幸福感、安全感。

---

① 中共中央文献研究室编：《十八大以来重要文献选编》上，中央文献出版社 2014 年版，第 70 页。

一、迈向共享共富

改革开放以来,我国的民生经历了生存、发展、共富三个不同水平的阶段。在生存阶段,吃住穿用构成了民生的主要内容;随着经济增长和发展水平的提高,高素质教育、高端医疗和丰富的文化生活等成为民生的重要内容;党的十八大之后,民主、法治、公平、正义、安全、环境等更广泛的民生要求日益增长。

2013 年 11 月 9 日至 12 日,在党的十八届三中全会上,习近平总书记指出,要"紧紧围绕更好保障和改善民生、促进社会公平正义深化社会体制改革,改革收入分配制度,促进共同富裕,推进社会领域制度创新,推进基本公共服务均等化,加快形成科学有效的社会治理体制,确保社会既充满活力又和谐有序"。[①]

2015 年 10 月 26 日,党的十八届五中全会提出创新、协调、绿色、开放、共享的发展理念,并确保到 2020 年全面建成小康社会。全会提出,坚持共享发展,必须坚持发展为了人民,发展依靠人民,发展成果由人民共享,作出更有效的制度安排,使全体人民在共建共享发展中有更多获得感,增强发展动力,增进人民团结,朝着共同富裕方向稳步前进。

2017 年 10 月 18 日,党的十九大庄严宣告"中国特色社会主义进入新时代","我国社会主要矛盾已经转化为人民日益增长的美好生活需要和不平衡不充分的发展之间的矛盾"。[②] 在继续推动发展的基础上,着力解决好发展不平衡不充分问题,大力提升发展质量和效益,更好满足人民在经济、政治、文化、社会、生态等方面日益增长的需要,更好推动人的全面发展、社会全面进步,成为新时代的中心任务。不平衡是发展的"水平"问题,不充分是发展的"品质"问题,两者都是在发展的差异性背景下产生的。经济发展重在效率,社会发展重在公平,坚持在发展中保障和改

---

① 中共中央文献研究室编:《十八大以来重要文献选编》上,中央文献出版社 2014 年版,第 513 页。

② 习近平:《决胜全面建成小康社会 夺取新时代中国特色社会主义伟大胜利——在中国共产党第十九次全国代表大会上的报告》,人民出版社 2017 年版,第 11 页。

善民生,充分体现了效率和公平的结合,体现了共建共享的发展理念,是化解不平衡不充分进而实现共享发展的重要保障。

习近平总书记在党的十九大报告中将民生的重要性提升到一个新的高度,把民生作为一个发展性的工作要求。报告从七个方面专门阐释民生问题,包括优先发展教育事业,提高就业质量和人民收入水平,加强社会保障体系建设,坚决打赢脱贫攻坚战,实施健康中国战略,打造共建共治共享的社会治理格局,有效维护国家安全。

进入新发展阶段,以习近平同志为核心的党中央坚持通过推动高质量发展、通过共同艰苦奋斗促进共同富裕,我国向着共享共富更高的层次上迈进。民生进步不仅体现在人民群众享受的教育、卫生、社会保障等公共服务水平稳步提升,还要让人民更广泛地参与,提升人民的满足感和获得感,在幼有所育、学有所教、劳有所得、病有所医、老有所养、住有所居、弱有所扶上不断取得新进展。

二、以人为本的财政

党的十八大之后,为适应我国经济社会良性循环发展,开始着手建立现代财政制度体系,以共享经济发展成果、实现共同富裕为特征的人本财政逐步成型。人本财政关注人的全面发展,财政是为人的全面发展服务的。物质发展不是目的,实现人的全面发展才是根本。始终把人民利益摆在至高无上的地位,让改革发展成果更多更公平惠及全体人民,朝着实现全体人民共同富裕不断迈进,是中国共产党始终不渝的奋斗目标。

"民为邦本,本固邦宁"。民生一直是我们党促进人的全面发展的出发点和落脚点。党的十八大以来,党中央始终注重民生、保障民生,奋力铸就大国民生改善新篇章。与党的十八大之前相比,民生工作发生了多方面的重大改变。

一是理念更加自觉,将民生建设与全面建成小康社会、实现中华民族伟大复兴的中国梦有机统一起来;二是目标更加明确,把我们党的奋斗目标与人民对美好生活的向往有机统一起来;三是思路更加清晰,更有针对性,也更加务实,一再强调要托"底"、保"底",要突出"重点";四是更加注重制度建设,强调建立和完善保障民生的体制机制;五是更加注重社会公平正义,正确处理市场与效率、发展与分配的关系;六是民生财政支出规模和支出覆盖面都在不断扩大,我国民生事业各个领域都取得了重大成就。2016 年 11 月,国际社会保障协会(ISA)在第 32 届全球大会期间,将"社会保障杰出成就奖"(2014—2016 年)授予中国政府,以表彰我国近年来在扩大社会保障覆盖面工作中取得的卓越成就。[①]

实践表明,我国的民生不同于西方国家的福利,我们国家的民生强调"托底"和"抓重点"的概念,这也符合现阶段我国经济发展和财政工作的基本国情,托底是解决有无的问题,首先致力于建设基本全覆盖的较低水平的保障体系,保障基本民生,通过抓重点人群、重点地域、重点领域的民生问题,确保人人能享受到国家发展的福利,然后再随着国家经济发展和人民群众的现实需要,稳步提高保障水平,同时避免了拉美式的"福利赶超"。

从内容上看,我国的民生不仅是满足人民最基本的"衣食住行",而且要满足人民美好生活的方方面面的需求,高度强调人的全面自由发展。从经济学角度去理解,民生的载体是消费,改善民生就是要提升民众的消费能力,实现公共服务的供给与消费能力的匹配,改善民生同时也是缩小民众消费能力的差距,控制人民在消费过程中的风险。从社会学来看,民生所依托的消费实际上是人的发展,是社会成员素质、能力提升的过程。这不仅涉及物质产品的消费,同时还包含培养人的技能、提高人的文化素质、实现人的生产和再生产,体现的是人的全面发展过程。因此,在财政工作中树立"以人为本"的中心思想,明确民生财政的人本主义,是要促进人的生产和再生产,进而实现人的全面自由发展,确保人民能够通过自身的努力实现幸福生活,共享国家经济发展成果,就一定能够实现共同富裕。

历史的经验一再证明,物质财富的发展并不一定给人民群众带来同

---

① 罗平汉:《治国理政这五年:十八大以来中国新巨变》,人民出版社 2017 年版,第111 页。

样高度的幸福感。无论是经济增长,抑或社会发展,都要坚持以人民为中心。发展要依靠人民,也是为了人民。体现在财政上,是取之于民,用之于民。同时,还要摆脱福利陷阱,避免养懒人,消除各种社会公共风险,在统筹协调的基础上,最终实现共享共富,促进人的全面发展。

第二节　保障和改善民生

把民生理念真正贯彻落实在财政工作中,不仅要有硬性的指标,如教育、公共卫生、环保等典型的民生支出,还要跟上人民日益增长的美好生活需要,把财政对民生事业的扶持真正落实到人的发展和再生产上。

一、支持精准扶贫

自改革开放至党的十八大,我国减贫事业取得了重大成就,贫困人口大幅减少,但剩下的都是"硬骨头"。2013 年,习近平总书记在湖南省调研时,针对进一步的扶贫工作思路,首次提出"精准扶贫"的重要思想。2015 年,在部分省(自治区、直辖市)扶贫攻坚与"十三五"时期经济社会发展座谈会上,习近平总书记再次指出"我国扶贫开发工作已进入啃硬骨头、攻坚拔寨的冲刺期"。党的十九大报告也重申"要坚决打好防范化解重大风险、精准脱贫、污染防治的攻坚战"。为了打赢精准脱贫攻坚战,在支持扶贫方面,财政不断加大投入力度。

扶贫资金方面,中央财政进一步增加对深度贫困地区专项扶贫资金、教育医疗保障等转移支付,加大重点生态功能区转移支付、农村危房改造补助资金、中央财政投资、车购税收入补助地方资金、县级基本财力保障机制奖补资金等对深度贫困地区的倾斜力度,增加安排深度贫困地区一般债券限额。2013—2016 年,中央财政累计安排补助地方财政专项扶贫资金 1925.93 亿元,年均增长 20.32%,2017 年中央财政安排补助地方专项扶贫资金 860.95 亿元,比 2016 年增加 200 亿元,增长 30.3%,2018 年进一步增加到 1060.95 亿元,并逐步构建了针对贫困地区和贫困人口的财政综合扶贫政策体系。

涉农资金方面,开展贫困县财政涉农资金整合试点。会同国务院扶贫办等有关部门,认真落实《关于支持贫困县开展统筹整合使用财政涉农资金试点的意见》,支持贫困县涉农资金整合试点,将项目资金审批权限完全下放到县,由贫困县根据本地脱贫攻坚规划,统筹整合使用涉农资金。支持贫困县整合财政涉农资金发展特色产业。鼓励地方从实际出发利用扶贫资金发展短期难见效、未来能够持续发挥效益的产业。规范和推动资产收益扶贫工作,确保贫困户获得稳定收益。将产业扶贫纳入贫困县扶贫成效考核和党政"一把手"离任审计,引导各地发展长期稳定的脱贫产业项目。

资产收益扶贫方面,创新机制探索资产收益扶贫。支持地方积极探索资产收益扶贫,将财政支持产业发展等方面的涉农投入所形成的资产,折股量化给贫困村、贫困户,在推动产业发展和帮助贫困群众增收方面取得了积极成效。完善制度建设和风险管控,规范、健康、有序推进资产收益扶贫工作。

易地扶贫搬迁方面,明确各省可调整用于支持易地扶贫搬迁的债务规模。对省级投融资主体承接的易地扶贫搬迁贷款,中央财政给予90%的贴息。此外,明确地方政府可统筹财力,用好用活城乡建设用地增减挂钩政策,通过政府购买服务的形式,支持省级投融资主体偿还易地扶贫搬迁的贷款本息。

2020年12月29日至30日,全国扶贫开发工作会议在北京召开。经过各方面的共同努力,我国5575万农村贫困人口实现脱贫,960多万建档立卡贫困人口通过易地搬迁摆脱了"一方水土难养一方人"的困境,区域性整体贫困得到解决,完成了消除绝对贫困的艰巨任务。[①] 在这一次波澜壮阔的脱贫攻坚实践中,各地各部门始终坚持理论武装、目标标准、精准方略、问题导向、改革创新、加大投入、合力攻坚、较真碰硬、防范风险,脱贫攻坚取得举世瞩目的伟大成就,充分彰显了党的领导和社会主

---

① 李克强:《政府工作报告——2021年3月5日在第十三届全国人民代表大会第四次会议上》,人民出版社2021年版,第9页。

制度的政治优势，充分证明社会主义是干出来的，幸福生活是奋斗出来的。

二、建立全民医保体系

为支持国家医疗保障事业建设，从 2012 年至 2017 年，城乡居民基本医保财政补贴标准从每人每年 240 元增加至 450 元，职工医保和城乡居民医保政策范围内报销比例分别达到 80% 以上和 75% 左右。[①] 城乡居民大病保险参保人员实现全覆盖。对城乡参保居民因患大病发生的经基本医疗保险补偿后需个人负担的合规高额医疗费用给予不低于 50% 的进一步补偿，患者的医药费用实际报销比例在基本医保报销比例的基础上再提高 10—15 个百分点。截至 2017 年年末，全国基本医疗保险已覆盖 13 亿多人，基本实现全民医保。[②]

在医疗服务方面，推行公立医院综合改革，破除运行六十多年的"以药补医"机制。支持医联体建设和家庭医生签约服务，推动医疗卫生工作重心下移、医疗卫生资源下沉，支持基层医疗卫生机构和村卫生室实施基本药物制度，推动各地加快基本药物采购配送、使用监管等方面改革。2018 年年末每千人医疗卫生机构床位数达 6.03 张，比 2012 年增加 1.79 张。在公共卫生服务体系建设方面，基本公共卫生服务年人均财政补助标准从 2012 年的 25 元提高到 2018 年的 55 元，服务项目扩大到 12 类，均等化水平进一步提高。[③]

2021 年，居民医保和基本公共卫生服务经费人均财政补助标准分别再增加 30 元和 5 元，推动基本医保省级统筹、门诊费用跨省直接结算。建立健全门诊共济保障机制，逐步将门诊费用纳入统筹基金报销，完善短缺药品保供稳价机制，采取把更多慢性病、常见病药品和高值医用耗材纳

---

① 人民出版社编写组：《十八大以来新发展新成就》（上），人民出版社 2017 年版，第 172 页。

② 《人社部：基本医疗保险覆盖 13 亿多人　基本实现全民医保》，2018 年 2 月 26 日，http://finance.people.com.cn/n1/2018/0226/c1004-29835400.html。

③ 人民出版社编写组：《十八大以来新发展新成就》（上），人民出版社 2017 年版，第 173 页。

入集中带量采购等办法,进一步明显降低患者医药负担。①

党的十八大以来,我国医疗保障、公共卫生、疾病预防控制、医疗卫生服务能力得到逐步提高,生育服务管理和中医药等工作得到加强,监督水平不断提高,城乡居民健康水平显著提高。

三、完善社会保障和就业

养老保障标准方面,企业退休人员月人均基本养老金从 2012 年的 1721 元增加到 2016 年的 2400 元左右。2019 年 3 月 20 日,财政部发布的《关于 2019 年调整退休人员基本养老金的通知》规定,退休人员月人均基本养老金上调 5% 左右,再一次提高基本养老金;城乡居民基础养老金最低标准从 2012 年的每人每月 55 元提高到 2018 年 1 月 1 日的 88 元。

养老保障制度方面,推动新型农村社会养老保险和城镇居民社会养老保险两项制度合并实施,合为统一的城乡居民基本养老保险制度。全面实施机关事业单位养老保险制度改革并同步建立职业年金制度,实现了与企业职工基本养老保险统一的制度模式。明确城镇职工养老保险与城乡居民养老保险之间、机关事业单位养老保险与企业职工养老保险之间的转移接续政策。全面建立经济困难高龄、失能老人补贴制度,探索推进长期护理保险试点。支持首批 26 个城市开展居家和社区养老服务改革试点,探索形成一批符合地方实际、可供复制推广的模式,弥补养老服务业发展"短板"。

促进就业创业方面,出台求职创业补贴、高校毕业生灵活就业社会保险补贴、就业创业服务补助等扶持政策,探索开展新型学徒制、一次性创业补贴等试点,允许有条件的地方通过财政出资引导社会资本投入设立高校毕业生就业创业基金。实施支持和促进重点群体就业创业的税收政策,企业安置残疾人员就业实际支付的工资,可按 100% 在税前加计扣除。出台失业保险稳定岗位补贴政策和失业保险职业技能提升补贴政

---

① 李克强:《政府工作报告——2021 年 3 月 5 日在第十三届全国人民代表大会第四次会议上》,人民出版社 2021 年版,第 33 页。

策。新冠肺炎疫情暴发以后，各地加大稳岗扩岗激励力度，多渠道做好重点群体就业工作，支持大众创业万众创新带动就业。作为最大发展中国家，在巨大冲击下能够保持就业大局稳定，尤为难能可贵。

社会救助和优抚安置方面，构建起以最低生活保障、特困人员救助供养、受灾人员救助、医疗救助、教育救助、住房救助、就业救助和临时救助等制度为主体，社会力量参与为补充的"8+1"社会救助制度体系框架。完善救灾补助政策，提高中央财政补助标准。建立优抚对象等抚恤和生活补助标准正常调整机制，保障抚恤优待对象生活不低于当地平均生活水平。

四、推动教育均衡化发展

财政教育投入方面，2017 年全国教育经费总投入 42562.01 亿元，是 2012 年 27695.97 亿元的 1.54 倍，年均增长 9%。国家财政性教育经费占 GDP 比重达到 4.14%，自 2012 年以来连续 5 年保持在 4% 以上，教育支出占一般公共预算支出比重达到 14.71%，为一般公共预算第一大支出。①

为促进学前教育发展，实施两期学前教育三年行动计划，支持各地坚持公办民办并举、多种形式扩大普惠性学前教育资源，建立完善幼儿资助制度，加强幼师队伍建设。2014 年全国学前三年毛入园率达到 70.5%，提前 6 年实现《国家中长期教育改革和发展规划纲要（2010—2020 年）》确定的 2020 年达到 70% 的普及目标。②

为促进义务教育均衡发展，从 2016 年春季学期起统一城乡义务教育学校生均公用经费基准定额，达到中西部地区小学 600 元、初中 800 元、东部地区小学 650 元、初中 850 元的水平；从 2017 年春季学期起统一城乡义务教育学生"两免一补"政策，全国约 1400 万名进城务工人员随迁

① 《教育部 国家统计局 财政部关于 2017 年全国教育经费执行情况统计公告》，2018 年 9 月 30 日，http://www.gov.cn/xinwen/2018-10/15/content_5330909.htm。

② 教育部：《2017 年全国教育事业发展统计公报》，http://www.moe.gov.cn/jyb_sjzl/sjzl_fztjgb/201807/t20180719_343508.html。

子女实现相关教育经费可携带。实施农村义务教育阶段学校教师特设岗位计划、中小学教师国家级培训计划,以及边远地区、边疆民族地区和革命老区人才支持计划教师专项计划等重大项目,加强乡村教师队伍建设,努力改善中小学教师待遇。2017年我国义务教育巩固率达到93.8%,超过高收入国家平均水平,全国已有1800多个县(市、区)通过了义务教育发展基本均衡县评估认定。

为加快发展现代职业教育,加大财政投入,将财政用于职业教育的经费,列入年度财政预算,支持职业院校更新实习设备,改善办学条件;支持实施现代职业教育质量提升计划,推动建立完善以促进改革和提高绩效为导向的高等职业院校生均拨款制度,引导高等职业院校深化办学机制和教育教学改革;通过奖励性补助等形式,对数控技术、汽车维修、电工电子、建筑等市场急需的实训基地进行支持;建立职业院校贫困家庭学生助学制度,将高职院校贫困学生资助纳入国家助学贷款政策范围,与普通高校贫困学生一视同仁。

高等教育改革发展方面,构建科学规范、公平公正,导向清晰、讲求绩效的中央高校预算拨款制度,促进中央高校提高质量、优化结构、办出特色。中央财政对中央和地方高校采取分级支持方式,统筹推进世界一流大学和一流学科建设。整合设立支持地方高校改革发展资金,推动改革完善地方高校预算拨款制度,逐步提高生均拨款水平,促进区域间高等教育协调发展。全国高等教育毛入学率显著提高,2017年达到45.7%,比2012年提高了15.7%。[①]

学生资助政策方面,我国已建立从学前教育到研究生教育各阶段全覆盖的家庭经济困难学生资助政策体系,资助方式包括国家奖助学金、国家助学贷款、学费补偿贷款代偿、勤工助学、困难补助、学费减免等,每年惠及9100多万人次,从制度上保证了不让一个学生因家庭经济困难而失学。2015年春季学期起,将中等职业教育一、二年级涉农专业学生和非

---

① 教育部:《2017年全国教育事业发展统计公报》,http://www.moe.gov.cn/jyb_sjzl/sjzl_fztjgb/201807/t20180719_343508.html。

涉农专业学生实现各级各类高等教育阶段学生无缝衔接，执行不留死角，资助精准发力。

在"十四五"时期，我国将大力推动教育高质量发展，进一步建设高素质专业化教师队伍，深化教育改革，实施教育提质扩容工程，劳动年龄人口平均受教育年限提高到11.3年。[①]

五、促进劳动力自由流动

为鼓励人口、劳动力自由流动，政府预算将中央财政的义务教育资源和农民进城流动相挂钩，以鼓励农民进城就业。从2012年至2017年，我国常住人口城镇化率从52.6%提高至58.5%，8000多万农业转移人口成为城镇居民。[②]

在城镇化建设方面，稳步推进城镇基本公共服务常住人口全覆盖，把进城落户农民纳入城镇住房和社会保障体系，在农村参加的养老保险和医疗保险规范接入城镇社保体系，建立财政转移支付同农业转移人口市民化挂钩机制。

在支持农业转移人口市民化方面，将农业转移人口及其他常住人口随迁子女义务教育纳入公共财政保障范围，落实中等职业教育免学杂费和普惠性学前教育的政策；加快落实医疗保险关系转移接续办法和异地就医结算办法；加快实施统一规范的城乡社会保障制度；支持进城落户农业转移人口中的失业人员进行失业登记，并享受职业指导、介绍、培训及技能鉴定等公共就业服务和扶持政策；在根据户籍人口测算分配均衡性转移支付的基础上，向持有居住证人口提供基本公共服务的支出需求；县级基本财力保障机制考虑持有居住证人口因素；加大对农业转移人口市民化的财政支持力度并建立动态调整机制。

2012年，我国常住人口城镇化率是52.6%。到2017年，该指标提高

---

① 李克强：《政府工作报告——2021年3月5日在第十三届全国人民代表大会第四次会议上》，人民出版社2021年版，第14页。

② 李克强：《政府工作报告——2018年3月5日在第十三届全国人民代表大会第一次会议上》，人民出版社2018年版，第2页。

到 58.5%,8000 多万农业转移人口成为城镇居民。2018 年,又有近 1400 万农业转移人口在城镇落户,新型城镇化扎实推进,取得长足进步。在"十四五"时期,我国将继续深入推进以人为核心的新型城镇化战略,加快农业转移人口市民化,常住人口城镇化率提高到 65%。①

六、加强基本住房保障

自住房市场化改革以来,我国居民住房条件得到了很大改善,但房价也开始节节攀升,出现"住房难"等问题。在保障人民基本住房需求方面,建立市场配置和政府保障相结合的住房制度,加强保障性住房建设和管理。党的十九大进一步提出"坚持房子是用来住的、不是用来炒的定位,加快建立多主体供给、多渠道保障、租购并举的住房制度,让全体人民住有所居"。②

在推进城镇保障性安居工程建设方面,相应财政支出从 2012 年的 4319.49 亿元增加至 2017 年的 7841.88 亿元。③ 将城市和国有工矿棚户区改造的税收优惠范围扩大到国有林区、垦区棚户区改造,将廉租住房统一纳入公共租赁住房管理,将 300 多万户城镇住房困难家庭纳入租赁补贴享受范围。

在支持农村危房改造方面,中央财政单独安排国家确定的集中连片特殊困难地区县和国家扶贫开发工作重点县等贫困地区危房改造任务,对每户增加 1000 元补助。为贯彻精准扶贫要求,2017 年中央财政进一步调整支持方向,将补助资金全部用于低保户、农村分散供养特困人员、贫困残疾人家庭和建档立卡贫困户 4 类重点对象的危房改造,户均补助标准大幅提高至约 1.4 万元。支持地震设防地区结合危房改造统筹实施农房抗震改造,制定贷款贴息等支持政策。

---

① 李克强:《政府工作报告——2021 年 3 月 5 日在第十三届全国人民代表大会第四次会议上》,人民出版社 2021 年版,第 12 页。
② 习近平:《决胜全面建成小康社会 夺取新时代中国特色社会主义伟大胜利——在中国共产党第十九次全国代表大会上的报告》,人民出版社 2017 年版,第 47 页。
③ 审计署:《2017 年保障性安居工程跟踪审计结果》,http://www.audit.gov.cn/n9/n1580/n1583/c123563/content.html。

从 2012 年至 2017 年，中央财政支持完成农村危房改造任务 1278 万户，2017 年完成 4 类重点对象危房改造任务 190.6 万户。① 6000 多万棚户区居民出棚进楼。同时公租房保障能力显著提升，1900 多万住房困难的群众住进了公租房，城镇中低收入家庭的住房条件明显改善，城镇低保、低收入家庭基本上实现了应保尽保。

在"十四五"时期，继续坚持房子是用来住的、不是用来炒的定位，稳地价、稳房价、稳预期，努力保障好群众住房需求。解决好大城市住房突出问题，通过增加土地供应、安排专项资金、集中建设等办法，切实增加保障性租赁住房和共有产权住房供给，规范发展长租房市场，降低租赁住房税费负担，尽最大力量帮助新市民、青年人等缓解住房困难。

七、支持生态环境建设

改革开放以来，我国经济增长取得举世瞩目的成就，但是粗放的经济发展方式对生态环境造成很大破坏。党的十八届五中全会将绿色发展上升到"五大发展理念"的高度，生态文明建设成为关系中华民族永续发展的根本大计。财政为支持生态环境建设作出了积极努力，取得了显著成效。

生态保护及环境整治方面，持续加大国家重点生态功能区转移支付力度，逐步将限制开发区和禁止开发区全部纳入支持范围。设立安排大气、水、土壤污染防治专项资金，实施退耕还林还草、天然林保护全覆盖、草原生态保护补助奖励等政策。以产业低碳化、交通清洁化、建筑绿色化、现代服务业集约化、主要污染物减量化、可再生能源利用规模化"六化"为目标，分 3 批选择 30 个城市深入推进节能减排财政政策综合示范。启动实施中央财政支持北方地区冬季清洁取暖试点，开展建立国家公园体制试点、山水林田湖生态保护修复工程试点，以及蓝色海湾整治行动。制度建设方面，推动建立流域横向生态补偿机制，扩大跨省流域上

---

① 人民出版社编写组编：《十八大以来新发展新成就》（上），人民出版社 2017 年版，第 174 页。

下游横向生态保护补偿试点范围,推动建立排污权有偿使用和交易机制。

倡导绿色生活方式方面,建立覆盖新能源汽车消费、运营、基础设施建设研发等全方位的财政补贴体系。推动可再生能源发电政策改革,支持农村水电增效扩容改造,提高煤层气补助标准,落实页岩气、燃料乙醇补贴政策。制定发布节能、环保产品政府采购清单,对清单内产品实施优先采购和强制采购,节能环保产品政府采购规模占同类产品政府采购规模的比例达到70%以上。从2012年至2017年,单位国内生产总值能耗、水耗均下降20%以上,2018年进一步下降3%,主要污染物排放量持续下降,重点城市重污染天数减少一半,森林面积增加1.63亿亩,沙化土地面积年均缩减近2000平方公里,绿色发展呈现可喜局面。

气候变化是人类面临的全球性问题,随着各国二氧化碳排放,温室气体猛增,对生命系统形成威胁。在这一背景下,世界各国以全球协约的方式减排温室气体,2020年9月,我国在联合国大会上向世界宣布了2030年前实现碳达峰、2060年前实现碳中和的目标。2021年3月11日,第十三届全国人民代表大会第四次会议批准"十四五"规划和2035年远景目标纲要,制订2030年前碳排放达峰行动方案。实现碳达峰、碳中和是一场广泛而深刻的经济社会系统性变革,需要把碳达峰、碳中和纳入生态文明建设整体布局,对加快调整优化产业结构、能源结构以及倡导绿色低碳的生产生活方式具有重大而深远的意义。

总体来看,党的十八大以来,我国民生事业的各个方面都有了较大提升,人民生活逐渐改善,生活水平稳步提高,为进一步深化财税体制改革,建立现代财政制度、推进国家治理体系与治理能力现代化奠定了坚实的民生基础。

第十六章　大国财政：

构建人类命运共同体

伴随我国经济逐步与世界经济深度融合，财政在国际合作方面从跟随和参与逐步发展到主持和引领，为重塑全球治理体系、推动世界经济增长作出重要贡献。适应中国特色社会主义新时代的新形势和新要求，我国财政开始迈向大国财政，在化解国际治理难题、创新全球治理体系、抗击新冠肺炎疫情世界大流行中形成了诸多引领性成果，将人类命运共同体建设推向历史新高度。

第一节　大国财政的初步实践

适应改革开放的需要，我国财政从借鉴国际先进经验在开放中主动适应国际规则。适应经济全球化的需要，我国财政有效解决国际治理的共同难题。适应新时代的新形势和新要求，我国财政开始迈向大国财政。

一、经济全球化要求有效解决国际治理难题

当前，经济全球化逐渐渗透到人类生产生活的方方面面，全方位地强化了世界各国之间的联系，也加强了各国彼此间的依赖度。"地球村"的形成促进了生产、贸易、金融与科技在全球范围内进行更为有效的配置，为我国经济发展提供了重大历史机遇。当然，全球化也加速了风险在全球范围内的扩散和传播，出现了一系列国际治理的共同问题，特别是收入分配恶化、贫困、难民、气候危机及贸易保护等问题得不到解决，威胁各国经济社会的健康发展及全球经济的持续快速增长。

解决国际治理的共同难题,不能单靠某一个国家,而是需要世界各国朝着共同的目标努力。在生产要素层面,需增强各国及全球经济的应变能力,防止经济危机在各国间相互传染;在基础设施建设方面,需各国及全球共同加大基础设施投资力度,降低经济发展成本,改善全世界人民的生活水平;在可持续性融资方面,需要各国及全球协调配合防控债务风险,探索高质量、可持续投融资合作方式,为全球合作发展提供有力支撑。尽管各国政治形态不同,但财政作为"国家治理的基础和重要支柱"的地位和作用是一致的,要充分发挥出财政的治理作用,通过实施科学的财政政策推动国内国际问题的有效解决。

经过改革开放以来的实践,我国从一个低收入国家一步步发展成为中等偏上国家,经济总量排名全球第二,仅次于美国,我国需要为促进世界经济增长、完善全球治理、应对风险挑战作出重要贡献,发挥负责任大国的建设性作用。在积极参与国际治理的过程中,我国面临的困难和挑战也越来越多。如何提高劳动生产率,保持财政可持续性,推动要素有效流动,积极应对"逆全球化",这些困难与挑战,是无法躲避的,我们必须着眼长远、未雨绸缪,义无反顾地推进改革,建立大国财政,主动作为,迎头而上。

二、大国财政的提出与初步实践

党的十八大之后,大国财政的理念在我国被明确提出。大国财政是建立在大国实力基础上的,通过参与全球资源配置,承担全球风险治理责任,实现全球利益分配,进而化解全球公共风险,引领人类文明进程。财政的本质是以国家为主体的分配关系,大国财政的本质是以大国为主体的全球利益分配关系。国家财政的职能是资源配置、收入分配、经济稳定和经济发展,大国财政的职能相应是全球资源配置、全球利益分配、承担全球风险治理责任和化解全球公共风险。[①]

大国之大,不在于人口多或地域广,而在于对世界的影响深或贡献

---

① 刘尚希:《大国财政》,人民出版社 2017 年版,第 31 页。

大。实践表明,历史上的大国,其自身利益往往等于国家利益和国际利益的总和。大国利益通常反映了国际社会的要求,体现了承担国际公共事务的责任,如英国维持了欧洲均势,美国倡议并主导了战后世界政治与经济秩序的重建。因此,大国始终要考虑国际社会的实质需求,并将其体现在自身国家利益的实现中。

党的十八届三中全会之后,财政部为建立大国财政采取了诸多举措。在国内,启动新一轮财税体制改革,推动建立现代财政制度,重点建立全面规范、公开透明的现代预算制度、建立健全有利于科学发展、社会公平、市场统一的税收制度体系,改革中央和地方政府间财政关系等。在国际上,坚持大国财政、统筹内外的理念,推动建设公平公正、包容有序的国际经济秩序,进一步利用双边、多边和区域机制参与国际财经事务,推动全球治理体系改革,支持"走出去"战略实施,努力维护国家利益。

第二节　参与全球治理的引领性成果

2012年11月,习近平总书记在党的十八大报告中指出:坚持义务和权利相平衡,积极参与全球经济治理,遵循深化合作和互利共赢的基本理念。我国面临的问题,不是要不要对外开放,而是如何提高对外开放的质量和发展的内外联动性,发展更高层次的开放型经济,以扩大开放带动创新、推动改革、促进发展。在国际财经合作领域,需要努力提升我国在国际财经事务中的话语权和规则制定权,维护和增进国家利益。实践中,除了吸收国际经验,适应国际规则,积极参与国际合作之外,我国还创造出许多引领性成果,为世界提供了中国方案、中国智慧。

一、亚投行重塑全球金融治理

2013年10月,习近平主席在出访印度尼西亚时提出筹建亚洲基础设施投资银行(以下简称亚投行)的倡议。亚投行的设立对于不同发展阶段的国家来说是多赢选择,在不同层面上均有其成立的现实需要。

从全球层面看,亚投行设立的主要背景是传统国际多边开发机构功能弱化,主要西方大国不愿承担应负的全球责任。在现有国际金融机构中,新兴国家的话语权和影响力与其经济实力严重不匹配,无法代表广大发展中国家的利益。这些国际金融机构的制度安排和改革方向都从发达国家本身利益出发,无法兼顾发展中国家的经济发展,与人类命运共同体这一全球性的价值观相悖。

从区域层面看,亚投行设立的主要背景是亚洲基础设施落后,基建融资缺口大。当前亚洲新兴经济体的发展势头强劲,亟须加大基础设施建设、推动产业结构升级,促进经济增长和经济发展。同时,当今世界经济状况不容乐观,经济下行压力大,为缓解国际金融危机对亚洲经济发展的冲击,亚洲地区应当动员大量资金大力推进实体经济建设,以规避金融市场风险。而亚投行的建立能够改进和实现基础设施互联互通,对亚洲乃至全球经济发展都有积极的促进作用。

从国家层面看,亚投行设立的主要背景是中国已历史性地走进世界舞台的中央,有能力在国际上充分发挥我国的影响力和号召力,有信心得到域内外国家的积极响应和广泛支持。中方提出筹建亚投行的倡议,有利于支持全球复苏,促进亚洲区域基础设施建设和经济发展,扩大发达国家的投资需求,拉动其经济复苏。

自2013年10月筹建倡议初步提出以来,亚投行以"开放、包容"的姿态,秉持"开放的区域主义"原则,向全世界敞开了大门。此后,经过一年的筹备期,亚投行按照"先域内、后域外"的步骤开展工作,在2014年10月迎来了发展历程中的一个重大里程碑事件——首批22个域内意向创始成员的代表在北京共同签署《筹建亚洲基础设施投资银行备忘录》。亚投行在域内主要面向发展中国家,易于在关键问题上达成一致。新成员的接纳以既有意向创始成员协商一致的多边化原则快速推进。至2015年3月31日,即各方商定的吸收新成员截止日期,亚投行意向创始成员的数量迅速增加到57个,涵盖亚洲、大洋洲、欧洲、拉美、非洲五大洲,具有较为广泛的国际代表性。

继2014年10月《筹建亚洲基础设施投资银行备忘录》签署后,《亚洲基础设施投资银行协定》谈判实质性启动。在各意向创始成员的精诚合作和大力支持下,协定谈判得以高效推进,在半年左右的时间里,各方就亚投行的宗旨、成员资格、股本及投票权、业务运营、治理结构、决策机制等核心要素达成重要共识,形成了高质量的协定文本。2015年6月29日,《亚洲基础设施投资银行协定》签署仪式在北京举行,为亚投行正式成立并及早投入运作奠定了坚实的法律基础。

《亚洲基础设施投资银行协定》规定,银行法定股本为1000亿美元,分为100万股,每股的票面价值为10万美元。域内外成员认缴股本在75∶25范围内参照GDP比重进行分配,并尊重各国的认缴意愿。亚投行的总投票权由股份投票权、基本投票权以及创始成员享有的创始成员投票权组成。每个成员的股份投票权等于其持有的亚投行股份数;基本投票权占总投票权的12%,由全体成员平均分配,每个创始成员同时拥有600票创始成员投票权。按照上述规则计算,中方认缴股本为297.804亿美元,占总认缴股本的30.34%,现阶段为亚投行第一大股东。中国投票权占总投票权的26.06%,也是现阶段投票权占比最高的国家。但是26%的投票权并不意味着中方寻求一票否决权。作为亚投行的发起国,中国凭借26%的投票权为广大发展中国家争取了较大的话语权,提高了新兴经济体的国际影响力,为未来亚投行所涉及的项目运作贡献最大的力量。

《亚洲基础设施投资银行协定》还规定,其在治理结构上不设常驻执董会,追求精简高效的治理模式,这是亚投行与已有多边开发银行的主要差别之一。亚投行由董事会直接监督管理层,职责分工明确,体现出亚投行精简高效的治理运营理念。不设常驻执董会可扭转现有多边开发机构过于臃肿的痼疾,降低亚投行运营成本的同时提升管理效率,从而将亚投行建成一个架构精简、运作高效的机构。

作为国际发展领域的新成员、新伙伴,亚投行正努力寻求一种更高效的投资模式,对项目融资进行考察的过程中,从投资决策到投资执行、再到投资项目评估过程,都会遵循ESG"保障条款"(环境、社会和政府治理)标准。作为一家新成立的多边开发银行,亚投行在治理结构、环境和社会保障政策方面将充分借鉴现有多边开发银行的经验和好的做法,同时也要避免其走过的弯路,不照搬所谓"最佳实践"。相反,亚投行将充分展现本区域各国合作意愿、适应本地区各国发展需要,积极促进区域经济合作,走适合亚洲区域发展的道路,摒弃其中的民粹化条款,寻求更好的政策来为其成员服务。

2016年1月16日,亚投行正式开业,楼继伟被选举为亚投行首届理事会主席,金立群当选亚投行首任行长。中国成为最大股东国,亚投行总部落户北京,首任行长由中国人担任,这为广大发展中国家争取了较大的话语权,既顺应了国际经济格局的发展变化,也彰显了以中国为代表的发展中国家携手推进亚洲区域发展的信心与决心。

在亚投行的快速发展过程中,穆迪、惠誉、标准普尔国际三大信用评级机构先后给予了亚投行AAA的最高信用评级,亚投行的信用评级已与世界银行、欧洲复兴开发银行、亚洲开发银行等处于同一水平,这说明自亚投行成立以来,其业务运营效果和发展前景受到了国际社会的充分肯定。在亚投行运营两周年之时,贷款总额超过42亿美元,初步达成了设定目标。

对于亚投行的筹建和设立,美国政府始终持否定态度,而且要求它的盟国不要加入亚投行,却未能阻止韩国、英国、德国、法国、意大利等国家成为亚投行意向创始成员。在特朗普就任美国总统之后,对于美国未能加入亚投行,美国朝野一致认为美国政府犯了"历史性错误"。

除亚投行之外,我国还参与筹建了金砖国家新开发银行。金砖国家新开发银行自2012年提出,2015年正式开业,总部位于我国上海,成员为中国、巴西、俄罗斯、印度、南非。金砖银行的成立是我国迈向大国财政的又一引领性成果,有助于建立适合新兴市场的危机管控机制,为新兴市场降低风险。

二、二十国集团领导人杭州峰会凝聚结构性改革共识

2008年国际金融危机爆发后,各国在加强金融监管的同时,积极通过扩张的财政和货币政策促进经济增长,发挥出一定的积极作用。然而多年过去了,全球总需求不振、失业问题突出、债务高企、贸易和投资低迷等问题仍未得到根本改善。这些问题虽然与周期性因素和短期下行风险

密切相关,但更深层次原因则源于全球经济的中长期结构性问题。

在美国,面临着投资长期低迷、收入差距扩大等问题;在欧洲,则存在高福利、劳动力市场僵化等问题。因此,促进强劲、可持续、平衡和包容性增长的根本途径是深化结构性改革。经济规律也表明,经济增长主要来自要素投入的增加和全要素生产率的提高。但生产要素总量是有限的,并且受要素投入边际效率递减规律制约。因此,经济增长如果单纯依靠增加要素投入来推动总会遇到"瓶颈",最终仍需依赖全要素生产率的提高。

随着二十国集团对结构性改革的重视程度不断加大,并作出了许多政策努力,取得了明显成效,但改革进展落后于预期,离实现"强劲、可持续、平衡、包容性增长"目标仍有一段距离。2016年,我国担任二十国集团主席国后,把结构性改革作为财金渠道重点议题,得到各方的广泛响应和积极支持。

2016年9月,我国成功举办二十国集团领导人杭州峰会并取得丰硕成果。在筹办过程中,二十国集团财金渠道紧密围绕杭州峰会"构建创新、活力、联动、包容的世界经济"这一主题,共举行了4次二十国集团财长和央行行长会、4次二十国集团财政和央行副手会,以及20多次工作组和研究小组会,就全球经济形势、"强劲、可持续和平衡增长框架"、投资和基础设施、国际金融架构、金融部门改革、国际税收合作、绿色金融、气候资金、反恐融资等议题进行讨论,形成了大量有影响力的成果,为峰会做好了坚实的财金政策准备。通过各方共同努力,二十国集团领导人杭州峰会最终通过了《G20深化结构性改革议程》,具体包括三方面内容:

一是确定了结构性改革的9大优先领域和48条指导原则,并制定了一套衡量结构性改革进展的指标体系。9大优先领域包括促进贸易和投资开放、推动劳动力市场改革及获取教育与技能、鼓励创新、改善基础设施、促进财政改革、促进竞争并改善商业环境、改善并加强金融体系、增强环境可持续性、促进包容性增长等。其中,每个领域下包括4—7项指导原则,为二十国集团各国在各优先领域下制定改革措施提供了参考。指标体系包括了劳动生产率、就业率等在内的12项指标,涵盖了大多数结构性改革优先领域。

二是进一步提高了二十国集团各国改革行动的协调性和有效性。在考虑各国国情和发展阶段差异的基础上，二十国集团就最重要的改革领域和原则找到了"最大公约数"，制定了改革优先领域和指导原则，这有助于各成员协同推进和落实改革，最大限度发挥改革的正面溢出效应。考虑到各国国情不同，政策考虑和改革重点各异，各方可根据实际情况灵活实施有关优先领域和指导原则。

三是加强了对二十国集团各国改革进展与成效的监督。二十国集团各国同意根据指标体系每两年就改革的进展进行一次评估，评估结果将纳入二十国集团问责评估报告。这有助于相对客观地衡量各国改革在经济社会等方面带来的整体效果，并为下一步改革行动提供参考和指导。上述三方面成果相辅相成，构成了二十国集团下一步推进结构性改革的基本框架，是具有里程碑意义的重要成果。

习近平主席在二十国集团领导人杭州峰会开幕辞中指出，面对当前挑战，我们应该建设开放型世界经济，继续推动贸易和投资自由化便利化。这一理念切中当前世界经济病根，符合经济全球化的时代潮流，赢得高度赞誉。二十国集团领导人杭州峰会中，我国的议题设置能力明显增强。除供给侧结构性改革之外，倡议基础设施投资要有量化指标。经过多轮协调，由世界银行牵头，11家全球主要多边开发机构联合发表了支持基础设施投资行动的愿景声明，并制定了量化目标；倡导绿色金融，得到了国际社会的认同和响应。这充分体现了中国作为新时代引领者正承担起自己的国际责任，引领世界向积极的方向发展。

杭州峰会之后，在保护主义和逆全球化的压力下，二十国集团领导人峰会争取共识变得越来越困难。2017年德国汉堡峰会上，由于美国退出《巴黎协定》，峰会发表的领导人联合公报仅在贸易方面的措辞最终达成共识，而未能在气候变化方面与美国达成一致。至于2018年在阿根廷举行的峰会，俨然已发展成为争吵大会，未能提出符合各国共同需求、可以引起大家共鸣的话题。

习近平主席2018年在阿根廷首都布宜诺斯艾利斯举行的二十国集

团领导人峰会上进一步指出：坚持开放合作、坚持伙伴精神、坚持创新引领、坚持普惠共赢。无论面对何样的分歧，我国始终呼吁世界各国坚持开放包容，推动联动增长，共同做大世界经济的"蛋糕"，引领世界经济沿着正确轨道向前发展。

三、抗击新冠病毒大流行

2020 年伊始，突然暴发的新冠肺炎疫情是百年来全球发生的最严重的传染病大流行，是新中国成立以来我国遭遇的传播速度最快、感染范围最广、防控难度最大的重大突发公共卫生事件。[1] 我们党和政府高度重视、迅速行动，习近平总书记亲自指挥、亲自部署，统揽全局、果断决策，用 1 个多月的时间初步遏制疫情蔓延势头，用 2 个月左右的时间将本土每日新增病例控制在个位数以内，用 3 个月左右的时间取得了武汉保卫战、湖北保卫战的决定性成果，进而又接连打了几场局部地区聚集性疫情歼灭战，夺取了全国抗疫斗争重大战略成果[2]，为维护地区和世界公共卫生安全作出重要贡献。

疫情发生后，我国第一时间向世界卫生组织、有关国家和地区组织主动通报疫情信息，分享新冠病毒全基因组序列信息和新冠病毒核酸检测引物探针序列信息，定期向世界卫生组织和有关国家通报疫情信息。截至 2020 年 5 月 31 日，中国与东盟、欧盟、非盟、亚太经合组织、加共体、上海合作组织等国际和地区组织，以及韩国、日本、俄罗斯、美国、德国等国家，开展 70 多次疫情防控交流活动。国家卫生健康委汇编诊疗和防控方案并翻译成 3 个语种，分享给全球 180 多个国家、10 多个国际和地区组织参照使用，并与世界卫生组织联合举办"新冠肺炎防治中国经验国际通报会"。[3] 国务院新闻办公室在武汉举行两场英文专题发布会，邀请相

---

① 习近平：《在全国抗击新冠肺炎疫情表彰大会上的讲话》，人民出版社 2020 年版，第 3 页。

② 习近平：《在全国抗击新冠肺炎疫情表彰大会上的讲话》，人民出版社 2020 年版，第 4 页。

③ 中华人民共和国国务院新闻办公室：《抗击新冠肺炎疫情的中国行动》，人民出版社 2020 年版，第 79 页。

关专家和一线医护人员介绍中国抗疫经验和做法。国内媒体开设"全球疫情会诊室""全球抗疫中国方案"等栏目,为各国开展交流搭建平台。国内智库和专家通过多种方式开展对外交流。中国—世界卫生组织联合专家考察组实地考察调研北京、成都、广州、深圳和武汉等地一线疫情防控工作,高度评价我国抗疫的努力和成效。

在自身疫情防控面临巨大压力的情况下,我国迅速行动,力所能及地为国际社会提供援助。向世界卫生组织提供资金援助,积极协助世界卫生组织在华采购个人防护用品和建立物资储备库,积极协助世界卫生组织"团结应对基金"在中国筹资,参与世界卫生组织发起的"全球合作加速开发、生产、公平获取新冠肺炎防控新工具"倡议。积极开展对外医疗援助,截至 2020 年 5 月 31 日,我国共向 27 个国家派出 29 支医疗专家组,已经或正在向 150 个国家和 4 个国际组织提供抗疫援助;指导长期派驻在 56 个国家的援外医疗队协助驻在国开展疫情防控工作,向驻在国民众和华侨华人提供技术咨询和健康教育,举办线上线下培训 400 余场;地方政府、企业和民间机构、个人通过各种渠道,向 150 多个国家、地区和国际组织捐赠抗疫物资。① 我国政府始终关心在华外国人士的生命安全和身体健康,对于感染新冠肺炎的外国人士一视同仁及时进行救治。

在满足国内疫情防控需要的同时,我国为各国采购防疫物资提供力所能及的支持和便利,打通需求对接、货源组织、物流运输、出口通关等方面堵点,有序开展防疫物资出口。采取有力措施严控质量、规范秩序,发布防疫用品国外市场准入信息指南,加强防疫物资市场和出口质量监管,保质保量向国际社会提供抗击疫情急需的防疫物资。2020 年 3 月 1 日至 5 月 31 日,我国向 200 个国家和地区出口防疫物资,其中,口罩 706 亿只,防护服 3.4 亿套,护目镜 1.15 亿个,呼吸机 9.67 万台,检测试剂盒 2.25 亿人份,红外线测温仪 4029 万台,出口规模呈明显增长态势,有力支持了相关国家疫情防控。1 月至 4 月,中欧班列开行数量和发送货物

---

① 中华人民共和国国务院新闻办公室:《抗击新冠肺炎疫情的中国行动》白皮书,人民出版社 2020 年版,第 80 页。

量同比分别增长 24% 和 27%，累计运送抗疫物资 66 万件，为维持国际产业链和供应链畅通、保障抗疫物资运输发挥了重要作用。①

疫情在全球传播蔓延的形势令人担忧。团结合作是国际社会战胜疫情最有力的武器。中国主张，各国在世界卫生组织的指导和协调下，采取科学合理、协同联动的防控措施，科学调配医疗力量和重要物资，在防护、隔离、检测、救治、追踪等重要领域采取有力举措，同时，加强信息共享和经验交流，开展检测方法、临床救治、疫苗药物研发国际合作，继续支持各国科学家开展病毒源头和传播途径的全球科学研究。中国呼吁，二十国集团、亚太经合组织、金砖国家、上海合作组织等多边机制加大机制内对话交流与政策协调力度，二十国集团成员切实落实二十国集团领导人特别峰会达成的共识。开展联防联控国际合作，大国的负责任、担当和主动作为至关重要。中国愿同各国包括美国加强交流合作，共同应对疫情挑战，特别是在疫苗和特效药的研发、生产和分发上开展合作，为阻断病毒传播作出应有贡献。

疫情在全球传播蔓延，人员流动、跨境商贸活动受阻，金融市场剧烈震荡，全球产业链供应链受到双重打击，世界经济深度衰退不可避免，国际社会联手稳定和恢复世界经济势在必行。新冠肺炎疫情改变了经济全球化形态，但全球化发展大势没有改变，搞"脱钩""筑墙""去全球化"，既割裂全球也难以自保。中国主张，各国继续推进全球化，维护以世界贸易组织为基石的多边贸易体制，减免关税、取消壁垒、畅通贸易，使全球产业链供应链安全顺畅运行，同时，实施有力有效的财政和货币政策，加强金融监管协调，维护金融市场稳定，防止引发全球性金融危机导致世界经济陷入大规模、长周期衰退。中国将继续向国际市场供应防疫物资、原料药、生活必需品等产品，坚定不移扩大改革开放，积极扩大进口，扩大对外投资，为各国抗击疫情、稳定世界经济作出更大贡献。

人类发展史也是同病毒的斗争史。当前，全球公共卫生治理存在诸

---

① 中华人民共和国国务院新闻办公室：《抗击新冠肺炎疫情的中国行动》白皮书，人民出版社 2020 年版，第 81 页。

多"短板",全球传染病联防联控机制远未形成,国际公共卫生资源十分匮乏,逆全球化兴起使全球公共卫生体系更加脆弱。人类终将战胜疫情,但重大公共卫生突发事件对人类来说不会是最后一次。各国以此次疫情为鉴,反思教训,化危为机,以卓越的政治远见和高度负责的精神,坚持生命至上、全球一体、平等尊重、合作互助,建立健全全球公共卫生安全长效融资机制、威胁监测预警与联合响应机制、资源储备和资源配置体系等合作机制,建设惠及全人类、高效可持续的全球公共卫生体系,筑牢保障全人类生命安全和健康的坚固防线。

第三节　构建人类命运共同体

在 2018 年 6 月中央外事工作会议上,习近平总书记发表讲话时指出,当前中国处于近代以来最好的发展时期,世界处于百年未有之大变局,两者同步交织、相互激荡。习近平总书记关于当今世界百年未有之大变局的论断,其核心是一个"变"字,其本质是重塑世界秩序,完善全球治理机制。百年未有之大变局在政治、经济、社会以及国际格局和治理体系上有着重要体现,从合作共赢走向共享共治是世界各国的共同出路,大国财政可以助力构建人类命运共同体。

一、"百年未有之大变局"

国际上出现全球权力转移,出现"东升西降"的现象,美国作为世界上唯一超级大国的独大局面逐渐瓦解,中国、印度等新兴经济体大步发展,这反映在亚洲国家的市场活跃度、创新研发投入、工业制造规模、电子商务普及度、移动支付普惠性、基础设施便捷化等方面,甚至还包括时尚、旅游、电影、小说等消费文化行业,亚洲的全球号召力与软实力越来越多地使西方相形见绌。第二次世界大战之后,以美国为首建立起的国际政治秩序被逐渐打破,从美国退出跨太平洋伙伴关系协定、应对气候变化的《巴黎协定》、联合国教科文组织、万国邮政联盟,到扬言退出世贸组织,猛烈抨击北约甚至联合国。2018 年美国的这一系列行为,似乎在抛弃自已苦心孤诣主导建立的战后国际秩序，全球政治格局与治理体系正在经历前所未有的变化。

经济全球化是我们这个时代的国际潮流，浩浩荡荡，不可逆转；经济全球化也是我们这个时代的重要主题，是重大战略机遇期的核心构成。然而在当下世界经济增长乏力，出现下行压力的大背景下，"逆全球化"浪潮一浪盖过一浪，西方的保护主义与排外思潮此起彼伏。特别是美国针对中国挑起贸易摩擦，以所谓"国家安全"的名义，动用国家力量对我国企业进行无端制裁，完全违背了世界贸易组织的协定，但美方却威胁要退出世贸组织，以此强调其"美国优先"的国际特权。全球经济格局与治理体系正在经历前所未有的变化。

迄今为止，人类社会经历了四次工业革命，每一次的工业革命都为世界各国带去了增长新动能。第一次工业革命以蒸汽机为代表，首先在英国出现，为老牌资本主义国家英国带去了腾飞式的发展；第二次工业革命以电气为核心，兴起于美国和德国，为美国、德国等国家积蓄原始资本带来巨大的能量；第三次工业革命以计算机技术为标志，美国仍然保持着技术优先地位；第四次工业革命以人工智能为先导，中国抓住了这一重大历史机遇期，积极参与进去，并取得诸多领先全球的技术优势。每一次工业革命都带来国际政治经济新"变局"，引发了不同国家的兴衰。对于第四次工业革命所蕴含的改变人类生产方式和生活方式的能量，我们不能有一丝犹豫，必须以更加主动的姿态，应对可能出现的各种危机，主动作为，化危为机。

总之，无论是在政治多极化、经济全球化，还是新一轮工业革命，我们都面临着百年未有之大变局，作为世界上的大国，我们必须承担起应承担的责任，把可能潜藏的危机用智慧逐一化解。

二、从合作共赢到共享共治

2020年12月召开的中央经济工作会议上，总结一年的经济情况，并对经济形势做一个大致的评估，得出结论：我国经济恢复基础尚不牢固，世界经济形势仍然复杂严峻，复苏不稳定不平衡，疫情冲击导致的各类衍生风险不容忽视。要增强忧患意识,坚定必胜信心,推动经济持续恢复和高质量发展。面对外部不确定性与内部不确定性相互交织的复杂形势,我们能做的就是坚持合作共赢,积极参与全球治理改革完善,逐步走向共享共治。

促进全球资源配置公平与效率融合。大国财政应立足于"建设者"与"改革者"的角色,为大国活动提供支撑和保障,并以税收、财政支出等政策设计和相关制度,直接影响全球资源配置。另外,还可以通过对本国企业的支持,提高企业在全球资源配置中的地位和能力,提升资源配置的效率。

加强全球公共风险的防范与监控。一方面,在国内,以财政制度为中心,构建公共风险管理机制,成立全球风险评估机构,及时掌握全球风险变化及影响;另一方面,在国际上,承担大国责任,构建全球风险应对机制,推动财经信息共享和情报交换,建立国际风险论坛和建立风险预警机制,加强宏观政策协调,建立联动机制。

提升国际财经协调与合作。我国应以多种形式积极参与到国际事务的协调与合作中去,并从国际税收协调与合作、国际金融协调与合作、国际产能合作、其他财政领域的协调与合作四个方面来优化国际财经协调与合作机制和方式。

协调与平衡国家利益与全球利益。大国财政要坚持"共享、共治"理念,既维护本国利益,也承担起大国责任,维护和推进全球共同利益。一方面,通过财政制度建设,提升大国财政维护本国利益的能力;另一方面,提升大国财政参与国际财经活动的能力,促进全球共同发展。

三、从利益共通到命运与共

当今世界,各国相互依存、休戚与共。我们要继承和弘扬联合国宪章的宗旨和原则,构建以合作共赢为核心的新型国际关系。构建人类命运共同体,是处理国家间关系的最高指导原则,是大国治理的基础,也是凝聚最大发展合力的前提。在参与全球化进程的过程中,我国积极推动大国财政建设,有助于更好地构建人类命运共同体。

推进海外服务体系和援助体系，保持全球和区域行动能力。国家的海外服务体系主要包括领事服务和法律服务；而援助体系则包括无偿援助和国际开发投入两个部分。国家财政为推进海外服务体系的建设和发展提供了重要的服务和支撑，并为中国对外援助的发展提供了坚实的基础和保障。

参与国际经济和发展组织，建设重大国际基础设施。着重与各国及国际组织在发展减贫、环境资源、知识技术、生态安全等领域开展合作，倡导搭建"一带一路"平台，使沿线各国搭上中国迅猛发展的列车，积极参与建设沿线各国，为各国带去实实在在的福利，并且积极筹备思路基金，为沿线各国的发展提供长期的资金支持。

参与和改进全球治理体系。新兴经济体希望国际秩序更加公平有序，我国的积极参与和引领，有利于重塑全球治理，在与世界各国建立深切关系的过程中，加强财经领域合作，完善对话沟通和平等协商机制，有效解决全球治理面临的共同难题。

英国著名历史学家阿诺德·汤因比曾说，世界的未来在中国，人类的出路在于中国文明。人类只有走向一个"世界国家"，才能避免民族国家的狭隘，才能避免民族国家因为追求狭隘国家利益而带来人类社会的灭亡。这为我们提出的人类命运共同体给予新的启示，未来必是利益共通的世界，人类命运共同体的构建会使世界发展更加和平与稳定。

结　束　语

中国共产党成立以来，党领导财政工作走过了新民主主义革命、社会主义革命和建设、改革开放和社会主义现代化建设、中国特色社会主义新时代等不同时期，始终坚持马克思主义与中国实际相结合，坚持以政领财、以财辅政，历经革命根据地红色财政、国家建设财政、公共财政和现代财政等不同阶段，走出了一条有中国特色的财政发展道路，为民族独立、国家富强与人民幸福奠定了坚实的基础，积累了丰富的历史经验，对实现"第二个百年"奋斗目标具有重要的指导意义。

一、始终坚持党的集中统一领导

党对财政工作的集中统一领导，自革命年代就已形成并一以贯之。即便是分散经营的根据地财政，也始终坚持并贯彻执行党的统一的财经政策。党中央治国理政、当家理财，财政做具体服务保障工作，无论是深化改革，还是加强管理，必须始终坚持以党的创新理论特别是习近平新时代中国特色社会主义思想为指导，始终坚持以政领财、以财辅政，切实增强"四个意识"、坚定"四个自信"、做到"两个维护"，牢记"国之大者"，把党的领导贯彻和体现到财政工作全过程各方面各环节，充分发挥社会主义制度集中力量办大事的优势，确保财政改革发展始终沿着正确的政治方向推进。

二、始终坚持人民财政观

中国共产党来自人民，植根人民，人民财政观贯穿于党的百年奋斗历程之中。一切依靠人民，一切为了人民，始终以人民为中心，回答了财政为什么治理、为谁治理和如何治理等根本问题。党领导的革命、建设与改革事业,归根结底是为了不断满足人民群众对美好生活的需要。做好财政工作必须始终坚持人民主体地位,深刻认识江山就是人民、人民就是江山,着力解决人民群众最关心、最直接、最现实的利益问题,始终把人民对美好生活的向往作为奋斗目标,强化财政的公共性和公平性,尽力而为、量力而行,使发展成果更多更公平惠及广大人民,不断增强人民群众的获得感、幸福感、安全感。

三、始终坚持从中国实际出发

党领导下的财政,从中国实际出发,探索形成了适合中国国情的积累工业化建设资金的独特道路,开辟出将市场经济与社会主义融合发展的崭新道路,走出了一条与英美等国家有着根本区别的中国特色社会主义道路。中国特色社会主义道路是党和人民历经千辛万苦、克服千难万险取得的宝贵成果。在全面建设社会主义现代化国家新征程中,无论遇到什么样的风云变幻、困难挑战,财政始终坚持走中国特色社会主义的财政发展道路,建立健全现代财税体制,为全面建成社会主义现代化强国而奋斗。

四、始终坚持发展第一

发展是解决一切问题的基础。土地革命时期,毛泽东同志曾指出,只有开展经济战线方面的工作,发展红色区域的经济,才能使革命战争得到相当的物质基础,才能顺利地开展我们军事上的进攻。社会主义建设和改革开放的经验更进一步证明,没有大规模社会主义工业化建设,就没有中华民族屹立于世界的稳固基础;没有市场经济大发展大繁荣,就没有当今中国的强国地位。在进入新发展阶段、贯彻新发展理念、构建新发展格局的背景下,推进财政改革发展必须加强系统谋划,妥善处理好各方面的利益关系,强化资源配置、收入分配、宏观调控等职能作用,调整和优化经济结构,切实保障和改善民生,努力实现更高质量、更有效率、更加公平、更可持续、更为安全的发展。

五、始终坚持勤俭节约

党领导财政工作的百年史,就是一部艰苦奋斗、勤俭节约的创业史。革命时期,自力更生、艰苦奋斗是克服物质匮乏、打破敌人封锁的重要法宝。新中国成立后,全国人民"勒紧裤腰带"过日子,把有限的人力、物力投入当时最紧迫的工业化建设之中。改革开放后,国家发达了,人民生活富裕了,仍然勤俭办一切事情。艰苦奋斗、勤俭节约,不仅是我们一路走来、发展壮大的重要保证,也是我们继往开来、再创辉煌的重要保证,要把艰苦奋斗精神一代一代传承下去。面对百年未有之大变局,更要坚持艰苦奋斗、勤俭节约,把党和政府过紧日子作为财政工作长期坚持的方针,持续完善制度机制,强化预算管理,优化支出结构,加强财会监督,严肃财经纪律,不断提高财政资源配置效率和资金使用效益,为人民花好用对每一分钱。

六、始终坚持创新开拓

中国的革命、建设与改革事业,没有办法照抄照搬教科书或他国的模式经验,唯有改革者进、创新者强、实事求是者胜。财政从革命、建设的物资保障,到经济体制改革的突破口,到社会主义市场经济的奠基石,再到国家治理的基础和重要支柱,顺时应势,创新谋变。做好财政工作必须始终坚持解放思想、实事求是,坚持理论联系实际,一切从实际出发,紧紧围绕党中央确定的目标任务,强化问题意识、时代意识、战略意识,弘扬改革创新精神,坚持与时俱进,破除深层次体制机制制度障碍,加快完善财税政策体系,推动实现国家治理体系与治理能力现代化。

"看似寻常最奇崛,成如容易却艰辛。"习近平总书记在庆祝中国共产党成立 100 周年大会上的讲话中指出,"一百年来,中国共产党团结带领中国人民进行的一切奋斗、一切牺牲、一切创造,归结起来就是一个主题:实现中华民族伟大复兴。"[1]展望未来,在中国共产党的领导下,紧紧

---

① 习近平:《在庆祝中国共产党成立 100 周年大会上的讲话》,人民出版社 2021 年版,第 3 页。

依靠人民,一切为了人民,始终以人民为中心,更好发挥财政在国家治理中的基础和重要支柱作用,一定可以创造令世界刮目相看的新的历史奇迹,为全面建设社会主义现代化国家、实现中华民族伟大复兴的中国梦贡献更大力量!

参考文献

1.《毛泽东文集》，人民出版社 1999 年版。

2.《毛泽东选集》，人民出版社 1991 年版。

3.《周恩来选集》，人民出版社 1984 年版。

4.《邓小平文选》，人民出版社 1994 年版。

5.《习近平谈治国理政》第一、二、三卷，外文出版社 2018 年版、2017 年版、2020 年版。

6. 习近平：《在庆祝改革开放 40 周年大会上的讲话》，人民出版社 2018 年版。

7. 习近平：《在庆祝中国共产党成立 100 周年大会上的讲话》，人民出版社 2021 年版。

8. 习近平：《论中国共产党历史》，中央文献出版社 2021 年版。

9.《陈云文选（1956—1985）》，人民出版社 1986 年版。

10.《朱镕基讲话实录》，人民出版社 2011 年版。

11.《李岚清教育访谈录》，人民教育出版社 2003 年版。

12. 温家宝：《政府工作报告（2004 年 3 月 5 日）》，人民出版社 2004 年版。

13. 李克强：《政府工作报告（2020 年 5 月 22 日）》，人民出版社 2020 年版。

14. 中共中央文献研究室：《建国以来重要文献选编》第 14 册，中央文献出版社 1997 年版。

15. 中共中央文献研究室：《改革开放三十年重要文献选编》（下册），中央文献出版社 2008 年版。

16. 中共中央文献研究室:《十二大以来重要文献选编》,人民出版社1986年版。

17. 本书编写组:《〈中共中央关于全面深化改革若干重大问题的决定〉辅导读本》,人民出版社2013年版。

18. 人民出版社编写组:《十八大以来新发展新成就》,人民出版社2017年版。

19. 本书编写组:《中国共产党简史》,人民出版社、中共党史出版社2021年版。

20. 本书编写组:《中华人民共和国简史》,人民出版社、当代中国出版社2021年版。

21. 本书编写组:《改革开放简史》,人民出版社、中国社会科学出版社2021年版。

22. 本书编写组:《社会主义发展简史》,人民出版社、学习出版社2021年版。

23. 本书编写组:《〈中共中央关于党的百年奋斗重大成就和历史经验的决议〉辅导读本》,人民出版社2021年版。

24. 中国社会科学院、中央档案馆:《中华人民共和国经济档案资料选编》,中国城市经济社会出版社1990年版。

25. 财政部、国家税务总局:《建立稳固　平衡　强大的国家财政》,人民出版社2000年版。

26. 王丙乾:《中国财政60年回顾与思考》,中国财政经济出版社2009年版。

27. 刘仲藜:《新中国经济60年》,中国财政经济出版社2009年版。

28. 项怀诚:《中国财政通史》,中国财政经济出版社2006年版。

29. 项怀诚:《财政支出管理改革》,经济科学出版社2000年版。

30. 项怀诚:《中国财政50年》,中国财政经济出版社1999年版。

31. 项怀诚:《中国财政体制改革》,中国财政经济出版社1994年版。

32. 金人庆:《中国当代税收要论》,人民出版社2002年版。

33. 金人庆:《中国财政政策理论与实践》,中国财政经济出版社2005

年版。

34. 谢旭人:《中国财政改革三十年》,中国财政经济出版社 2008 年版。

35. 谢旭人:《中国财政 60 年》,中国财政经济出版社 2009 年版。

36. 谢旭人:《为国理财　为民服务:党的十六大以来财政发展改革成就(2002—2012)》,人民出版社 2012 年版。

37. 楼继伟:《中国政府间财政关系再思考》,中国财政经济出版社 2013 年版。

38. 楼继伟:《深化财税体制改革》,人民出版社 2015 年版。

39. 楼继伟:《40 年重大财税改革的回顾》,中国财政经济出版社 2019 年版。

40. 楼继伟、刘尚希:《新中国财税发展 70 年》,人民出版社 2019 年版。

41. 肖捷:《我所经历的一场"财政革命"——财政国库管理制度改革出台前后》,参见吴敬琏等主编:《中国经济 50 人看三十年——回顾与分析》,中国经济出版社 2008 年版。

42. 肖捷:《在全国财政工作会议上的讲话(节选)》,《中国财政》2017 年第 3 期。

43. 刘昆:《着力提高财政公共服务水平》,《经济日报》2008 年 3 月 16 日。

44. 刘昆:《我国的中央和地方财政关系》,《中国人大》2020 年第 16 期。

45. 刘昆:《积极发挥财政职能作用　推动加快构建新发展格局》,《学习时报》2020 年 12 月 11 日。

46. 刘昆:《努力实现财政高质量发展》,《人民日报》2021 年 4 月 8 日。

47. 刘昆:《建立健全有利于高质量发展的现代财税体制》,《经济日报》2021 年 5 月 6 日。

48. 刘昆:《党领导财政工作的重大成就和历史经验》,《学习时报》

2021 年 11 月 8 日。

49. 吴敬琏、樊纲、刘鹤等主编:《中国经济 50 人看三十年:回顾与分析》,中国经济出版社 2008 年版。

50. 苏星:《新中国经济史》,中共中央党校出版社 1999 年版。

51. 陈如龙主编:《当代中国财政》,中国社会科学出版社 1988 年版。

52. 宋新中:《当代中国财政史》,中国财政经济出版社 1997 年版。

53. 陈光琰:《中国财政通史》,湖南人民出版社 2015 年版。

54. 刘尚希:《试析承包制下的国家与企业分配关系》,《财政研究》1989 年第 12 期。

55. 刘尚希:《分税制的是与非》,《经济研究参考》2012 年第 7 期。

56. 刘尚希等:《大国财政》,人民出版社 2016 年版。

57. 刘尚希:《公共风险论》,人民出版社 2018 年版。

58. 刘尚希、傅志华:《中国改革开放的财政逻辑(1978—2018)》,人民出版社 2018 年版。

59. 刘尚希、傅志华:《新中国 70 年发展的财政逻辑》,人民出版社 2019 年版。

60. 马珺:《新中国财政基础理论 70 年》,中国财政经济出版社 2020 年版。

后　记

2021 年是中国共产党成立一百周年,也是全面建设社会主义现代化国家新征程、向第二个百年奋斗目标进军的开局之年。值此重大历史时刻,回顾百年财政史,总结财政发展规律,对于实现"第二个百年"奋斗目标具有极其重要的意义和作用。

2020 年伊始,中国财政科学研究院党委决定成立《新中国财政史》课题组,由党委书记、院长刘尚希同志担任课题组组长,抽调院内多名科研骨干参与研究,在还原历史真相、客观公正评价的基础上,为研究生院财政学教学编撰新中国财政史教材。刘尚希院长提出了本书的基本逻辑框架与主要观点,带领课题组反复讨论形成研究大纲,执笔团队形成初稿之后,又多次讨论、数易其稿、反复打磨,最终由刘尚希院长总纂定稿。本书总论、结束语由马洪范研究员统稿,第一篇由申学锋研究员执笔,第二篇由陈龙研究员执笔,第三篇由史卫研究员执笔,第四篇由马洪范研究员执笔。在本书研究、撰写和出版过程中,得到了人民出版社的大力支持,社领导、责任编辑为本书的出版付出了辛勤劳动,在此一并深表谢意!

一百年栉风沐雨,一百年岁月峥嵘。中华民族的伟大复兴是中国共产党带领全党全国各族人民矢志不渝奋斗、攻坚克难创业的结果。我们为伟大祖国的丰功伟绩而自豪,我们投入了激情去研究和写作,但终归是管窥一斑,肯定存在许多缺陷和不足之处,敬请各位专家批评指正。

本教材编写组

2021 年 11 月